KB199396

왜 좋은 일자리는 늘 부족한가

왜 좋은
일자리는
늘 부족한가

1판 1쇄 펴냄 2025년 5월 1일
1판 2쇄 펴냄 2025년 5월 22일

지은이 이상헌
발행인 김병준 · 고세규
발행처 생각의힘
편집 정혜지 디자인 백소연 마케팅 김유정 · 차현지 · 최은규

등록 2011. 10. 27. 제406-2011-000127호
주소 서울시 마포구 독막로6길 11. 2, 3층
전화 편집 02)6925-4183, 영업 02)6925-4187 팩스 02)6925-4182
전자우편 tpbook1@tpbook.co.kr 홈페이지 www.tpbook.co.kr

ISBN 979-11-93166-97-0 (03320)

일하는 삶의 경제학

왜 좋은 일자리는 늘 부족한가

이상헌

Why are Good Jobs in Short Supply?

생각의힘

세상의 모든 로제타를 위하여

일러두기

1. 단행본은 겹꺾쇠표(《》)로, 신문, 잡지, 영화 등은 홑꺾쇠표(〈〉)로 표기했다.
2. 인명, 지명 등 외래어는 국립국어원 외래어표기법을 따랐으나, 일부는 관례
   와 원어 발음을 존중해 그에 따랐다.
3. 국내에 소개된 작품명은 번역된 제목을 따랐고, 국내에 소개되지 않은 작품
   명은 원어 제목을 독음대로 적거나 우리말로 옮겼다.

추천의 글

대한민국은 '일'에 관해서 제대로 된 논쟁과 정책이 부족한 나라이다. '세계 최장 노동시간'의 불명예를 벗은 지 한 세대도 되지 않은 나라에서 '일하고 싶은 만큼 일하게' 하는 것이 '미래지향적' 정책이라고 제시된다. 냉전 이데올로기가 아직도 뿌리 깊어, 노동조합을 비롯한 노동자의 모든 단체행동은 일단 '불순한' 것으로 전제하고 논쟁이 진행된다. 우리가 하는 일이 얼마나 괴롭고 얼마나 보람이 있는지, 일터에서 얼마나 '사람대접'을 받는지에 따라 우리의 매일매일은 보람찰 수도 있고 생지옥일 수도 있음에도 불구하고, 일자리의 '질'은 부차적인 문제로 취급된다. 그런 노동들이 없으면 사회가 재생산될 수도 없음에도 불구하고, 가사노동, 육아노동, 어르신 돌봄 등 집안이나 공동체에서 무보수로 (대부분 여성들이) 하는 노동들은 '일' 취급도 잘 못 받는다. 이제는 이민 노동자 없이 돌아갈 수 없는 경제가 되었건만, 많은 사람들에게 이민 노동자는 아직도 투명인간이다.

《왜 좋은 일자리는 늘 부족한가》는 이러한 '일'에 관련된 문제들을 어떻게 이해해야 할지에 대해, 명쾌하면서도 자상하게 설명해주는 너무나 훌륭한 책이다. 냉철한 분석과 따뜻한 '인본주의'적 시각을 절묘하게 조합한 이 책은 앞으로 우리가 더 좋은 사회를 만들어 나가는 데 없어서는 안 될 교범이 될 것이다.

_장하준(경제학자, 런던대학교 SOAS 경제학과 교수)

"해고는 살인이다!" 어째서 살인인가? 해고당한 노동자는 어떤 일을 겪는가? 해고가 이토록 끔찍한 일이라면 기업은 왜 해고하는가? 정부는 왜 기업이 노동자를 대량 해고하도록 내버려두는가?

"너 말고도 일할 사람 많아." 나 말고도 일할 사람은 누구인가? 그 사람들은 나만큼 열심히, 나만큼 잘 일할 수 있는가? 나는 '나 말고도 일할 사람'들과 어떤 관계를 맺어야 하는가? (물론 데모하는 관계를 맺어야 한다.) 어떻게 해야 '나 말고도 일할 사람'들과 내가 모두 함께 살아남을 수 있는가? (같이 데모해야 한다. 이 책을 읽어보면 안다.)

《왜 좋은 일자리는 늘 부족한가》를 읽으면 이런 질문들에 대한 현실적인 답을 얻을 수 있다. 현실적이라는 것은 노동하는 개인의 입장에서 이해할 수 있는 답이라는 뜻이다. 노동하는 개인이 당장 실천할 수 있는 해결책은 아니다. 이 책에는 사회와 정부, 기업의 입장도 골고루 담겨 있기 때문이다. 고등학교에서 노동권 수업을 하면서 이 책을 교과서로 쓰면 좋겠다는 생각을 한다. 혹은 대학에서 필수교양 수업 시간에 필독서로 지정하면 좋겠다. 내가 비정규직 노동자로 살면서 가졌던 질문들, 같은 비정규직 노동자 혹은 해고 노동자들과 연대하면서 가졌던 질문들, 직장을 그만두고 '프리랜서·특수고용 노동자'가 된 후에 가지는 또 다른 질문들에 대한 답변을 이 책을 읽으며 얻을 수 있었다.

경북 구미 한국옵티칼하이테크 공장 옥상에 올라서 450일이 넘도록 못 내려오는 여성노동자 최장기 고공농성 소현숙 동지와 박정혜 동지, 서울 명동역 1번 출구 앞 지하차로 안내 구조물에 올라가 고공농성 중인 세종호텔 해고자 고진수 동지를 생각하면서 간절하게 읽었다. 옵티칼도 세종호텔도 숙련 노동자를 해고하는 것이 기업경영에 도움이 되지 않는데, 단지 노조활동을 파괴하기 위해 노동자를 해고하고 재고용하지 않고 있다.

개인은 일할 권리를 가진다. 국가와 사회는 좋은 일자리를 보장해야 한다. 그것이 모두가 공존하고 상생하는 최선의 방법이다. 《왜 좋은 일자리는 늘 부족한가》는 이 사실을 아홉 개의 장으로 나누어 조목조목 설명한다. 경제학이 어렵고 시간이 없으면 자신에게 필요한 장만 읽어봐도 된다. 그리고 노조 가입하고 데모하자. 투쟁.

_정보라(소설가)

들어가며

20세기 마지막 칸 영화제의 황금종려상은 벨기에 영화 〈로제타〉에 돌아갔다. 영화는 스무 살이 채 되지 않은 젊은 여성 로제타의 고단한 삶을 그린다. 공장에서 수습을 마치자마자 해고가 된 뒤 제대로 된 일자리를 찾지 못한 그는 자격 요건이 되지 않아 실업급여도 받지 못한다. 집은 마을 바깥에 버려진 캠핑카. 알코올 중독의 어머니는 밤낮없이 술병만 뒤진다. 일자리가 유일한 구원인데, 그 구원은 좀처럼 오지 않는다. 밤마다 자장가 삼아서 "내 이름은 로제타, 나는 일자리를 찾았어"라고 되뇌지만, 아침이 오면 한 발짝도 움직이지 않은 현실이 버티고 있다.

다급한 마음에 로제타는 유일한 친구를 배신하고 그의 일자리를 빼앗는다. 하지만 얼마 지나지 않아 어머니가 술에 취해 뒹굴다가 의식을 잃은 것을 발견하고는 모든 것을 포기하려 한다. 가스 밸브를 열고 최후의 순간을 기다린다. 그런데 가스가 없다. 할 수 없이 가스를 사러 나가지만, 그 가스통은 또 너무 무거워 들지를 못한다. 그때 갑자기 나타나 가스통을 들어준 사람이 바로 그가 배신했던 친구다. 그제야 로제타는 무너지며 서럽게 운다. 가스통도 들지 못해 죽지 못하는 삶의 무게 때문이었을 것이다. 영화는 그렇게 끝나버린다. 희망과 의지의 말 하나도 남기지 않는다.

영화를 본 사람들은 몰랐다는 듯이 화들짝 놀랐다. 로제타가 그 '아무것도 아닌 일자리'를 구원의 길로 삼았다는 것이 새삼 충격이라고 했다. 게다가 희망의 21세기를 코앞에 둔 해에 칸 영화제의 최고상이 이 우울하기 짝이 없는 영화에 돌아갔으니, 난리법석이 났다. 새로운 법이 만들어졌다. 학교를 졸업한 젊은이 모두에게 원하는 경우 무조건 일자리 기회를 보장하는 법이었다. 기업은 25세 이하 젊은이들을 의무적으로 고용하고, 정부는 실업보험금 면제와 보조금 지급을 통해 기업을 돕기로 했다. 법의 정식 명칭은 '청년고용계획'인데, 사람들은 '로제타 법'이라 불렀다. 로제타가 더는 "내 이름은 로제타, 나는 일자리를 찾았어"라고 홀로 속삭일 필요는 없게 하는 법이라 믿었기 때문이다. 하지만 법은 여전히 현실과 멀다. 지금도 벨기에의 청년실업률은 15%가 넘는다. 평균 실업률의 2~3배가 넘는 수준이다.

유럽의 작은 나라만의 이야기는 아니다. 로제타는 어디에나 있다. 유럽의 어느 나라에도, 미국에도, 여기 한국에도 있다. 그리고 젊은 로제타도 있고, 나이 든 로제타도 있다. 로제타는 영화처럼 여성의 모습으로도, 남성의 모습으로도 나타난다. 공장에도, 가게에도, 사무실에도, 공사장에도, 도로 위에도, 논과 밭에도 그리고 집 안에도 있다. 로제타는 일자리에서 밀려난 모든 사람을 부르는 보통 명사다.

무엇이 문제인가?

왜 일자리는 부족할까. 어렵고, 무엇보다도 아픈 질문이다. 세계 각국의 정부들이 너도나도 앞서서 '완전고용'을 외친 지 50년이 지났다. 대한민국 헌법 제32조에는 "모든 국민은 근로의 권리를 가진다"고 적혀 있다. 하지만 우리의 실상은 이런 목표와 선언에서 멀리 떨어져 있다.

개인적으로는 더 아프다. 명색이 고용 문제로 밥벌이하는 사람인데, 이 질문 앞에서는 여전히 우물쭈물한다. 답을 해도 장황하고 모호하다. 내게도 아주 어려운 질문이기 때문이다. 나는 변명 같은 대답이라도 해보겠다는 심산으로 이 책을 썼다.

경제학자인 나로서는 교과서적인 경제학 이론의 한계를 지적하는 것에서 이야기를 시작할 수밖에 없다. 일자리 문제가 시장을 통해 대부분 해소된다는 믿음은 '노동시장labour market'이라는 말 자체에 뿌리를 두고 있다. 노동자가 인간적 본질을 부정하며 자신의 노동력을 상품으로 내놓아야 하는 것처럼, 노동시장은 태생적으로 긴장과 불안, 마찰과 불확실성을 품고 있다. 거래되는 것은 포장된 물건이 아니라 살아 있는 인간이기 때문이다. 이를 사소한 디테일이라고 무시하는 순간 고용, 실업, 임금, 노동시간, 기술 변화 등 모든 중요한 주제에서 잘못된 해석이나 비현실적인 주장을 내세우게 된다.

일자리에 관한 한, '시장'의 시간은 없었고 앞으로도 오지 않을 것이다. 그리고, 적어도 당분간은, 시장을 온전히 부정하는 혁명의 시간도 오지 않을 듯하다. 상품이 아닌 노동을 '상품'으로 취급하지 않으면서 경제를 조직할 대안적 방안은 아직까지 보이지 않는다. 시장을 인정하면서 시장을 넘어서는, 아슬아슬한 곡예 같은 일이 우리가 당분간 감내해야 하는 과제이다. 정책과 제도 그리고 힘의 균형에 집중한다는 뜻이 된다.

그러려면 문제를 명확히 해야 한다. "일자리는 왜 부족한가"라고 묻는 것은 정확하지 않다. 아프리카의 가난한 마을에 가면 모든 사람이 일한다. 숫자로 보면, 이곳은 '완전고용' 상태다. 일하지 않으면 먹고살 수가 없으니 길거리에 나가 밤새 만든 목공품이라도 내다 팔아야 한다. 실업이 '사치'인 곳에서는 모두가 일해야 하고, 그래서 숫자상으로는 일자리가 부족하지 않은 우스꽝스러운 상황이 생긴다.

부족한 것은 '좋은' 일자리다. 부자 나라라고 해서 다르지 않다. 최저임금에 겨우 미치는 돈을 받으면서 고통과 위험을 감내해야 하는 일은 넘친다. 특히 청년층, 여성층, 노년층에게는 흔한 일상이다. 따라서 우리가 던져야 할 질문은 "왜 '좋은' 일자리는 부족한가"이다.

여기에 덧붙여, 그러한 상황이 왜 계속되는지, 그 구조적 이유는 무엇인지도 물어야 한다. 로제타가 잠들면서 자장가 삼아

외워대는 일자리의 주문은 세월이 지나도 여전하다. 20세기에도 그랬고, 21세기에도 변함없다. 또 다른 로제타가 나타나서 주문을 외우고 묻는다. 일의 세계는 쉬지 않고 변하는데, 우리는 같은 질문에서 아직 벗어나지 못한다.

그래서 다시, 이 책의 질문은 "왜 좋은 일자리는 늘 부족한가"이다.

일하는 삶의 경제학

바라보는 관점도 바뀌어야 한다. 우리가 일반적으로 사용하는 고용, 실업, 노동 개념은 일하는 삶의 핵심적인 측면을 담기에 너무 협소하다. 이는 보통 보수를 받는 '임금노동'을 대상으로 사용되는데, 고용과 노동의 형태와 내용이 이미 너무 다양하게 분화되어 기존 개념이 이런 변화를 제대로 반영하기 어렵다. 또한 시장에서 거래되는 노동뿐만 아니라, 보수가 지급되지 않거나 과소평가되는 사회적 활동(예컨대 가사노동)도 일자리 정책의 중심으로 가져와야 한다. 최근 여성층과 청년층을 중심으로 전개되고 있는 고용과 노동 형태의 분화는 이런 사회적으로 유용한 활동과 깊이 관련되어 있기 때문이다. 더불어 일자리의 가치에 대한 재인식이 필요하다. 일자리는 시장에서 지급되는 임금 이상의 사회적 가치를 가지고 있다. 일하는 사람뿐만 아니라 가족, 이웃, 공동체 나아가 사회에 다층적 영향을 미치기 때문이다. 얼마나 많은 일자리가 필요한지를 따질 때 이런 사회적 영향도 충분히 고려해야 하는데, 그러지 못하기에 좋은 일자리는 늘 부족하다. 따라서 노동과 고용이라는 좁은 개념을 벗어나 '일'이라는 포괄적인 접근이 필요하다. 즉 우리가 살펴야 하는 것은 노동이 아니라 일 그리고 사람과 삶의 문제다.

이런 이유로 나는 이 책이 '노동경제학'보다는 '일하는 삶의 경제학'에 가깝다고 생각한다. 정돈된 균형의 세계에서 출발하는 노동경제학과 달리, 이 책은 노동'시장'에 필연적인 긴장과 충돌에서 출발한다. 여기에서 갈등은 예외적인 현상이 아니라 항상적 조건이 된다. 일자리는 시장에 의해 조직되지만, 시장은 종종 실패하며 그 해법을 시장 바깥에서 찾아야 하는 경우가 많다. 따라서 갈등을 해결하는 정책적·제도적 접근이 중요하다.

일자리는 이미 정치적인 문제다. 일자리가 귀해지면 사람들은 내셔널리스트nationalist가 되기 쉽고, 이를 정치적 자산으로 삼으려는 시도도 커진다. 일자리를 정치적 구원의 메시지로 이용하는 사람은 트럼프만이 아니다. 세계 도처에 있다. 로제타와 가장 멀리 떨어져 있는 정치 세력이 "로제타를 위하여"를 외치는 역사적 아이러니를 극복하기 위해서는 우리만의 일자리 정치경제학이 필요하다. 그런 고민을 이 책에서 같이 해보고자 한다.

이 책은 비전문가를 대상으로 썼지만, 일하는 사람들에게 지금 당장 따를 수 있는 실용적 지침을 제시하지는 않는다. 당신의 일하는 삶에 곧장 숨통을 트이게 할 만한 요술방망이는 여기에 없다. 일하는 삶의 일상을 결정하는 구조적 요인과 변화를 설명하는 것이 가장 큰 목적이고, 이를 통해 일하는 사람들에게 자그마한 도움이 되었으면 하는 소박한 바람뿐이다. 일터에서 목소리를 높여야 할 때 이 책이 몇 가지 논리와 관점을 제공한 다면, 그것으로 제 몫을 다했다고 생각한다.

쉽게 쓰려고 노력했으나, 아주 쉽지는 않을 것이다. 오로지 내 능력 탓이다. 그저 따분한 교실 수업처럼 느껴지지만 않기를 바란다.

책의 구성

책은 이렇게 구성해보았다. 시작은 다소 딱딱하다. 1장 "실 업: 하나의 현실, 갈라지는 생각들"은 경제학에서 일자리의 상 실, 즉 '실업'을 어떻게 다루는지 살펴본다. 노동'시장'을 어떻게 바라보느냐에 따라 실업의 원인과 대책이 달라진다. 실업이라 는 하나의 현실에 생각은 여러 갈래다. 이는 단순히 이론적 문 제가 아니라, 우리가 매일 겪는 일상이기도 하다. 실업률이 발 표되는 날, 신문들은 똑같은 숫자를 두고 전혀 다른 분석과 정 책을 내놓는다. 이렇게 된 연유를 역사적 맥락에서 훑어보려 한 다. 얼핏 보면, 논쟁의 역사는 불가사의하다. 한쪽에서는 시장이 실업의 해법이라 하고, 다른 한쪽에서는 실업의 원인이라고 본 다. 논쟁은 또 아이러니하다. 임금이 너무 높아 실업이 발생한 다는 시장주의적 접근의 정신적 지주인 애덤 스미스는 정작 자 본과 노동 간 힘의 불균형으로 발생하는 저임금을 더 걱정했다. 다소 복잡한 논의인지라, 당신의 인내심이 한 큰술 필요하다.

2장 "일의 세계: 고용과 노동을 넘어"는 이렇듯 치열한 논쟁 속에서 빼먹은 것을 살펴본다. '어떤 일자리?'라는 문제다. 고용과 실업은 숫자로 간명하게 표현되지만, 일자리의 현실과는 거리가 있다. 고용의 통계적 정의는 지나치게 느슨하고, 실업의 통계적 정의는 지나치게 엄격하다. 정의 자체가 일자리 문제를 축소한다는 혐의가 생긴다. 또한 지불되지 않거나 과소평가되지만 사회적으로 유용한 일을 제대로 포괄하지 않으면 오늘날의 일자리 상황을 제대로 이해할 수 없다. 따라서 노동이나 고용을 넘어 '일'을 중심으로 논의를 재구성할 필요가 있다. 역시 따분할 수 있다. 약간의 인내심이 있으면 충분히 견딜 수 있을 것이다. 권하고 싶지는 않지만, 1장과 2장이 너무 어렵게 느껴진다면 건너뛰어도 좋다.

좀 더 흥미로운 여정은 3장 "일자리의 가치: 사회적 가치와 기여적 정의"에서 시작된다. 일자리의 사회적 가치가 무엇인지를 따진다. 당신이 지금 월급으로 300만 원을 받고 있다면, 일자리의 사회적 가치도 딱 그만큼인지를 묻는다. 지난 수십년 동안 쏟아진 실증연구를 검토하면서, 일자리에는 시장의 가치인 임금(말하자면 월급봉투에 적힌 숫자)을 넘어서는 사회적 가치가 있다는 점을 설명한다. 좋은 일자리에는 긍정적 외부성이, 나쁜 일자리에는 부정적 외부성이 있다. 따라서 이런 외부성을 고려하지 않고 시장적 가치에 따라 운영되는 노동'시장'에서는 좋은 일자리가 늘 부족하고 나쁜 일자리는 늘 넘친다. 이 분석을 더 밀고 나가서, 좋은 일자리의 사회적 가치를 경제의 주춧돌로 자리매김하기 위해 '기여적 정의contributive justice'라는 개념을 제시한다. 이를 통해 생산된 것을 나누는 '분배적 정의distributive justice'를 넘어, 생산 과정 자체에 의미 있게 기여하는 것의 중요성을 부각하려 한다.

4장 "일의 대가: 너무 높은 임금, 너무 낮은 임금"부터는 구체적인 논의로 들어간다. 시작은 일의 대가, 또는 임금이다. 일의 대가는 단순히 수요와 공급 곡선이 만나는 과정이 아니라, 기업의 논리와 일하는 사람의 논리가 충돌할 수밖에 없는 공간이다. 고용계약 자체가 본질적으로 이런 비확정성과 긴장을 내포하고 있기에, 힘의 논리가 작동하는 것은 자연스러운 일이다. 최근 연구들은 임금 결정 과정에서 힘의 균형이 사회경제적으로 유익한 결과를 낳는다고 말하지만, 추세는 반대로 가고 있다. 노동자의 교섭력은 약해지고, 임금은 생산성을 쫓아가지 못하고 있으며, 노동소득몫은 줄어들고 있다. 특히 저임금층과 저소득층이 어려운 상황에 있다.

그래서 5장 "낮은 일의 대가: 최저임금은 축복인가, 실수인가"는 최저임금을 다룬다. 저임금 일자리를 위해 임금의 최저선을 만들어주는 최저임금은 전 세계적으로 큰 인기를 얻고 있지만, 거친 비판도 적지 않다. 한쪽에서는 이를 축복이라 하고, 다른 한쪽은 실수라고 한다. 누가 옳은가. 관련 연구를 종합하면, 대체로 '축복'이라는 쪽이다. 최저임금은 일자리에 악영향을 주지 않으면서 저임금층의 삶을 개선한다. 하지만 제도 운영에는 유의할 점도 많다. 결론은 '조심스러운 축복'이다. 축복인 만큼 소중하게 다룰 필요가 있다는 뜻이다.

또 다른 '다툼'의 영역인 노동시간은 6장 "일하는 시간: 노동시간 단축의 꿈과 좌절"에서 다룬다. 저명한 경제학자들의 낙관과 달리, 경제 성장과 소득 증대에도 왜 노동시간은 줄어들지 않는지 따진다. '구하지 않으면 얻을 수 없는' 울퉁불퉁한 노동시간 단축의 역사를 살피면서, 장시간 노동의 반인간성과 비경제성, 단시간 일자리와 관련된 새로운 과제들을 다룬다. 또한 보다 근본적으로는 가사노동의 분담과 사회적 지원을 검토하고, 노동시간 단축을 통한 일자리 창출 가능성에 대해서도 생각해본다.

7장 "기술 변화: 풍요와 그늘, 분화하는 일자리와 분열하는 일터"는 중단 없이 달려온 기술 변화의 역사를 살핀다. 기술이 변하면 일자리가 변한다. 변화의 규모와 속도는 예상보다 크고 빠르다. 하지만 일자리 대란을 외치는 호들갑과 달리 일자리의 총량에는 변화가 없다. 문제는 일자리의 분배, 더 구체적으로는 일자리의 분열과 양극화다. 중간이 없어지고 고임금과 저임금 일자리는 늘어났다. 아주 잘될 확률과 아주 나빠질 확률이 같이 증가한 것이다. 따라서 일자리 시장의 하층부에 있는 사람들이 기술 변화를 두려워하는 것은 지극히 당연하다. 속도를 두려워하는 사람을 새로 개발된 초고속 자동차에 태우려면 안전 장치가 필요하다. 기술 변화의 사회경제적 효과를 끌어올리고 싶다면, 기술에만 투자하지 말고 일하는 사람에 대한 투자와 지원도 함께 이루어져야 한다는 이야기다.

8장 "국경을 넘는 노동: 이주노동, 오해, 편견"은 이주노동을 생각해본다. 국경을 넘는 것이 기술과 자본이 아니라 사람이기에, 이주노동을 둘러싼 오해와 편견이 많다. 그래서 사실관계를 따져본다. 이주노동은 늘고 있고, 그 대부분은 '불러서 온 사람'이다. 인력 부족으로 우리가 필요로 해서 온 사람이지, 떠밀려 온 '불청객'이 아니다. 이를 혼돈하는 순간 차별이 싹튼다. 이주노동이 내국인의 일자리를 빼앗고 임금을 낮춘다는 우려도 살편다. 그러나 근거가 약하다. 이주노동에 대한 두려움이 차별을 낳고, 이런 차별이 결국 어떻게 부메랑이 되어 우리에게 돌아오는지 몇 가지 사례를 통해 설명한다. 아직 낯선 주제라고 생각할 수 있겠으나, 그렇지 않다. 이미 '다가오고 있는 미래'에 관한 것이다.

마지막 9장 "일하는 삶에 투자하는 사회"에서는 우리의 대안과 선택을 논의한다. '일자리에 대한 사회적 투자를 어떻게 할 것인가'라는 어려운 질문을 다루며, 이를 통해 일자리의 사회적 가치를 실현하고 내부화하는 방안을 모색한다. 완성된 답을 제시한다기보다는 실마리를 찾아보려 한다. 이를 위해 기여적 정의의 재구성, 일할 권리, 통화·재정정책, 산업정책, 기술정책, 사회 서비스에 대한 공공투자, 기후변화 대응 정책, 기업 지원, 나쁜 일자리를 줄이는 규제 정책, 교육훈련 투자, 취약층 지원 정책, 일자리 보장 프로그램, 정책의 적용과 제도 운용 등을 하나씩 살펴본다. 서사narrative와 사회적 대화의 중요성도 강조한다. 약간의 지루함을 각오해야 할지도 모른다. 너무 중요한 이야기들이라서 짧게라도 모두 다루어야 했다.

꼼수와 한계

혹시 도움이 될까 해서 '꼼수'를 썼다. 9장을 제외하고 모든 장의 마무리에 주요 내용을 요약했다. 책을 읽다가 앞 내용이 생각나지 않아 머리가 까마득해지면, 해당 부분만 봐도 될 것으로 생각한다.

논의를 조금 더 친근하고 대중적으로 풀어가기 위해 노벨경제학상 수상자들의 '권위'에 기댄 곳이 많다. 그들의 주장이 경제학 교과서에서 흔히 받아들여지는 믿음과 배치될 때 특히 효과적이라 생각했다. 경제학 내부의 다양한 견해를 보여주는 기회이기도 했다. 노벨상을 받은 학자의 견해도 기존의 교과서적 믿음을 바꾸기는 쉽지 않다. 논문 역시 가능하면 손꼽히는 저널에서 가져왔다. 이유는 비슷하다.

외국에서 생활하는 까닭에 한국 문헌을 거의 활용하지 못했다. 아쉬운 대목이다. 짧은 책에서 방대한 주제를 다루다 보니 관련 문헌을 꼼꼼히 밝히지 못했다. 인용 출처를 올려야 할 때만 관련 문헌을 명시했다.

용어 사용에 대해서도 미리 이해를 구한다. 앞서 언급했듯이, 이 책은 '노동', '고용', '실업' 개념을 넘어 '일', '일자리', '일의 세계'를 중심으로 논의를 구성하려 했다. 하지만 관련 문헌이나 논쟁이 대부분 전자의 개념 그룹에 입각해 있어, 불가피하게 두 그룹의 개념을 혼용해서 사용한 곳이 많다. 아쉬운 점이지만, 향후의 과제로 남겨둔다. 물론 다루고자 하는 실체적 내용은 명확하게 드러내려 노력했다.

지면의 한계로 여전히 남겨진 이야기가 많다. 이 책을 디딤돌 삼아 독자들이 많은 중요한 주제를 따로 살펴볼 수 있길 바란다. 기후변화의 문제를 본격적으로 들여다보지 못한 것이 아쉽다. 제대로 다루어야 할 주제인 만큼, 차후 과제로 남겨둔다. 이제 본격적인 탐험을 시작해보자.

| 차례 |

| 태만한 노동자, 화답하는 노동자 | 계약의 구멍을 메우는 목소리와 협상 | 작아지는 목소리, 커지는 불평등: 뛰어가는 생산성, 기어가는 임금 | 임금 인상 절제라는 흔하고도 잘못된 처방 | 기울어진 운동장은 모두를 위태롭게 한다: 불평등의 부메랑 | 인플레이션 에피소드: '저들의 말을 믿지 말라' | 간추리는 말: '너무 높은 임금 때문에'라는 신화

에 대한 공공투자 | 기후변화에 대응하는 정의로운 전환과 좋은 일자리 |
좋은 일자리를 만들거나 유지하는 기업의 지원 | 나쁜 일자리를 줄이는 정
책: 최저임금, 노동시간, 산업안전, 고용 안정 | 좋은 일자리를 일구는 텃밭
작업: 교육훈련 투자 | 좋은 일자리를 골고루 나누는 사회 | 누구에게나 일
자리를!: 보편적 일자리 보장(jobs guarantee)의 가능성과 한계 | 악마는 디
테일에 숨어 있다: 노동시장 정책의 효과적 운용 | 좋은 일자리를 말하고
소통하고 전파하기: 서사(narrative)의 대결

1장

실업:
하나의 현실,
갈라지는 생각들

우리는 시장경제에서 살아간다. 먹고사는 문제를 대부분 시장을 통해 해결해야 한다. 돈을 벌고, 그 돈으로 생계를 꾸려간다. 봉건적 계급사회와 달리 모든 개인이 자유로운 선택을 할 수 있으니, 그 결과에 대한 책임도 개개인에게 있다. 선택과 경쟁이 최적의 결과를 낳을 수 있다는 믿음이 이러한 시장경제의 근간이다.

현실적으로 이 믿음은 좋은 물건을 만들어내는 기업이나 능력이 출중한 개인에게는 후한 금전적 보상과 연결된다. 하지만 그렇지 못한 기업이나 개인에게는 저들과 힘겹게 경쟁해야 하는 고단한 생활이 기다리고 있다. 시장경제란 어떤 이에게는 경쟁을 통한 효율성을 의미하지만, 다른 이에게는 비정함과 가혹함을 의미한다.

이런 시장의 논리는 노동에도 적용된다. 바로 자본주의 시장경제다. 거래될 수도 없고 거래되어서도 안 되는 노동을 상품처럼 거래해서 노동'시장'이라는 표현도 널리 사용된다. 노동이 과연 '상품'인가에 대해서는 4장에서 따져보기로 하고, 여기서는 일단 노동이 시장에서 어떤 식으로 거래되는지부터 살펴보자.

노동시장과 수요와 공급의 불화

노동시장은 어떻게 '시장'이 되는가? 복잡하게 말하자면 한 없이 복잡한 것이 시장의 정의이므로, 아주 간단하게 '시장은 수요와 공급에 따라 가격과 거래량이 결정되는 곳'이라고 하자. 물론 시장이라고 해서 꼭 백화점과 같이 얼굴을 맞대고 거래하는 물리적 공간만을 지칭하지는 않는다. 컴퓨터 자판을 누르는 순간 국경을 넘어 수백만 달러의 거래가 이루어지고, 거래 상대가 누구인지 알 수도 없고 알 필요도 없는 주식시장도 시장이다.

일자리를 찾아 시장에 온다는 것은 이 수요·공급의 논리에 제 몸을 맡긴다는 뜻이다. 알아두는 것이 좋으니 차근차근 설명하겠다. 노동에 대한 대가(편의상 '임금')가 오르면 더 많은 사람이 더 많은 일을 하려고 하기 때문에 노동공급이 늘어난다. 이를 그래프로 나타내면, 임금 증가와 함께 노동량이 늘어나서 오른쪽 위로 올라가는 선이 그려진다. 어려운 말로, 노동공급곡선이다. 그런데 기업의 입장은 반대다. 임금이 오르면 그만큼 비용이 늘어나기에, 다른 조건에 변화가 없는 한 기업은 고용을 줄이려 한다. 이를 그래프로 나타내면, 임금이 오를수록 고용이 줄어드는 방향 즉 오른쪽 아래로 내려가는 선이 그려진다. 역시 어려운 말로, 노동수요곡선이다.

용어는 어렵지만 내용은 단순하다. 노동시장법칙이란 노동수요가 노동공급보다 크면 임금이 상승하고, 그 반대이면 임금이 하락하며, 수요와 공급이 일치하는 수준에서 균형임금이 형성됨을 의미한다. 경제학은 노동을 공급하는 사람과 노동을 사용하는 사람 간의 엇갈리는 이해관계를 이렇듯 엇갈리는 선으로 잘 잡아낸다(그림 1-1). 엇갈림은 결국 만남을 통해 해결되는 법이니, 실제 고용과 임금은 수요와 공급이 만나는 곳에서 정해진다. 이를 균형고용량(Q^*)과 균형임금(W^*)이라 부른다. 기업과 노동자 모두 그 지점에서 벗어날 이유가 없으니, 균형이라는 말

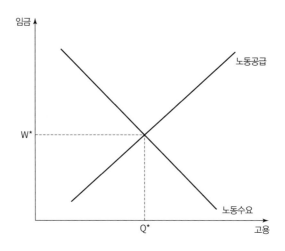

그림 1-1 노동시장의 균형: 수요와 공급이 만나는 세계

이 틀리진 않다.

　당연하고 단순해 보이는 원리이지만, 여기서 도출되는 함의는 결코 단순하지 않다. 먼저 노동시장법칙이 작용하는 노동시장에서는 실업이 있을 수가 없다. 노동수요와 노동공급이 일치하는 상황에서는 기업이 노동자를 더 고용하려 하지 않으며, 노동자도 더 일하려 하지 않는다. 원하는 만큼 고용하고, 원하는 만큼 일하는 것이다. 따라서 일하고 싶은데 일자리가 없음을 의미하는 실업은 이론적으로 존재하지 않는다. 이런 믿음은 다음과 같은 신문 칼럼에 잘 요약되어 있다.

　경제에 어떤 불균형이 생기더라도 언젠가는 이것이 저절로 해소될 것이라는 데에는 거의 모든 경제학자들이 동의하고 있다. 예를 들어 물건이 부족하면 가격이 올라 공급이 늘어나고 수급균형이 다시 이뤄진다. 실업이 증가하면 실질임금이 내려가 다시 일자리가 만들어진다. 이것을 경제의 자기치유 능력이라고 한다. 다만 학자들 사이에 차이가 있다면, 자기치유 능력이 얼마나 강하고 얼마나 오래 걸리는가에 대한 견해가 다를 뿐이다.[1]

그런데 과연 그럴까? 노동이 상품으로 거래되는 것은 '불편한' 현실이지만, 노동'시장'에는 다른 시장과 도드라지게 다른 기이한 특징이 있다. 그중 대표적인 것이 팔리지 않는 '재고'가 있다는 점이다. 현실의 노동시장에는 무수한 재고가 늘 존재하고, 이 재고는 '실업'이라 불린다. 언론에서는 매일 실업을 걱정하고, 일상의 대화에서도 일자리의 근심이 가시질 않는다.

간단한 통계를 확인해보자. 위 칼럼이 등장한 2009년은 실업 통계에서 중요한 해였다. 세계실업자 수가 사상 처음으로 2억 명을 넘었기 때문이다. 실업률도 몇십 년 만에 기록을 갱신하여 6.5%에 달했다(그림 1-2). 이후 실업자 수는 2억 명을 거듭히 넘은 수준을 유지해왔다. 잠시 2억 명 이하로 내려온 적이 있는데, 코로나19 바이러스가 발생하면서 다시 2억 명대 중반으로 치솟아 올랐다. 세계실업률은 여전히 5~6% 수준을 오가고 있다. 특히 청년층의 상황은 더 어렵다. 청년실업률은 대체로 전체 평균 실업률보다 2~3배 정도 높다.

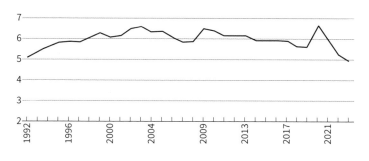

그림 1-2 언제 어디에나 존재하는 실업: 세계실업률 추세(%)

출처: ILO 노동통계

물을 수밖에 없다. 이렇게 어마어마한 숫자의 사람들이 일자리가 없는 것은 어찌된 일인가? 그리고 이런 현상이 지속되는 이유는 무엇인가? 수요와 공급의 일시적 불일치로 단순히 설명하기에는 실업의 규모와 지속성을 설명하기에 부족하지 않은가? 시장경제의 자기치유 능력에 기대어 인내하기만 하면 되는 것인가?

실업은 노동의 탓 또는 정부의 잘못?

물론 경제학 교과서적 설명이 없을 수가 없다. 가장 쉽게 생각할 수 있고 또 널리 알려진 설명은 한마디로 '외부 요인설'이다. 시장 자체에는 문제가 없는데, 외부 요인들이 시장의 정상적인 작동을 방해한다는 주장이다. 좀 더 거칠게 말하자면, '불순 세력'의 개입이 시장을 망친다는 것이다.

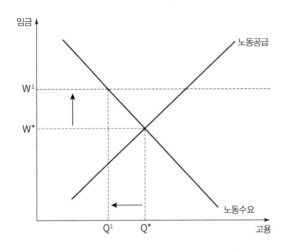

그림 1-3 노동시장의 불화: 수요와 공급이 어긋날 때

논리는 단순하다. 노동시장법칙에 따르면 실업은 노동공급이 노동수요보다 많아서 생겨난 것인데, 노동공급이 상대적으로 많은 것은 임금이 높게 형성되어 있기 때문이다(그림 1-3의 W^1). 따라서 문제의 핵심은 균형임금보다 높은 임금이다. 이론적으로는 이런 경우 공급초과로 인해 임금이 하락해야 하지만, 그렇게 되지 않는 것은 시장 조정을 막는 구조적 문제가 있거나 인위적 세력 또는 요인이 있기 때문이다. 구조적 요인은 보통 시간이 지나면 해결되는 것이니, 만일 실업이 지속적으로 존재한다면 혐의점은 '제3자' 외부 세력에 돌아간다.

이때 외부 세력으로 거론되는 단골손님은 노동자의 단체행동과 이를 조직적으로 가능하게 하는 노동조합이나 단체들이다. 노동조합을 만들어서 집단적인 임금 인상을 요구하고 기업이 이를 '어쩔 수 없이' 수용하게 되면, 기업의 노동비용은 '과도하게' 증가한다. 이런 상황에서 기업은 경영이 어려워지는 것을 막기 위해 '어쩔 수 없이' 고용을 줄이거나 추가 고용을 중단하게 될 것이고, 그 결과 일자리는 줄어든다. 이와 같은 부정적인 영향은 일자리를 찾는 취업 준비생이나 실업 상태에 있는 노동자들에게 특히 크게 나타난다.

요컨대 노동조합을 통해 교섭력이 커진 노동자가 균형임금보다 높은 임금을 얻으면, 그 결과로서 기업은 고용을 줄이게 된다. 앞서 나온 그림 1-3이 이런 상황을 보여준다. 고용된 사람의 임금은 W^1로 오르지만, 고용은 Q^1로 줄어서 일자리를 구하기가 더 힘들어진다. 노동자 전체로 보면 손해다.

여기서 논리는 더 확장될 수 있다. 노동시장이 노조원과 비노조원으로 나누어져 있다고 가정해보자. 노조원은 자신의 일자리를 지키면서 임금 인상을 추구할 것이고, 비노조원은 실업과 소득 불안의 위험을 고스란히 떠맡게 된다. 노동조합이 조합원들의 이익만을 좇아서 비조합원들을 '전략적으로' 희생시킨다는 주장도 그렇게 나온다(Lindbeck & Snower, 1989). 이런 견해는 4장에서 비판적으로 검토할 것이고, 일단 외부 요인설을 계속 살펴보자.

실업의 원인이 '과도한 임금' 때문이라는 주장은 정부에게도 혐의를 둔다. 최저임금이 가장 대표적이다. 최저임금은 기업이 지불해야 할 임금의 최저선을 법적으로 정한 제도이다. 저임금

계층의 임금협상 능력이 낮은 점을 악용하여 최저 생활 수준도 유지하지 못할 정도로 임금이 지불되는 상황을 막기 위한 취지에서 시작되었다. 하지만 단순한 수요·공급이론에 따르면, 이 제도는 임금의 하한선을 인위적으로 설정하여 더 낮은 임금을 받고도 일할 수 있는 사람들을 기업이 고용하지 못하게 함으로써 일자리를 줄이게 된다. 노동시장의 약자를 보호하려는 취지는 좋으나, 오히려 정반대로 그들의 삶을 더 취약하게 만든다는 논리다. "지옥으로 가는 길은 선의로 포장되어 있다"는 속담이 종종 인용되기도 한다(5장에서 이런 견해를 반박한다).

결국 노동시장의 효율성을 믿는 교과서적 입장에서는 실업이 시장의 작동을 방해하는 외부 세력 때문에 발생한다고 본다. 특히 노동자나 정부의 잘못, 또는 이 둘의 공동 책임으로 본다. 노동자의 처지를 좋게 하겠다는 노력이나 정책으로 노동자가 오히려 손해를 입는다는 일종의 자승자박론이다.

'보이지 않는 손'이 아니라 '보이는 손':
애덤 스미스가 알려준 '세상물정'

노동'시장'에 대한 이러한 강한 믿음은 얼마나 타당한가? 대답은 엇갈린다. 그 엇갈림은 역설적으로 경제학의 뿌리에서 시작된다.

'경제학의 아버지'로 불리는 애덤 스미스는 《국부론》에서 모든 개인이 시장을 통해 열심히 경쟁하며 자신의 사적 이익을 추구하면 모두에게 이익이 되는 결과를 가져오고, 결국에는 사회 전체가 좋아진다고 했다. 마치 '보이지 않는 손'이 존재하여 모든 이의 이익을 조율하는 느낌마저 드는데, 스미스는 이런 신비한 기능이 바로 시장의 핵심이라고 보았다. 따라서 시장의 경쟁적 행위를 인위적으로 막는 것은 곧 시장의 효율과 그 혜택을 줄이는 일이 된다.

이 논리에 따르면, 노동자들이 개별적으로 경쟁하여 자신의 '몸값'을 올리지 않고 집단적인 힘을 행사하는 것은 바로 '보이는 손'이고 이는 시장의 보편적인 효율성을 줄일 뿐이다. 후대의 경제학자들은 스미스의 이런 직관적 관찰을 수학적 모델과 계량적 분석을 통해 '증명'하고자 했다. 우리가 앞서 보았던 외부 요인설과 밀접하게 연결되어 있다.

'보이지 않는 손'이 시장적 효율성을 상징하는 메타포가 되다 보니, 경제학에서는 일종의 '개국 신화'가 되었다. 모든 개국 신화가 그렇듯, 일단 그 지위에 도달하면 해석이 온갖 갈래로 갈라진다. 심지어 시장 구조가 외려 경쟁을 막는 현실(예컨대 독점적 관행)에 의문을 제기하거나 비판을 가하면, 슬그머니 '보이지 않는 손'을 외치는 사람들이 나타난다. 자신의 경제적 이익을 해치는 개입을 반대하고자 할 때 편리하게 사용하는 메타포가 되기도 한다. 스미스는 어떠한 독점적 관행도 단호하게 거부했는데, 후세들은 아랑곳하지 않는다. 정치적 편의성은 힘이 세다.

보다 더 중요한 것이 있다. 노동과 고용 문제에서도 독점을 반대하는 그의 논리는 일관된 방식으로 적용된다. 예컨대 스미스는 노동자들이 힘을 모아 행동하는 '독점적' 행위보다 고용주

employer *들이 은밀하게 행하는 '독점적 관행'에 주목했다. 스미스의 신봉자들이 잘 인용하지 않아서 '보이지 않는' 부분이다. 약간 길지만 인용해보자.

"노동자들의 단합에 관해서는 자주 듣게 되지만 고용주들의 연합에 관해서는 거의 듣지 못한다고 사람들은 말한다. 이 때문에 고용주들의 연합은 매우 드물다고 생각하는 사람이 있다면, 그는 진상을 알지 못할 뿐만 아니라 세상물정을 잘 모르는 사람이다. (…) 우리는 사실상 이러한 연합에 대해 거의 듣지 못하는데, 그 이유는 이 연합이 평소의 그리고 자연스런 상태이기 때문이다. 고용주들도 때로는 노동임금을 현재의 수준 이하로 낮추기 위해서 특별한 연합을 결성한다. 고용주들의 연합은 실행 직전까지는 항상 매우 조용히 비밀스럽게 진행된다. 때로는 노동자들이 저항의 필요성을 절감하면서도 아무런 저항도 하지 못하고 굴복하고 말 때까지, 다른 사람들은 고용주들의 연합에 대해 아무것도 들을 수 없다. 그러나 이러한 고용주들의 연합행동은 자주 그에 대항하는 노동자들의 방어적 단합에 직면한다. 물론 노동자들은 가끔 이러한 도전이 없더라도 노동의 가격을 올리기 위해 자발적으로 연합하기도 한다. 그들이 보통 말하는 단합의 이유는, 때로는 식료품값이 올

● '사용자'로 번역되어 사용되기도 한다. 특히 공식 문서에서 그렇다. 이 책에서는 물건을 '사용'하는 것과는 구분되는 'employ'의 의미를 좀 더 살리기 위해서 '고용주'라는 표현을 쓴다.

랐다든가, 때로는 고용주들이 자기들의 노동으로부터 큰 이윤을 얻고 있다는 것 등이다. 그러나 그들의 단합은, 공격적인 것이든 방어적인 것이든, 항상 세상의 이목을 끈다. 왜냐하면 문제를 신속하게 해결하기 위해서 노동자들은 언제나 큰소리로 소란을 피우고, 때로는 매우 충격적인 폭행과 폭력을 사용하기 때문이다. 그들은 절망하여 온갖 황당하고 제멋대로인 행동을 하는데, 그 이유는, 그들은 고용주들을 위협해서 자기들의 요구를 곧바로 받아들이도록 하거나 아니면 굶어 죽기 때문이다. 이런 경우, 고용주들도 노동자들을 향해 큰소리를 지르고, 치안판사의 도움을 끊임없이 소리 높여 요구하고(…) [노동자들의] 단합에 대해 엄한 현행법률의 엄격한 집행을 소리 높여 요구한다. 결국 노동자들은 이 소란스러운 단합의 폭력행사로부터 거의 아무런 이익도 얻지 못한다. 부분적으로는 치안판사의 개입 때문에, 부분적으로는 고용주들의 뛰어난 침착함 때문에, 그리고 부분적으로는 대부분의 노동자들이 당장의 생존을 위해 굴복할 수밖에 없는 필연성 때문에, 이러한 폭력행사는 주모자의 처벌과 파멸 이외에는 아무것도 얻지 못하고 끝나는 것이 보통이다.(Smith, 1776, pp. 80-81)

무려 250년 전에 쓰인 생생한 '현재의 기록'이다. 읽기에 따라서는 기록이라기보다는 고발에 가깝고, 노동시장의 '세상물정'에 대한 깊은 통찰을 제시한다.

첫째, 노동시장에서는 가격의 논리 이면에 힘의 논리가 크게 작용한다. 고용주가 집단적으로 힘을 모아서 노동자들과의 세력 싸움에서 유리한 고지를 차지하려고 한다.

둘째, 고용주의 세력 규합에 대해 사람들이 잘 알지 못하는 것은 그들이 은밀하게 움직이기 때문이다. 이런 움직임이 가능하다는 것 자체가 힘의 우월성 덕분인데, 무엇보다도 고용주는 법적 수단에 손쉽게 의존할 수 있다.

셋째, 고용주들이 먼저 단합하여 움직이면 노동자들은 이에 대응하는 방식으로 맞선다. 고용주가 공격, 노동자는 수비다. 그런데 세상 사람들은 종종 정반대로 착각하여, 노동자가 먼저 일을 벌이고 고용주는 수습한다고 믿는다. 게다가 고용주는 보다 큰 이윤을 위해 단합하는 데 비해, 노동자는 생존을 위해 규합한다. 이윤 투쟁과 생존 투쟁으로 행동의 동기가 갈리다 보니, 버틸 수 있는 힘도 다르다. 노동자는 고용주에 비해 단체행동에서 오래 버티지 못한다.

마지막으로 이런 불리한 처지에서 노동자들이 규합하고 행동하기에, 그 방식은 소란스럽고 때로는 폭력적이기 쉽다. 한쪽은 엄밀하고 차분하고 은밀한데, 다른 쪽은 절박하고 공격적이고 소란스럽다. 그래서 결과적으로 싸움의 승패는 뻔하다. 주모자는 법적 처벌을 받고, 노동자들이 얻는 것은 거의 없다.

노동시장이 '기울어진 운동장'이라는 견해는 스미스 이후 오랫동안 경제학에서 중요한 사실적 출발점으로 인식되었다. 스미스의 뒤를 이어 19세기 말 알프레드 마샬Alfred Marshall은《경제학 원리》라는 기념비적 교과서를 냈다. 앞서 살펴본 수요·공급

곡선을 중심으로 한 시장 분석을 체계화한 장본인이다. 때문에 그는 '근대경제학의 아버지'라 불린다.

마샬의 노동시장 분석은 노동시장이 갖는 '특수성'에서 시작한다. 먼저 "노동자는 그의 노동을 팔지만, 그 소유권은 유지"하기 때문에 여타 시장과 다르다(Marshall, 1890, p. 466). 노동을 팔지만 노예는 아니라는 것이다. 게다가 노동이라는 '상품'을 팔기 위해서는 판매 장소에 직접 가야 한다. 즉 물리적·공간적 제약이 강하다. 노동의 '소멸성perishable'은 이런 제약을 더욱 심각하게 만든다. 상품은 당장 쓰지 않아도 재고로 쌓아두었다가 다음에 쓰면 되지만, 노동 '상품'은 당장 쓰지 않으면 사라진다. 생계를 위해 어떻게든 노동을 팔아야만 한다.

노동자는 늘 자신의 노동을 팔러 다녀야 하고, 그것도 빨리 팔아야 한다. 마샬은 이런 특성 때문에 노동자가 고용주와 대등한 입장에서 협상하기가 애당초 어렵다고 봤다. 교섭력도 없는 다급한 노동자들로부터 노동을 '구매'하는 고용주는 이렇듯 유리한 조건을 바탕으로 임금을 결정할 힘을 키운다. 그렇기에 마샬은 고용주 스스로가 강력한 독점적 결사체라고 판단했다. 그에 따르면, "1,000명의 노동자를 고용하는 자는 노동시장에서 1,000명의 독립적인 노동 구매자들이 뭉친 초강력 결사체인 셈이다"(Marshall, 1890, p. 472).

실업은 자본의 전략적 도구?

힘의 불균형에 대한 스미스와 마샬의 고발적 기록은 역설적이게도 '보이지 않는 손'을 부정하고 '보이는 손'을 강조하는 뚜렷한 흐름을 만들어냈다. 실업의 혐의점을 정반대로 돌려 자본 또는 자본주의에서 찾아야 한다는 일종의 '내부 요인설'이 대표적이다. 노동시장이 애당초 그렇게 생겨먹었다는 주장이다. 이런 주장을 대표하는 인물은 칼 마르크스다.

아주 공정하고 엄밀하게 따지자면, '실업은 왜 생기는가'에 대한 진지하고 체계적인 질문은 사실 마르크스로부터 시작되었다. 물론 그 이전에도 실업을 둘러싼 논란과 분석이 있었지만, 대부분 고발이거나 인상주의적 비평이었다. 마르크스라는 이름이 종종 막연한 두려움의 대상이 되곤 하지만, 그를 피하고서 자본주의적 실업의 존재 이유를 논하기는 힘들다.

마르크스의 이론은 방대하고 난해하다. 단순화하는 순간, 틀렸다는 지적을 당하기 쉽다. 그런 위험을 무릅쓰고라도 간단하게 요약해보자. 상품의 가치는 기본적으로 노동시간에 의해 결정된다는 것이 출발점이다. 노동자를 데려와서 돈을 주고 일을 시키기만 하는 이른바 '자본가적' 행위는 전혀 가치를 창출하지 않는다. 그렇다면 이윤은 어디서 오는가? 노동자들이 투입하는 노동시간으로부터 나온다. 따라서 마르크스 이론 내에서 노동 '착취'는 반사회적 행위가 아니라, 이윤의 존재적 근거다. 이윤은 곧 '뺏어온 가치', 즉 '잉여가치'이기 때문이다(Marx, 1976).

그렇다면 자본의 입장에서는 노동자를 가능한 한 많이 고용해서 이윤량을 늘리면 되는 것이니, 실업이나 해고 같은 현상이 생길 이유가 없지 않느냐고 생각할 수 있다. 마르크스는 이런

'순진한' 생각을 바로 통박한다. 자본이 이윤을 늘리려고 사람들을 더 많이 고용하면, 처음에는 괜찮겠지만 점차 인력난에 직면하게 된다. 일할 사람을 찾기 힘들면, 당연히 노동의 대가를 더 치러야 한다. 임금이 불가피하게 상승하면서, 자본이 가져가는 이윤의 상대적 몫(또는 이윤율)은 줄어든다. 물론 경제 전체로 보면, 이는 자연스럽고 심지어 바람직한 현상이라고 할 수 있다. 이윤율은 줄어도 전체 일자리와 임금은 늘어나니, 사회 전체적으로는 환영할 일이겠다.

하지만 자본의 논리와 사회의 논리는 다르다. 마르크스는 자본의 입장에서는 이윤율만이 유일한 '믿음'이고, 이 믿음을 실천하기 위해 여러 가지 전략을 구사한다고 본다. 그중 하나가 노동 강도를 높여서 노동생산성을 끌어올리는 방식이다. 어렵고 드라마틱한 용어를 잘 만들어내던 마르크스는 이를 '상대적 잉여가치 창출'이라 불렀다. 막무가내로 일하는 시간을 늘리고 임금을 깎아서 이윤을 늘리는 '절대적 잉여가치 창출'이 가능하지 않을 때 사용하는 '세련되고 정교한' 방식이다.

또 다른 중요한 보완 전략은 임금 인상을 원천적으로 막는 것이다. 하지만 애덤 스미스가 지적한 고용주처럼 은밀하지만 강압적인 '공모' 방식을 이용하지 않는다. 그 대신, 실업이라는 '무기'를 활용한다. 즉 일정 규모의 실업자를 늘 유지하여 노동력이 부족할 때 인력풀로 사용한다는 것이다. 마치 전쟁이나 안보 위기가 생겼을 때 예비군을 동원하여 군사력을 보강하듯이 노동시장에도 예비 인력을 운영할 수 있다는 논리다. 마르크스는 이런 인력풀을 "산업예비군"이라고 불렀다. 이들이 늘 상당 규모로 존재하면 임금 인상은 당연히 어렵다. 경기가 좋아져 인력이 부족해지거나 노동자들의 조직적 교섭력 덕분에 임금이 오르는 '사태'가 생기면 바로 산업예비군이 동원되기 때문이다. 결국 임금은 다시 떨어지게 된다. 밀어 올리면 떨어지고 다시 밀어 올리면 또다시 떨어진다. 마르크스의 분석에서 임금은 '시지프스의 바윗돌'과 같다.

음모론적 색채마저 물씬한 이런 주장에 회의적이거나 냉소적인 반응이 많다. 실제로 이런저런 논박도 많았다. 특히 노동시간만이 가치의 원천이라는 잉여가치론은 그런 논쟁의 핵심적 쟁점이었다. 그렇다고 해서 마르크스의 분석을 온전히 물리치기도 어렵다. 산업예비군을 떠올리게 하는 여러 가지 역사적 '해프닝' 때문이다.

영국에서 있었던 일이다. 마가렛 대처는 1980년대 영국의 수상이었다. '철의 여인'이라고 불렸던 그의 정책은 공격적이고 문제적이었다. 물가 안정을 위해 모든 것을 불사하겠다고 했다. 민영화와 자유화를 핵심 깃발로 삼았고, 그 깃발 뒤로는 대량실업과 임금 정체라는 큰 그늘이 뒤따랐다. 그런데 정작 물가 안정도 쉽지 않았다. 결국 물가상승률이 8%를 넘어서던 1990년에 영원할 것 같았던 그의 권력도 막을 내렸다. 철의 권력이 사라졌으니, 온갖 뒷담화가 봇물 터지듯 쏟아져 나왔다. 말실수인 것처럼 은근히 비밀을 흘리는 사람도 많았다. 대처 정부 초기에 경제고문직을 맡았던 앨런 버드Alan Budd도 그 도도한 폭로 대열에 합류했다.

버드가 당시 주목받던 젊은 다큐멘터리 제작자 아담 커티스 Adam Curtis 와 인터뷰를 하면서 사달이 났다. 커티스는 대처 정부가 거칠게 몰아붙인 시장근본주의적 정책이 효과가 있을 거라고 정말 믿었느냐고 따졌다. 혹시 어떤 정치적 의도가 있었는데, 그게 쉽지 않으니까 경제정책으로 포장한 게 아니냐는 것이었다. 이런 도발적인 질문에 버드는 악몽과도 같은 경험을 넌지시 고백한다.

사실 대처 정부에는 그런 정책이 물가 안정과 경제 성장을 이루는 옳은 방식이라고 믿지 않으면서도 억지로 몰아붙이는 사람들이 많았다. 그렇게 하는 것이 "실업을 늘릴 수 있는 아주 좋은 방법이며, 실업 확대는 노동계급의 힘을 약화시키는 너무나도 좋은 방법"이라고 봤기 때문이다. 버드는 더 숨길 것도 없다고 생각했는지 좀 더 '과격한' 해석까지 덧붙였다. "말하자면, 거기서 모의해 만들어낸 것은 마르크스식으로 표현하면 자본주의 위기를 통해 산업예비군을 재창출하고 자본가가 더 높은 이윤을 얻도록 하자는 것이었다."[2]

그런데 이런 폭탄 발언에도 대중과 정치권의 반응은 그다지 폭발적이지 않았다. 대부분 고개를 끄덕이며 수긍하는 분위기였다. 불과 한 달 전, 영국의 재무상 노먼 러몬트Norman Lamont 는 이자율 상승에도 물가는 잡히지 않고 수백만 명이 실업자 신세라고 따지는 야당의원의 말에 이렇게 답했다. "실업 증가와 경기 침체는 인플레이션을 잡기 위해 우리가 치러야 할 비용이었다. 그리고 이 정도 비용은 마땅히 치를 만한 것이었다."

이런 류의 에피소드는 계속된다. 2023년에는 호주의 백만장자 CEO인 팀 거너Tim Gurner가 온라인을 뜨겁게 달구었다. 디지털 시대의 생산성 침체 해결 방안을 논하는 포럼에서 그는 지나치게 '솔직'했다. 그는 코로나 역병을 겪었던 지난 몇 년 동안 노동자가 적게 일했는데 돈을 많이 줬으니, 생산성이 떨어지는 건 당연한 일이 아니냐고 되물었다. 게다가 보다 심각한 변화도 있었는데, 노동자가 일자리를 준 기업을 고맙게 생각하는 것이 아니라 기업이 노동자에게 고마워해야 하는 풍토가 생겼다고 했다. 이를 근본적으로 바꾸는 가장 좋은 방법은 실업률을 40~50% 정도로 높이는 것이고, 그런 고통이 있어야 노동자의 '태도'가 바뀐다고 단언했다. 지금 기업이 대량 해고를 하는 것도 이런 이유 때문이라고 했다. 그리고 그는 역사에 빛날 어록을 남긴다. "그래야만 노동시장에서 '건방짐arrogance'이 사라진다."[3](4장에서 더 많은 에피소드를 다룬다.)

실업은 자본주의의 고질병이지만 불치병은 아니다?

실업의 원인에 대한 분석은 이렇듯 완전히 갈라진다. 한쪽에는 '정상적인' 시장경제에서는 실업이 있을 수 없으며 만일 존재한다면 그건 '비시장적' 개입 때문이라는 견해가 있고, 그 정반대에는 자본이 이윤 극대화를 위해 '인위적으로' 실업을 만들어낸다는 견해가 있다. 한쪽은 실업이라는 병이 존재하지 않는다고 하고, 다른 한쪽은 실업이 자본주의의 불치병이라고 발끈

한다.

이처럼 첨예한 대립 속에서 중간적인 입장도 있다. 20세기 최고의 경제학자로 꼽히는 존 메이너드 케인즈의 분석이 대표적이다(Keynes, 1936). 그의 입장을 한마디로 요약하자면, 자본주의가 실업을 '체계적으로' 만들어내는 것은 맞지만 그렇다고 해서 실업 문제를 해결할 수 없다는 것은 아니다. 말하자면 고질병이지만, 불치병은 아니다. 케인즈는 정부가 의사처럼 적극적으로 원인을 밝혀 올바른 정책을 처방하면 실업은 없어진다고 믿었다.

그렇다면 왜 고질병일까? 케인즈의 설명은 복잡하지만, 가능한 한 단순화해보자. 기업이 투자를 하면 고용이 창출되는 것은 맞지만, 투자할 돈이 있다고 해서 무조건 투자를 하는 것도 아니다. 투자해서 물건을 만들거나 서비스를 제공했을 때 그걸 구매할 수요가 있는지를 따져본 뒤 가능성이 있다고 판단되면 최종적으로 투자 결정을 내린다. 결과물에 대한 실질적 수요(어려운 말로는 유효수요effective demand 라고 한다)가 있어야 한다는 뜻이다. 작은 가게라도 열어본 사람이라면 다 아는 사실이다.

그런데 이 유효수요는 사람들의 소비 의향과 소득 능력에 달려 있다. 즉 일을 하고 투자를 해서 소득이 생겼을 때, 이 소득을 얼마나 소비에 사용하느냐의 문제다. 믿기 어렵겠지만, 초기 경제학자들은 사람들이 번 만큼 소비한다고 가정했다. 얼핏 봐도 현실성이 없는 이 가정을 케인즈는 심각하게 논박했다. 지금 당신이 한 달에 300만 원을 벌고 있고 그중 10% 정도는 결혼과

주택 구입, 또는 비상 사태 등에 대비해 저축을 하고 있다고 가정해보자. 그런데 예상치 않은 새로운 일자리가 생겨서 이제는 100만 원을 더 벌게 되었다. 이때 당신은 여전히 10%만 저축할 것인가, 아니면 늘어난 소득을 좀 더 저축에 할애할 것인가. 물론 '한여름밤의 꿈'처럼 한바탕 파티를 할 수도 있겠으나, 대부분은 저축 비율을 높이려고 할 것이다.

이것이 바로 케인즈가 주목한 부분이다. 사람들의 소득이 많아질수록 저축 비율이 늘어난다. 이렇게 되면 전체 소득 중에서 소비로 가는 비율이 줄고, 결과적으로는 유효수요가 줄어들 수 있다. 소득 불평등이 늘어나면 이런 경향은 당연히 더 가속화된다. 두 가지 다른 경제 상황을 생각해보자. 첫 번째 경우에는 세 사람이 모두 똑같이 매달 300만 원씩 벌어 10%(30만 원)를 저축하고, 두 번째 경우에서는 두 사람은 각각 150만 원을 벌어 다 쓰고 한 사람은 600만 원을 벌어 200만 원을 저축한다. 인위적 가정이지만, 꽤 현실적인 상황이다. 두 가지 모두 총소득 규모는 같지만, 두 번째 경우의 소득 분배가 더 불평등하고 저축 비율도 높다.

물론 이와 같은 경우에서도 증가한 저축이 투자로 연결되면 문제가 없다. 앞선 예의 두 번째 경제에서 200만 원의 저축이 투자로 이어지는 상황을 생각해볼 수 있다. 하지만 이런 선순환이 쉽지는 않다. 예의 첫 번째 경제에 비해 유효소비가 오히려 작기 때문이다. 이를 알고 있다면, 선뜻 투자하려 하지 않을 것이다. 예를 들어 마을에 '노는' 돈이 있어서 카페를 열려고 하는

데, 막상 커피를 돈 주고 사 먹을 손님이 없는 걸 알고서는 돈만 만지작거리는 것과 다를 바 없다. 즉 유효수요가 줄어드는 상황에서 기업은 자금을 조달할 수 있더라도 투자를 늘리려고 하지 않는다.

결국 저축이 늘어나서 자금은 있지만 기업이 투자를 꺼리게 되고, 이런 상황이 이어지면서 기존 투자도 줄이게 된다. 기업은 일자리를 줄이고 해고가 뒤따른다. 사람들은 일하고 싶고 일자리를 찾으려 하지만 일자리가 없는 상황이 발생하는데, 케인즈는 이를 '비자발적 실업involuntary unemployment'이라고 불렀다. 본인의 의지와 관계없기에 '비자발적'이다.

이런 '파국적' 시나리오에서 실업은 어떤 개인의 잘못이 아니다. 임금을 올려달라고 한 적도 없고 게으름을 부린 적도 없는데 일자리가 사라진다. 그렇다고 마르크스식 분석에서처럼 기업이 이윤 극대화를 위해 '고의적'으로 '산업예비군'을 만들어 내지도 않는다. 어느 누구의 잘못도 아니고 악의도 없다. 모든 경제 주체가 주어진 상황에서 합리적으로 일하고 저축하고 투자하는데, 실업이 생겨나는 것이다. 케인즈가 보기에는 자본주의 경제가 애시당초 그렇게 생겨먹은 것이고, 여기서 실업은 피할 수 없으니 고질병이다.

그렇다면 왜 불치병은 아닌가. 케인즈는 여기서 정부의 역할에 주목한다. 유효수요가 부족할 때 정부가 나서서 구매하고 투자하면서 유효수요를 끌어올리면 경제 회복과 더불어 일자리를 유지하거나 창출할 수 있다는 것이다. 앞서 나온 예의 두 번째 경제에서 정부가 200만 원을 저축하는 '고소득자'에게 세율을 높이 적용해 100만 원을 세금으로 가져간 뒤 다양한 방식으로 소비 지출을 한다고 해보자. 예컨대 마을복지 차원에서 주민들에게 커피 쿠폰을 나눠준다고 하자. 그러면 카페에 대한 투자도 생기면서, 저축-소비-투자 간의 자연스러운 흐름을 만들 수 있다. 카페가 생겼으니 당연히 일자리도 생긴다.

따라서 유효수요가 모자랄 때는 정부 지출을 늘리고, 반대로 유효수요가 넘칠 때는 정부 지출을 줄여 나가는 방식을 통해 경제와 일자리 규모를 안정적으로 유지할 수 있다. 필요하다면, 정부가 공공 프로그램을 만들어서 일자리를 창출하는 방법도 고려할 수 있다. 극단적이지만 논의의 연속성을 위해 예를 들자면, 정부가 마을에 카페를 열고 무료 쿠폰도 나눠주며 청년들을 고용할 수 있다. 정부가 자본주의 경제의 고질병을 치료하는 의사 노릇을 해야 한다는 것이다. 20세기 두 차례의 세계 전쟁을 겪으면서 시민들의 복지가 국가의 핵심 과제가 되었고, 공공 지출은 늘어날 것이며, 이런 지출을 체계적으로 관리한다면 대규모 일자리 창출도 가능하다는 '시대적 판단'도 한몫했다.

정부의 해결사 역할은 20세기 중반부터 주류적 견해로 자리 잡았다. '완전고용'이 정부 정책의 핵심이 되었고, 통화를 관리하고 물가를 조정할 때 고용을 최대한 끌어올려야 한다는 임무가 중앙은행에 부여되기도 했다. 실업 해소에 적극적인 정책 덕분이었는지, 세계는 제2차 세계대전 이후 약 30년 동안 고용 호황을 맞게 된다. 이른바 '자본주의의 황금기'다. 시장의 길도 아니고 혁명의 길도 아닌 제3의 평화로운 길을 드디어 발견했다는 자신감도 최고조에 달했고, 너나없이 "나는 케인즈주의자"라고 외쳤다. 그러나 이런 호기로운 외침은 오래가질 못했다. 바람은 금세 방향을 틀었다.

정부는 돌팔이 의사인가?

볼멘소리와 염려가 없지 않았다. 사실 이런 목소리는 점점 커졌다. 1970년대 중후반 지정학적 불안정성이 커지면서 석유 가격이 폭등하고 더불어 임금까지 급속도로 올라가자, 정치인과 정책관료들은 물가와 임금이 서로 꼬리를 물고 올라가는 '악순환'을 문제 삼았다. 물가가 오르면 노동자들이 임금을 올리게 되고, 그러면 다시 물가가 오르면서 임금이 또다시 오르는 악순환이 당면한 경제문제의 핵심이라고 본 것이다.

한발 더 나아가, 비판자들은 이런 악순환의 이면에 의사를 자처하며 해결사 노릇을 하려는 정부가 있다고 주장했다. 정부가 '인위적으로' 일자리를 늘려놓고 노동자들의 교섭력을 키워주다 보니, 임금 인상을 억제해야 할 상황에 오히려 걷잡을 수 없는 수준으로 오르도록 한다는 것이다. 논쟁적인 경제학자이자 영민한 정치감각을 가졌던 밀턴 프리드먼Milton Friedman은 이런 흐름을 주도한 대표적 인물이었다. 그는 애당초 시장에 맡겨두었더라면 물가 상승과 경기 둔화에 따라 고용이 줄고 실업이 발생하면서 임금이 떨어졌을 텐데, 정부의 '오만한' 개입 때문에 경제의 '자연스러운' 회복이 불가능해졌다고 믿었다. 결국 문제는 시장이 아니라 정부라는 주장이었다. '신자유주의'라 불리는 정치경제적 흐름은 이렇게 정책의 중심으로 부상하게 된다(Monbiot & Hutchison, 2024). 앞서 소개한 영국의 사례도 바로 이런 맥락에서 생겨난 에피소드였다.

그 이후, 일자리를 둘러싼 정부의 역할은 롤러코스터를 탔다. 정부 역할의 방향과 규모는 늘 논란이었다. '큰 정부론'과 '작은 정부론'이 대립할 때마다 핵심 사안은 '실업자와 구직자를 어느 정도 지원할 것인가' 하는 문제였다.

논쟁의 층위가 복잡해지기도 했다. 예컨대 정부 개입의 필요성 여부를 넘어서 정부가 그럴 능력이 정말로 있느냐는 의문도 커졌다. 가령 정부가 노동시장에 적극적으로 개입하여 실업을 줄이는 정책을 사용한다고 했을 때, 과연 관련 정책을 제대로 개발해서 실행할 수 있는 정보와 능력 그리고 신뢰성을 확보하고 있느냐고 묻는 것이다. 말하자면 해결사로 자처하고 나선 정부가 진정 그 능력을 갖추고 있는지, 아니면 시쳇말로 돌팔이 의사는 아닌지 하는 문제였다.

이에 대한 반론도 만만치 않다. 이때 그 방식은 시장의 자동 조절 기능에 대한 근본적인 회의에 초점을 둔다. 그렇다면 시장에 맡겨두면 실업이 해결되는 것인가. 현실 노동시장의 역사와 경험을 보면 시장에 대한 믿음이 근거 없다는 점을 강하게 상기시킨다. 물론 정부가 때론 '의도대로' 좋은 고용 결과를 내지 못할 수 있으나, 그렇다고 해서 정부의 역할을 통째로 폐기할 수는 없다고 주장한다.

이렇다 보니 논쟁은 대부분 네거티브 전략에 기반해 있다. 시장주의적 입장에서는 정부의 무능과 비효율성을 들어 시장 중심 접근을 옹호하고, 케인즈주의적 개입 정책 입장에서는 시장의 무능과 한계를 들어 정부의 적극적 개입을 옹호하는 경향이 있다. 논쟁이 무한 순환에 빠지는 듯한 느낌이 들 정도다.

완전고용의 재해석: '자연스러운' 실업?

그렇다고 논쟁이 완전히 겉돌기만 한 것은 아니었다. 오히려 복잡해지고 어려워졌다. 대표적인 것이 '완전고용'의 본질과 의미에 관한 논의였다. 경제의 궁극적인 목적이 '원하는 모든 사람이 일할 수 있는 상태', 즉 완전고용이라는 점에는 경제학자들 사이에도 이견이 없다. 그러나 앞서 살펴본 것처럼 완전고용에 도달하는 방식을 두고 치열하게 대립하면서 완전고용의 도달 여부에 대한 판단 기준도 달라지게 되었다. 다시 말해, 어느 정도 수준의 고용이 이루어져야 완전고용이라고 할 수 있느냐는 것이다.

완전고용의 사전적 정의는 "(경제 내에서) 일할 능력이 있고 일하고 싶어 하는 사람이 모두 고용되어 실업자가 없는 상태의 고용"이다. 즉 비자발적 실업자가 없는 상태를 말한다. 하지만 엄밀히 따지면, 이 정의는 정확하지 않다. 현실의 노동시장은 숫자가 아니라, 사람으로 구성되어 있기 때문이다. 이쪽에서 일자리 하나가 없어지고 다른 쪽에서 일자리 하나가 생겨날 경우 숫자의 합계상으로는 실업이 있을 수 없지만, 현실적으로는 해당 노동자가 다른 일자리로 이동해야만 실업이 없어진다. 시간이 걸리는 일이다. 이사를 해야 하는 경우도 있고 만약 동반 가족이 있다면 일자리 이동은 더 어려워진다. 게다가 예전 일과 성격이 다른 일자리를 얻어서 교육과 훈련 등 기술적 준비 과정이 필요할 수도 있다. 이렇듯 일자리 이동과 관련된 공간적·시간적 제약으로 실업 상태가 일시적으로 생겨날 수 있다. 이를 흔히 '마찰적 실업frictional unemployment'이라고 한다. 이런 유형의 실업은 기본적으로 시간문제일 뿐, 정책적으로 걱정할 만한 사안은 아니다. 따라서 오로지 마찰적 실업만 존재한다면, 그 경제는 완전고용 상태에 있다고 볼 수 있다.

또 이런 형태의 실업도 있다. 가령 여름에 아이스크림을 팔던 사람이 겨울에 새로운 계절 장사로 전환하는 과정에서 잠시 쉬게 되는 것은 자연스러운 일이다. 이를 두고 흔히 '계절적 실업seasonal unemployment'이라고 하는데, 실업 기간이 곧 탐색 기간이 되기도 한다.

한편 기업이 일자리를 제공하지만, 노동자가 그 일을 하는 데 필요한 기술이나 숙련을 가지고 있지 못할 수도 있다. 기업이 제시하는 일자리가 '그림의 떡'이 되는 경우다. 필요한 기술을 익히면 결국 일자리를 찾게 되겠지만, 시간이 걸리게 마련이다. 그 과정에서 일정 기간 실업 상태가 불가피하다. 이를 '구조적 실업structural unemployment'이라고 한다.

경제학자들은 이런 실업들은 어찌할 수 없는 것으로 보고 '자연실업natural unemployment'이라 부른다. '자연'이라는 단어를 굳이 사용하는 이유는, 이를 제거하려고 정부가 애쓰다 낭패를 볼 가능성을 경계하기 위함이다. '자연'을 거스르지 말라는 뜻이 담겨 있다.

그러나 특정 형태의 실업이 정책적 대상이 되지 않는다는 생각은 '뜻하지 못한' 방향으로 복잡해진다. 정책의 판도라 상자가 열린다. 무엇보다도 '자연스러운 실업'과 '자연스럽지 않은 실업'을 현실적으로 구분하는 것이 쉽지 않기 때문이다. 우리가 통상 믿는 것보다 훨씬 높은 실업률 수준이 완전고용 상태라는 주장이 백가쟁명식으로 쏟아져 나왔다. 예를 들어 예전에는 1~2%가 '자연적' 실업률이고 그 이상 올라가면 정부의 정책적 개입이 고려되어야 했다면, 이제는 경제적 요인까지 고려해서 3~4%가 '자연적' 수준이라는 주장이 나왔다. 따라서 2~3% 실업률 수준에서 정부가 서둘러 개입하면 별반 효과 없이 정부 자원만 낭비하는 결과를 초래한다는 비판이 제기되었다.

가장 대표적인 것이 물가와 고용의 관계를 고려한 실업률이다. 내용은 그리 놀랍거나 새롭지 않다. 일자리가 늘어나 실업이 줄고 인력이 부족해지면, 노동자들의 시장 교섭력이 커지면서 임금이 올라가게 마련이다. 경제학자들이 흔히 말하는 시장법칙이다. 그런데 기업들이 인력난을 해결하기 위해 경쟁적으로 임금을 올리면, 인건비도 상승하고 물건이나 서비스의 가격도 올라간다. 즉 물가가 빠른 속도로 오르고 전체 경제가 불안정하게 될 위험이 커진다.

특히 물가의 안정적 운영을 목적으로 하는 중앙은행으로서는 어려운 상황이 된다. 따라서 물가 안정을 중시하는 통화정책의 관점에서 실업률이 다시 정의된다. '적정한' 실업률이란 이제 임금 인상이 물가 상승의 가속화를 촉발하지 않는, 즉 인플레이션이 생기지 않게 하는 수준이다. 경제 전문가들은 이를 '물가안정실업률Non-Accelerating Inflation Rate of Unemployment, NAIRU'이라고 부른다. 정확하게 어떤 수준인지는 여전히 논란의 대상이지만, 미국에서는 5~6% 수준이라는 분석이 많았다.

물가안정실업률의 이론과 논리는 정치하고 엄밀할지 모르나, 그 함의는 가혹할 정도로 분명하다. 우리가 통상 '어쩔 수 없다'고 생각하는 것보다 높은 수준의 실업을 용인해야 한다는 것이다. 실업을 지나치게 낮추면 오히려 물가가 올라가고 노동수요가 줄어들어 결국에는 실업이 다시 늘어난다는 '자승자박론'은 이렇게 돌아온다. 정부가 실업을 낮추려는 노력은 가상하지만, 결과적으로 실업은 줄지 않고 물가만 올려 상황을 더 악화시킬 것이라는 '정책무용론'의 경고도 뒤따랐다.

또 하나 중요한 암묵적인 전제가 있다. 물가가 일자리보다 정책적으로 우선순위를 차지한다는 것이다. 설령 실업으로 어려움이 있다 하더라도 물가 안정을 위해 불가피하다면 이런 고통은 감내해야 한다는 주장인데, 이는 앞서 살펴본 신자유주의적 흐름과 궤를 같이한다. 그리고 지금까지 사실상 주류 경제정책의 흐름으로 강력하게 자리 잡고 있다. 물가는 운전석에 앉고 일자리는 뒷자리 신세라는, 농담 아닌 농담이 공공연했다.

간추리는 말
왜 실업에 대한 생각이 다른가?

단순한 듯 보이지만 이래저래 복잡한 논쟁이 있었다. 잠깐 요약을 해두는 것이 좋겠다.

모든 것은 노동이 '상품'으로 시장에서 거래되면서 시작된다. 노동시장이라고 부른다. 수요와 공급이 만나 임금이 정해지고 거래도 이루어진다. 그런데 다른 상품 시장과 달리 이 시장에서는 '팔리지' 않는 물건이 늘 있다. 상품 시장에서는 이를 '재고'라 하고, 노동시장에서는 '실업'이라 부른다.

경제학 교과서에서 실업을 설명하는 전통적 관점은 '외부 요인설'이다. 시장을 자유롭게 두면 저절로 균형에 도달해서 실업이 없을 텐데, 노동자가 조직적인 힘을 동원하여 임금을 과도하게 올리면서 기업이 일자리를 줄여 사달이 난다는 것이다. 최저임금과 같은 정부의 개입도 같은 혐의를 받는다.

경제학의 시초인 애덤 스미스의 '보이지 않는 손'이 이런 생각의 뿌리라고 하지만, 그는 사실 전혀 다른 이야기를 한다. 노동이 상품이 되는 시장에서 노동자는 상대적 열위에 있는데, 기업이 자신들의 압도적 힘의 우위를 활용하여 임금을 억제하려 한다는 것이다. 즉 '보이는 손'이 문제이고, 과도한 임금이 아니라 너무 낮은 임금이 문제라고 보았다. 스미스를 이어 경제학 체계를 쌓아 올린 알프레드 마샬의 생각도 비슷했다.

칼 마르크스는 이 생각을 좀 더 급진적으로 발전시켜서, 계급 사이에 비대칭적인 세력 관계가 존재하는 한 임금은 낮고 실업은 많은 상황을 피할 수 없다고 예측했다. 존 메이너드 케인 즈는 자본주의 경제의 한계에 대해 공감하면서도 실업은 불치병이 아니라 고질병이라 보았다. 정부가 진단을 잘하고 약을 잘 쓰면, 실업이라는 병을 고칠 수 있다는 것이다.

이후 논쟁의 역사는 말하자면 도돌이표다. 시장이 제대로 작동하지 않아 실업이 늘어나면 마르크스와 케인즈가 등장했다가, 정부의 의사 노릇이 시원치 않거나 실업이라는 병이 치료되면 다시 '보이지 않는 손'이 돌아왔다. 여기에 실업이 줄어들면 임금이 올라 물가가 오르게 되므로 어느 정도의 실업은 감수해야 한다는 주장까지 가세했다. 이른바 거시경제 안정성을 위해 실업을 너무 낮게 낮추지는 말자는 것이다.

그 결과, 경제정책은 완전고용을 목표로 한다고 하면서도 사실상 성장, 물가, 금융 안정이 운전대를 잡게 되었다. 고용은 뒷자리로 밀려났다. 자동차가 고장 나면 허리띠를 졸라매고 뒤에서 힘껏 미는 일은 노동에 맡겨지기 일쑤다.

실업이라는 하나의 현실에 대한 해석과 접근이 이렇게 다르다. 그 근저에는 '상품이 아닌 사람이 상품으로 거래되는 노동시장'에 깃든 근본적 긴장이 있다. 이제 이 모호하고 때로는 모순적인 세계의 다양한 모습을 하나씩 살펴보려 한다. 그러려면, 우선 노동시장이라는 좁은 세계부터 넘어서야 한다.

2장

일의 세계:
고용과 노동을 넘어

고용과 실업을 둘러싼 경제학의 논쟁은 나름 치열했지만, 정작 빼먹은 것이 많다. 큰 그림을 다루는 논쟁인 만큼 사소한 것들은 과감하게 생략할 수밖에 없다고 할 수도 있겠으나, 문제는 빼먹은 것이 전혀 사소하지 않다는 점이다.

가장 치명적인 '생략'은 "어떤 일자리?"라는 질문이다. 그래 프와 숫자로 표현된 고용은 어떤 계약으로, 얼마나 일하는지 따지지 않는다. 누가 어떻게 고용되어 있는지, 어떤 실업 상태에 있는지 살펴보지 않는다. 하지만 때로는 이렇듯 구체적으로 살펴보지 않은 것들이 결정적으로 중요하다.

고용이란 무엇인가

우선 '고용'이라는 개념 자체부터 생각해보자. 언뜻 명확해 보이지만, 무엇이 '고용'이고 '아닌지' 현실적으로 판단하는 일은 생각보다 복잡하다. 예를 들어 취업 준비생이 생활비가 모자라 임시로 편의점에서 일주일에 2시간 일했다면 그는 '고용'된 것인가? 생계를 유지하려면 전일제로 일해야 하지만 경기가 좋지 않아 하루에 4시간 정도만 일하고 있다면 그는 '고용'된 것인가? 좋은 직장에서 일하다가 개인 또는 회사의 사정으로 잠시 쉬고 있다면 그는 '고용'된 것인가? 마을 회관에서 젊거나 나이 든 동네 주민들을 상대로 재료비만 받고 정기적으로 재능기부를 하면 그는 '고용'된 것인가? 비용 부담으로 아이를 유치원에 맡기지 못해 직장을 그만둔 아내가 직접 돌보면 그는 더는 '고용'되지 않은 것인가?

이렇듯 수많은 '애매한' 경우를 어찌 보느냐에 따라 '고용' 숫자는 달라신다. 게다가 나라마다 각 사례를 달리 판단한다면, 고용통계도 제각각이고 서로 비교하기도 힘들다. 노동수요곡선과 노동공급곡선은 깔끔하게 그려지지만, 이를 명확하게 뒷받침할 통계나 숫자는 없다는 말이 된다. 이런 이유로 고용통계에 대한 국제 기준이 만들어졌다. 이래도 저래도 애매하겠지만, 같은 기준이 있으면 서로 비교하는 데는 어려움이 없을 것이기 때문이다.

고용의 국제적 정의는 놀랄 만큼 짧은 시간을 기준으로 한다. "주어진 기간 동안 소득pay이나 이윤을 위해 최소한 1시간 정도 재화를 생산하거나 서비스를 제공하는 사람"은 고용된 것으로 간주된다. 통상적으로 '일주일에 1시간 노동'을 고용 여부를 판단하는 기준점으로 삼는다. 따라서 편의점에서 아르바이트하는 취업 준비생은 통계상 이미 고용되어 있고, 노동시간이 반으로 줄어든 사람 역시 여전히 고용 상태에 있다. 직장에 속해 있지만 잠시 일을 하지 않는 사람(일시휴직자)도 마찬가지다. 엄밀히 말하면, '일하지 않는 고용employed persons at work'이라 부른다. 반면, 적지 않은 시간 다닌 봉사활동이나 집에서 가족을 돌보는 활동은 금전적 지급이 동반되지 않기에 고용 상태로 보지 않는다.

어렵게 도달한 국제적 합의이지만, 갖고 있는 한계도 적지 않다. 먼저 일주일에 1시간 일하는 것까지 고용으로 보는 것은 지나치게 '관대'하다. 일주일에 몇 시간 일해서는 생계 유지가 어려워 더 많은 일할 거리를 찾고 있는 이들을 전일제 근무자와 동일하게 고용 상태라 하는 것은 수긍하기 어렵다. 실제로는 고용과 실업이 혼재해 있는 상황을 단순히 '고용'으로 판단하기 때문이다.

더군다나, 최근에는 전 세계적으로 파트타임(단시간 일자리)이 확산 추세에 있다. 이에 따라 해당 노동자 중 어느 정도가 자발적으로 파트타임을 선택했는지, 혹은 일거리가 부족해 어쩔 수 없이 비자발적으로 선택했는지를 둘러싸고 연구와 논쟁이 많다. 아주 중요한 논의다. 예를 들어 100명이 고용된 두 가지 상황이 있다. 한쪽은 모두 전일제로 고용되어 있고, 다른 한쪽은 절반은 전일제로 나머지 절반은 비자발적 파트타임으로 나뉜 경우를 가정해보자. 두 경우 모두 통계상으로는 '완전고용'일 수 있지만, 정책적으로는 전혀 다른 의미를 갖는다. 첫 번째 경우는 정부의 개입 여지가 적겠으나, 두 번째 경우는 적극적인 고용 창출 정책이 필요하다(6장에서 자세히 다룬다).

결국 고용 여부만큼이나 고용 '형태'가 중요하다. '임시고용 temporary employment' 형태의 존재와 규모도 그런 면에서 신경 써야 한다. 더 나아가, 비정규 노동자의 비율도 고용 총량을 논의할 때 중요한 변수다. 최근 유럽의 경험은 시사적이다. 코로나19의 위세가 약해지고 경제가 회복되어 고용도 탄력을 받으면서 일부에서는 인력 부족 현상까지 나타난 적이 있다. 앞서 살펴본 것처럼, 이번에도 예외 없이 유럽의 정치·경제 관계자들은 임금이 상승해 물가가 올라갈 것을 걱정했다. 임금 인상으로 임금-물가의 악순환이 생겨나 안정적인 경제 회복이 힘들 것이라고 주장하면서(1장 참조) 심지어 노동조합의 '협조'를 부탁하기도 했다. 경제 회복이라는 대의를 위해 임금 인상을 자제해달라는 것이었다.

그런데 걱정했던 '과도한' 임금 인상은 나타나지 않았다. 이 '미스터리'한 현상을 두고 갑론을박이 있었는데(4장에서 자세히 다룬다), 한 가지 요인은 임시고용의 역할이었다. 임시고용은 코로나19 이전에 이미 전 세계적으로 확대 추세에 있었고, 정치적·경제적 관심사였다. 코로나19로 일자리 대란이 발생했을 때 임시고용 일자리는 상대적으로 큰 타격을 입었다. 임시직인 만큼 고용 축소 대상의 일 순위였다. 그런데 경제가 회복되자 임시고용도 급속도로 늘었다. 똑같은 규모와 속도로 일자리가 늘어나더라도 임시고용이 일자리 회복을 주도한 경우와 정규직이 주도한 경우는 전체적인 임금효과가 다르다. 임시직의 임금이 상대적으로 매우 낮기 때문에 임시고용이 주도한 고용 회복은 임금 상승 효과가 매우 제한적이다. 게다가 임시고용이 늘어나면 정규고용의 임금이 올라가기도 힘들다. 사실상 임시고용이 '실업' 또는 '산업예비군' 역할을 했다는 뜻이고(Lehner et al., 2024), 이런 상황에서 고용 숫자가 현기증이 날 정도로 올라가도 임금은 거북이걸음을 하게 된다.

이런 문제는 개발도상국에서 더욱 첨예하게 나타난다. 경제도 어렵고 소득도 낮은 나라에서는 어떤 형태로든 일을 해야 한다. 변변한 일자리가 없다고 해서 집에서 구직 작전을 짤 경제적 여력이 없다. 따라서 집 한쪽 모퉁이에서 고만고만한 생활 용품이라도 만들거나, 바구니든 수레든 물건을 담아 거리로 나가서 팔아야 한다. 한마디로, 일하지 않는 상태인 '실업'은 경제적으로 감당할 수 없는 사치스러운 개념이다. 그러다 보니 계약 없이 일하거나 공식적으로 등록되지 않은 곳에서 일하는 경우가 태반이다. 이를 흔히 '비공식 고용informal employment'이라고 부르며, 전 세계 고용의 60% 이상을 차지한다. 그 비율이 80%를 넘어서는 나라도 많다(ILO, 2024). 이름은 '비공식'이라 붙어 있지만, 사실상 가장 흔한 고용 형태다. 세금을 내지 않고 사회보험에 가입하지도 않는 만큼, 고용과 관련된 보호 장치가 전혀 없다.

당연히 어려운 질문이 뒤따른다. '완전고용'이라는 정책적 목적을 두고 볼 때, 어쩔 수 없는 상황에서 몇 시간씩 궁여지책으로 일하는 고용도 '고용'으로 볼 수 있는가. 또한 비공식 고용의 비중이 높은 나라에서는 앞서 살펴본 경제학적 논의가 그다지 의미가 없다. 단순한 수요공급론으로 움직이지 않기 때문이다. 무엇보다도 경제 상황이나 노동시장에 따라 고용의 총량은 변하지 않는다. 경제가 나빠지고 일자리 상황이 악화되면서 그나마 '좋은 일자리'(공식 고용formal employment)를 제공하는 기업들이 인력을 줄이지만, 해고 노동자들은 생계 유지를 위해 곧장 비공식 고용으로 옮겨가게 된다. 그 결과 공식 고용과 비공식 고용의 비율이 바뀔 뿐 고용 총량은 변하지 않는다. 경기가 좋아지면 정반대의 일이 벌어진다(Lee et al., 2020).

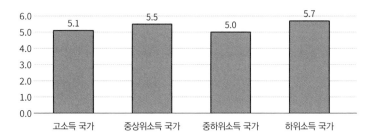

그림 2-1 수렴하는 세계?: 소득 수준별 실업률(2023, %)

주: 소득 수준별 국가 분류는 세계은행의 분류법을 따른다. 2025년 기준으로, 총국민소득(GNI)이 1,145달러 이하면 하위소득 국가, 1,146달러에서 4,515달러면 중하위소득 국가, 4,516달러에서 1만 4,005달러면 중상위소득 국가, 그 이상이면 고소득 국가로 분류한다. 한국은 고소득 국가에 속한다.

출처: ILO, 2024

이를 가장 극적으로 보여주는 통계가 바로 실업률이다. 일반적인 예상은 이럴 것이다. 전반적인 경제 사정을 고려하면 선진국의 일자리 상황이 더 좋을 것이기 때문에, 선진국의 실업률은 아프리카나 아시아 개발도상국보다는 훨씬 낮을 것이다. 여행을 많이 다녀본 사람이라면 자카르타나 다르에스살람의 길거리에서 배회하던 이들을 떠올리면서 그곳의 실업률이 적어도 30~40%는 되리라 짐작할 것이다.

그러나 틀렸다. 실업률에 관한 한 세계는 놀라울 정도로 유사하다. 2023년 기준, 고소득 국가의 실업률은 5.1%인데, 개발도상국의 실업률도 크게 다르지 않았다(그림 2-1). 일인당 국민소득이 약 1,000달러 이하인 하위소득 국가의 실업률도 5.7%였다. 약간 높지만, 큰 차이는 아니다. 실업률이 전 세계적으로 수렴하고 있다고 해야 할 정도다. 위의 예를 빌리자면, 가장 큰 이유는 길거리에서 어슬렁거리는 사람들도 통계상으로는 일하고 있기 때문이다. 즉 실업률은 비공식 고용의 존재로 생겨난 통계적 착시일 뿐, 노동시장의 현실적 어려움을 제대로 드러내지 못한다.

결국 '실업'이라는 개념의 모호성을 따져봐야 한다.

실업: 또 다른 모호한 세계

이제 짐작하겠지만, 실업도 딱 부러지게 정의하기 어렵다. 고용의 반대가 실업이므로 고용되지 않은 모든 사람을 실업자로 보면 된다고 생각할 수도 있으나, 이 또한 간단하지 않다. 왜 그럴까?

출발점은 단순하다. 일할 의지가 없거나 그럴 여력이 없는 사람까지 '실업'의 범주에 넣어 정책 대상으로 삼아서는 안 된다는 것이다. 무엇보다도 노동을 '강제'해서는 안 되기 때문이다. 그렇다면 개인의 의사는 어떻게 확인할 수 있는가. 이 대목에서 복잡해진다. 모든 상황을 만족시키며 어디에나 적용될 수 있는 완벽한 해답은 없지만, 국제사회가 채택한 실업의 정의는 "일할 의지와 능력이 있음에도 불구하고 일자리를 갖지 못한 사람"이다.

구체적으로 세 가지 요건이 필요하다. 첫째는 특정 기간 동안 고용되어 있지 않았을 것. 이때 고용은 앞서 살핀 정의를 따르는데, 일주일에 1시간이라도 일했으면 실업으로 분류되지 않는다. 통계상 '실업'으로 분류되기는 그만큼 어렵다. 둘째는 구직활동을 계속할 것. 이는 고용에 관한 개인의 '의지'를 확인하는 것이다. 실업 상태에서 실업급여를 받는 이들이 가장 싫어하는 것이 바로 정기적으로 고용센터를 방문해 구직활동을 증명하는 일인데, 이런 '피하고 싶은' 요구사항은 이렇듯 실업의 정의 자체에 내재해 있다. 셋째는 일자리가 주어졌을 때 즉시 일할 수 있어야 할 것. 말로만 의지를 표하는 것이 아니라 실제 '행동'으로 연결되어야 한다는 것이다. 의지는 있지만 여러 제반 상황이 여의치 않아 취업할 수 없다면 그 사람은 정의상으로는 실업자가 아니게 된다. 예를 들어 일자리를 찾는 중에 아이의 건강이 좋지 않아 당장 취업할 수 없는 사람은 통계상 실업자가 아니다.

요컨대 현재 우리는 정의상 '고용'에는 관대하고 '실업'에는 엄격하다. 가능하면 고용된 것으로 보려 하고, 또 가능하면 실업이라 부르는 것을 회피하려 한다. 그러다 보니, 실업을 실업이라 부를 수 없는 경우가 너무나 많다. 대표적인 두 가지 사례를 보자.

먼저 시간의 문제다. 일주일에 1시간만 일해도 고용 상태로 간주되지만, 일하는 시간을 늘리고 싶은(또는 늘려야 하는) 사람들이 적지 않다. 노동시간을 늘려 더 일할 의사도 있고 기회가 있다면 당장 응할 사람들이다. 이미 살펴본 대로, 고용과 실업이 혼재된 상태다. 이런 경우를 '시간관련 과소고용'이라 부르고 해당 노동자를 '시간관련 추가취업가능자'라 한다. 그 규모가 상당해서 보통 공식 실업자 숫자에 육박한다.

두 번째는 의사와 행동의 문제다. 본인의 의도와는 달리 일 자리를 구할 수 없는 상황은 단순한 경제적 어려움만을 의미하지 않는다. 가족과 이웃이 함께 겪는 사회적 어려움이고, 개인이 감당해야 할 복잡한 심리적 갈등 또한 뒤따른다. 특히 거듭되는 노력에도 일자리를 상당 기간 찾지 못한 사람들의 상황은 책상에 앉아 한가로이 상상할 수 있는 정도를 넘어선다. 이런 상황에서 구직과 관련된 의사와 행동은 어쩔 수 없이 굴절되기 마련이다.

예를 들어 1년 남짓 구직에 온 힘을 쏟아붓고도 일자리를 얻지 못해 의욕을 잃은 청년이 잠시 일자리 찾는 것을 포기했다면, 이 청년은 더는 '실업자'가 아니다. 구직을 포기하는 순간, 실업통계에서 배제된다. 하지만 이 청년은 거듭된 실패에 일시적으로 의지를 잃었을 뿐 일할 의사가 없는 것은 아니다. 통계상으로는 실업이 아니지만, 실질적으로 실업 상태에 있다. '잠재구직자'로 봐야 한다.

이와 유사한 사례는 많다. 앞서 언급한 가족 사정으로 잠시 직장을 그만두고 아이를 돌보기로 한 경우도 통계상 실업이 아닌 '비경제활동인구'에 속하겠지만, 아이의 건강이 회복되면 금방이라도 취업에 나설 사람이다. '잠재취업가능자'로 봐야 한다. 이렇듯 잠재구직자와 잠재취업가능자를 합쳐 '잠재경제활동인구'라고 하는데, 그 규모는 매우 크다. 일반적으로 실업자 규모

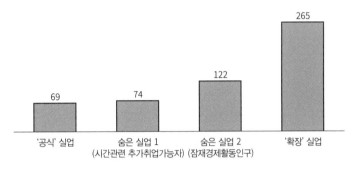

그림 2-2 실업자를 찾아라: 실업률의 확장(2023, 1만 명)

'공식' 실업 — 69

숨은 실업 1 (시간관련 추가취업가능자) — 74

숨은 실업 2 (잠재경제활동인구) — 122

'확장' 실업 — 265

출처: 통계청

보다 훨씬 크다.

'숨은'(더 정확히 말하면 '숨겨진') 실업은 다양하고 많다. 한국의 사례를 보자(그림 2-2). 2023년 공식적인 정의에 따라 추정한 실업자는 약 69만 명이다. 비율로 계산하면 2.7%다. 국제적으로 보면 아주 낮은 실업률이며, 숫자상으로는 '완전고용'에 가깝다고 보는 견해도 있다. 그런데 시간관련 추가취업가능자의 규모가 만만치 않다. 약 74만 명이다. 공식 실업자보다 약간 많다. 이 둘을 합쳐 실업률을 계산하면 5.2%다. 이는 선진국의 평균 공식 실업률에 가까운 수준이다. 나아가 잠재구직자와 잠재취업가능자를 포괄하는 잠재경제활동인구는 더욱 광범위하다. 122만 명 정도다. 이 모두를 합쳐서 실업의 범위를 확장하면, 총 규모는 약 265만 명에 이른다. '확장'된 실업은 '공식' 실업보다 무려 3.9배 크다. 무엇을 '실업'으로 보느냐에 따라 정책의 범위와 강도는 달라질 수밖에 없다.

청년 그룹에는 또 다른 신경을 써야 한다. 이들은 굉장히 이질적인 집단으로, 학업을 계속하기도 하고, 졸업 후 취업을 위해 추가 교육이나 훈련을 받기도 하며, '일자리 찾기'가 하나의 일이 되어버렸거나, 혹은 계속되는 실패에 잠시 쉬기도 하고, 때로는 아예 일의 세계에 문을 닫고 살기도 한다. 이렇듯 다양하고 복잡한 상황을 '실업'이라는 한 가지 범주로 묶는 것은 큰 의미가 없을 뿐만 아니라, 실업을 중심으로 청년 일자리 사정을 평가하면 그릇된 판단이 나올 위험이 높다. 그래서 대안적인 지표로서 '니트Not in Employment, Education or Training, NEET'를 사용한다. 고용되거나 교육훈련을 받거나 하지 않는 사람들을 포괄한 것인데, 일반적으로 실업률보다는 2~3배 높은 수준을 나타낸다 (ILO, 2024).

고용인가, 아니면 일인가?

유감스럽게도 이게 끝이 아니다. 지금까지 우리가 살펴본 고용 또는 취업 개념은 화폐나 현물 형태의 소득 획득을 전제로한다. 물론 가족이 힘을 합쳐 농사를 짓거나 가게를 운영하는경우도 있다. 이렇듯 명시적인 화폐 거래가 없는 '무급 가족노동unpaid family work'도 고용으로 보지만, 가족의 생산적 행위는 엄연히 금전적 수익 창출을 목적으로 한다. 다만 그 수입을 가족 구성원 개개인에게 어떻게 분배하는지가 대부분의 경우 불명확할 뿐이다.

그런데 세상에는 '거래'의 대상이 되지 않지만 사회적으로 유용한 형태의 노동이 많다. 애써 멀리에서 찾아볼 것도 없이 우리 일상을 보면 된다. 돌봄노동을 비롯한 대부분의 가사노동은 인류의 생존과 행복에 결정적으로 중요하지만, 어떤 형태의 명시적 보상은 없다. 희생과 의무의 영역이라고 보는 사람들도 있다. 앞서 살핀 고용의 정의에 따르면 이러한 노동은 '고용'이 아니다. 그런데 꼭 그런 걸까?

생각해보자. 한동안 집에서 병든 어머니를 돌보던 여성이 있는데, 아이를 갖게 되면서 상황이 어려워졌다. 어쩔 수 없이 기존에 어머니를 돌보던 일을 간병도우미에게 월급을 주며 맡기게 되었다. 이런 경우, 어머니를 돌보는 일 자체는 동일하지만 '비고용'이던 것이 '고용'으로 바뀌게 된다. 즉 돌봄노동의 내용에는 아무 변화가 없지만, 이에 대한 사회경제적 인식과 분류가 달라진다.

이제 이 여성의 아이가 돌을 지나면서 상황이 또 달라졌다고 해보자. 출산과 육아로 집에서 돌봄노동을 수행하던 그가 취업 전선에 복귀하기로 하고 이를 위해 이번에는 가사도우미를 고용했다고 하자. 그 결과, 통계상 취업자가 두 명 늘어난다. 금전적 경제활동은 두 배 늘어났지만, 이로 인한 사회적 편익이 얼마나 늘었는지는 불분명하다. 만약 그 가사도우미가 일을 하는 동안 그의 초등학생 아이를 집에 혼자 두어야 하고, 취업 전선에 복귀한 여성이 월급의 상당 부분을 가사도우미에게 지불해야 하는 상황이라 해보자. 사회 전체적인 편익의 계산법은 복잡해진다.

흥미로운 주제이지만, 정책이나 통계 측면에서는 그다지 중요하지 않다고 생각할 수도 있다. 하지만 전혀 그렇지 않다. 그 규모가 엄청나기 때문이다. 국제노동기구ILO가 추계한 바로는 전 세계적으로 '공짜' 돌봄노동unpaid care work이 연간 164억 시간에 이른다. 일자리로 바꾸어 계산하면, 약 20억 개의 전일제 일자리에 맞먹는다. 이런 돌봄노동에 만일 시간당 최저임금을 지불한다면, 국민총생산의 9%에 달한다(ILO, 2018).

함의도 적지 않다. 우선 돌봄노동은 여성의 고용을 가로막는 가장 큰 걸림돌 중 하나다. 2023년 기준으로 약 16억 명의 여성이 경제활동에 나서지 못하고 있는데, 그중 7억 명이 가족을 돌보아야 하기에 취업에 나서지 못하는 것으로 추산된다(ILO 2024). 비율로 따지면 45%에 달한다. 돌봄노동과 고용의 관련성이 이렇게 명확하다면, 이런 형태의 일도 통계의 일부로 포함해야 한다. 그래야 정책이 현실을 반영할 수 있고, 효과적인 해결책을 마련할 수 있다.

또한 통상적인 '고용'의 정의를 넘어 돌봄노동과 같이 사회적으로 유용하지만 거래적 관계가 부재한 활동으로 확장한다는 것은 사실상 한 사회가 '고용employment'이 아닌 '일work'을 중심으로 정책을 구성한다는 이야기가 된다. 이는 단순히 개념적 변화가 아니다.

예를 들어 아이나 어른을 돌보는 여성에 대한 국가의 금전적 지원은 통상적으로 시혜적 성격이 강하다. 어려운 상황이니까 국가가 좋은 뜻으로 도와준다는 것이다. 하지만 한 사회가 돌봄노동의 사회적 가치를 인식하고 이를 공식적으로 '일'이라 인정하면, 돌봄노동에 대한 사회적 지원은 더는 시혜의 대상이 아니라 '권리'가 된다. 그와 동시에 돌봄노동의 가치를 온전히 평가해서 보상해야 한다는 것을 의미한다.

마지막으로 '고용을 넘어 일'이라는 패러다임 전환은 사회적으로 유용한 노동의 평가 절하를 최소한 일부라도 막을 수 있다. 돌봄노동이 사회를 안정적으로 유지하는 데 필수라고 하면서도 저임금 노동의 대명사가 된 역설적 상황을 해소할 근본적인 계기가 만들어질 것이다(이러한 논의는 4, 5, 8장에서 다양한 각도로 살펴본다).

더 확대해서 보자면, 이런 개념적 변화는 화폐 거래만을 분석 대상으로 삼는 기존 경제학적 접근의 한계를 넘어서려는 큰 흐름과도 연결되어 있다. 한 나라의 경제 사정을 판단하는 기초로 널리 사용되는 국내총생산Gross Domestic Product, GDP이라는 개념을 생각해보자. 흥미롭게도 이 개념은 전쟁의 산물이다. 노벨경제학상을 수상한 사이먼 쿠즈네츠Simon Kuznets는 대공황과 제2차 세계대전의 폐허를 복구하기 위해 정부가 어느 정도 지출해야 할지를 결정하는 수단으로 GDP를 창안했다. 돈과 생산 간 관계를 체계적으로 정리한 개념이었으니, 화폐적 거래로 파악할 수 있는 생산만을 고려했고 그 외의 모든 유용한 생산활동은 배제했다.

이렇듯 매우 특정한 목적을 가진 '수단'이었던 GDP는 이후 모든 국가에서 경제 상황을 판별하고 비교하는 데 사용되었다. 어제보다 오늘이 나은지, 저 나라보다 우리가 나은지를 판단할 때 너나없이 사용했다. 그러다 보니, GDP는 수단에서 기준이 되고 곧 경제의 '목표'가 되어버렸다.

쿠즈네츠 본인도 이 점을 잘 알았다(Coyle, 2014). 그는 국민소 득이 국민 후생과는 관련이 없기 때문에 GDP를 맹신하지 말라 고 늘 경고했다. 하지만 별 소용이 없었다. 비아냥거림도 있었 다. 존 F. 케네디 대통령의 동생 로버트 케네디의 연설이 특히 유명하다. 그는 GDP가 "삶을 가치 있게 만드는 것 빼고는 모든 것을 다 측정한다"고 했다.[4]

최근에는 GDP 개념을 넘어서 경제발전을 측정하는 방법에 대한 논의가 곳곳에서 활발하다(United Nations, 2023). 좁은 범위 의 경제적 거래를 중심으로 파악하는 데 그치던 '고용'에서 벗 어나, 삶과 사회의 중요한 부분을 구성하는 모든 유용한 생산적 행위를 '일'이라는 포괄적 범주로 파악하는 것도 이러한 노력의 일환이다.

이런 이유로 국제사회는 '일의 형태'를 한층 체계적으로 확인 하고 구체적으로 분류하기 시작했다. 여기에는 돌봄노동과 같 은 일뿐만 아니라 자원봉사volunteer 활동이나 공동체를 지원하 는 일도 포함된다. 요컨대 금전적 보상을 대가로 노동 서비스 를 제공하는 고용은 이렇듯 다양한 일의 형태 중 하나일 뿐이 다(표 2-1).

표 2-1 고용과 일의 세계(국제분류법 2023):
유용하지만 지불되지 않거나 과소평가되는 일

최종 생산물의 목적지	본인		타인					
						자발적 일		
							가계 내 생산	
일의 형태	재화	서비스	고용(보상이나 이윤을 위한 일)	무급 훈련생의 일	기타(예: 무급 군대 복무)	시장 내의 비시장 단위(예: NGO)	재화	서비스

출처: ILO, 2023

간추리는 말
도대체 '일'은 무엇인가?

짧은 논의였지만, 이제까지 살펴본 내용의 핵심은 이렇다. 매일같이 고용과 실업에 관한 분석과 우려가 쏟아지지만 그 실제 의미는 복잡하고 모호하다. 따라서 단순히 눈앞에 쏟아지는 숫자를 헤아리기 전에 '어떤' 고용이며 '어떤' 실업인지를 알아야 한다.

통상적인 고용의 정의는 지나치게 느슨하다. 일주일에 1시간만 일하고 대가를 받으면 고용으로 간주한다. 전일제 일자리를 구하지 못해 단시간(또는 파트타임으로)만 일하는 경우를 포함해 '불완전고용' 상태도 고용이다. 임시고용이나 일용직도 역시 고용에 포함된다. 이런 형태의 고용이 큰 비중을 차지하는 '완전고용'은 그 본연의 의미를 잃는다. 이렇듯 노동시장의 현실을 제대로 반영하지 못하는 고용 숫자는 잘못된 분석과 정책으로 이어질 위험이 있다.

반면 실업의 통상적 정의는 지나치게 엄격하다. 실업자가 되기는 쉽지만, 실업자로 인정받기는 어렵다. 일자리를 찾으려는 의지와 행동을 동시에 보여주어야 실업으로 간주된다. 다시 말해 일자리 찾는 것을 하나의 '직업'처럼 수행해야 '실업자'가 된다. 여러 가지 다양한 사정과 개인적·구조적 이유로 일자리를 찾아 나서지 못하는 사람들까지 포함하면 실업의 실제 규모는 훨씬 커진다. 한국의 경우 4배 가까이 늘어난다.

고용의 정의가 느슨하고 실업의 정의는 엄격하다는 것은 정책 대상으로서 일자리의 범위가 제한적이라는 뜻이다. 게다가 통상적인 고용과 실업 개념 모두 유급 노동만 포함하고, 사회적으로 유용하지만 지불되지 않는 생산적 활동은 포함하지 않는다. 돌봄노동이 대표적이다. 이는 단순히 숫자와 규모의 문제가 아니다. 사회적으로 유용한 일을 체계적으로 과소평가하게 되고, 결국 나쁜 일자리의 덫에 빠지게 한다.

따라서 사회가 일자리 문제를 진지하게 논의하기 위해서는 '고용employment을 넘어 일work'이라는 대대적인 패러다임 전환이 필요하다. 이를 위해서는 일의 진정한 가치를 인식하고, 그 가치를 일의 대가와 조건에 제대로 반영하는 노력이 동반되어야 한다.

그렇다면 일의 사회적 가치는 무엇인가? 본격적인 탐험은 지금부터다.

3장

일자리의 가치: 사회적 가치와 기여적 정의

2017년 8월 잔뜩 습기를 머금은 여름날, 미얀마 국경 마을에서 다시 총성이 울렸다. 마을은 불타고 수천 명이 죽었다. 살아남은 사람들은 기약 없이 서둘러 떠났다. 마땅히 갈 곳도 받아주는 곳도 없어서, 우격다짐으로 밀고 들어간 곳이 방글라데시의 국경 마을이었다. 그 숫자가 70만 명이 넘었다. '세계에서 가장 박해받는 민족'이라는 로힝야족의 이야기다.

참혹하다고 해서 버릴 수 없는 것이 삶이다. 어떤 식으로든 이어가야 한다. 부족하지만 도움의 손길도 있었다. 각종 난민 지원 프로그램이 만들어졌다. 텐트를 치고, 음식을 제공하고, 때로는 현금 지원도 있었다. 방글라데시는 난민을 받아들였지만, 난민의 고용은 금지했다. 난민 정착촌 근처의 도시로 나가는 일도 제한되었고, '삶의 최후의 보루'인 비공식 일자리 기회도 원천적으로 차단되었다. 그러다 보니, 지원 프로그램은 대부분 현물이나 현금 위주였다. 꽤 많은 돈이 투입되었다. 안전하게 끼니를 해결할 수 있게 된 난민들은 이웃과 이야기를 나누거나 낮잠을 자며 시간을 보냈다.

이때 난민의 삶을 좀 더 효과적으로 지원할 방법을 찾기 위해 미국의 대학 연구진과 세계은행이 실험을 했다(Hussam et al., 2022). 참여자 전원에게 동일한 금액의 현금 지원을 하되 한 그룹에게는 별다른 조건을 내걸지 않았고, 다른 그룹에게는 일을 하도록 요구했다. 일의 내용은 단순했다. 여성은 대부분 재봉, 요리, 돌봄과 관련한 일이었고, 남성은 건설, 장사, 농사가 주를 이루었다. 모두 특별한 숙련이나 경험이 필요하지 않은 반복적인 노동이었다. 연구진은 이런 상이한 상황에서 난민들의 삶이 달라지는지를 분석했다.

단순한 경제학 논리를 적용하자면, 일하지 않고도 현금 소득을 얻는 방식이 보다 더 '경제적으로 합리적'이다. 노동은 고통과 노력이 따르는 '비효용-disutility'을 수반하므로, 똑같은 현금을 받으면서 일하는 것은 상대적으로 손해일 뿐이다. 쉽게 말해 놀고먹는 것이 좋지, 굳이 힘들여 일할 필요가 있느냐는 것이다.

그런데 실험 결과는 이와 정반대였다. 우선 일은 '비효용'이 아니라 삶의 질을 높였다. 정신 건강, 인지 능력, 위험대응 능력 등에서 일과 현금 지원을 병행한 그룹이 현금만 받은 그룹에 비해 압도적으로 나은 결과를 보였다. 연구진이 추정한 바로는, 그 차이가 무려 네 배에 달했다. 이렇게 큰 후생 격차가 있다 보니, 설령 현금 지원이 줄거나 없어진다 하더라도 계속 일하겠다는 의지를 보이는 난민도 많았다. 그 비율이 70%에 이르렀다.

이를 토대로 연구진은 두 가지 중요한 결론을 내렸다. 첫째, 노동을 '비효용'으로만 보는 전통적인 노동공급이론은 현실을 충분히 설명하지 못한다. 둘째, 노동은 소득을 획득하는 수단으로서 중요할 뿐만 아니라 다른 광범위한 후생적 이유로도 중요하다. 노동은 화폐적 보상보다 더 큰 무엇인 것이다.

이 실험은 아주 특수한 상황에서 진행되었지만, 로힝야족에 국한된 결과는 아니다. 일자리의 진정한 가치가 노동에 대한 금전적 보상(노동소득)보다 훨씬 크다는 연구는 매우 많다. 이렇듯 금전적 보상에 포함되지 않은 노동의 가치는 광범위하고 다층적이다. 예컨대 일자리의 상실은 개인의 심리적 상태(극단적 행위 포함)뿐만 아니라 가족과 지역 공동체에도 부정적 영향을 준다. 따라서 일자리를 잃는다는 것은 금전적 보상이 없어진다는 의미만이 아니라, 개인, 가족, 사회에 무형의 비용을 초래한다. 이 비용은 금전적 보상에 포함되어 있지 않다. 따라서 시장경제는 일자리의 사회적 가치를 과소평가하는 경향이 있고, 이에 따른 사회적 비용은 개인이나 가족과 공동체가 떠맡게 된다.

이제 일의 다면적이고 다층적인 가치에 대해 하나씩 살펴보자. 논의의 편의를 위해 한 가지 염두에 둘 것은, '임금'이 노동자가 생산적으로 기여한 만큼 받는 것이라는 가정이다. 여기서 '가정'이라고 표현한 이유는 현실적으로 반드시 그런 것은 아니기 때문이다. 이 점은 다음 장에서 따져볼 것이다.

실업이라는 반복적 고통

세상만사가 그렇다. 어떤 것의 소중함은 부재를 통해서야 비로소 알게 된다. 일자리도 마찬가지다. 일자리의 진정한 가치는 일자리를 잃고 나서야 알게 된다. 그리고 실업은 한 편으로 끝나는 에피소드가 아니라, 덫에 빠져 허우적대는 발버둥이다. 한번 빠지면 헤어 나오기 쉽지 않다. 한번 빠지면 다시 빠진다. 실업은 대부분 반복된다. 일부 경제학자들은 이를 낙인효과 또는 상흔효과scarring effects라고 부른다. 다소 과장하자면, 너새니얼 호손의《주홍글씨》를 연상케 하는 고통스러운 상황이다.

독일의 사례. 독일과 미국의 공동 연구진이 실업의 장기적인 비용을 분석하기 위해 15년간의 데이터를 모아서 실업자의 취업 경로를 추적했다. 경제 상황이 좋지 않아 일자리를 잃은 사람들이 다른 일자리를 찾아 소득을 회복하는 과정을 살핀 것이다. 이론적으로는 노동수요와 노동공급의 불일치에 따라 생긴 일시적 실업은 시장 균형을 회복하면서 신속하게 해소되면 별다른 실업의 상흔을 남기지 않을 수 있다. 갑작스러운 바람에 정신없이 흔들리다가도 바람이 가면, 언제 그랬냐는 듯이 그 자리에서 평온한 버드나무 가지 같다.

하지만 현실은 달랐다. 실업을 겪은 지 15년이 지나도 해당 노동자들은 임금과 고용의 손실에서 회복하지 못했다. 실업을 겪지 않고 계속 일하면서 노동소득을 올린 노동자들에 비해 실업자들의 소득은 일자리를 잃은 첫해에 평균 30% 정도 줄었다. 실업보험 덕분에 상대적 소득 손실은 더 크진 않았지만, 문제는 이 손실이 계속된다는 것이다. 시간이 지나면서 그 규모가 점진적으로 줄어들었지만, 10년이 지나도 소득 손실은 15% 수준에 머물렀다(Schmieder et al., 2023). 독일만 그런 것이 아니다. 미국에서도 비슷한 규모의 장기 효과가 존재하는 것으로 알려져 있다(Jarosch, 2021). 즉 일자리를 잃는다는 것은 잠시 흔들렸다 다시 평온해지는 버드나무 가지가 아니라, 폭풍우에 꺾인 자작나무 가지와 같다.

이렇듯 부정적인 효과가 오랫동안 지속되는 이유를 짐작하기란 어렵지 않다. 먼저, 더 좋은 일자리를 찾기 위해 일시적으로 일을 그만두는 '자발적 실업'이 아니라 본인의 의사에 반해 일자리를 잃은 '비자발적 실업'의 경우에는 비슷한 조건의 다른 일자리로 옮겨가기가 쉽지 않다. 균형추가 오가듯 일자리와 사람이 자동으로 움직이는 것이 아니기 때문이다. 상당한 시간과 노력이 필요한데, 적절한 타이밍을 놓쳐 구직 기간이 길어지면 실업자의 숙련과 경험이 점점 낙후된다. 그와 함께 취업이 더 어려워지기에, 대부분 하향 이동을 하게 된다. 이전보다 나쁜 조건의 일자리를 찾거나 아예 다른 분야로 옮겨야 하는 상황에 처한다. 이런 경우 고용의 불안정성과 임금 삭감이 수반되기 마련이다. 실업이나 불완전고용이 빈번해지고 저임금 직종의 늪에 빠질 위험도 커진다.

앞서 살펴본 독일 연구에 따르면, 실업을 경험한 노동자는 그렇지 않은 '운 좋은' 사람에 비해 평균 노동시간이 8% 적고 임금도 8~9% 낮았다. 이 격차는 시간이 지나도 거의 줄어들지 않는다. 이런 일자리 상실의 효과는 특히 청년들에게 크다(ILO, 2024).

결국 낙인효과는 수사적 표현이 아니라 사실주의적 묘사인 것이다. 한번 찍히면 점점 희미해질 수는 있어도 완전히 사라지지는 않는다.

실업이라는 전염병

노벨경제학상 수상자 앵거스 디턴Angus Deaton과 그의 아내 앤 케이스Anne Case가 함께 쓴 책은 제목만으로도 절망적이다.《절망의 죽음과 자본주의의 미래》. 벨기에 영화 〈로제타〉의 주인공을 연상시키는 이 책에서 절망의 원천은 일자리다. "일자리는 단순히 돈이 나오는 곳이 아니라 노동자 계급 삶의 의식과 관습과 일상의 기본이다. 일자리를 없애면 결국 노동자 계급은 살아남을 수가 없다."(Case & Deaton, 2020, p. 8)

이 말은 과장이 아니다. 일자리의 상실은 마치 전염병처럼 건강을 빼앗고 가정을 파괴한다. 사실 놀라운 일도 아니다. 우리는 이미 실업이 미래의 소득과 고용을 어떻게 지속적으로 악화시키는지를 살펴보았다. 이 과정에서 노동자의 심리적 건강에는 빨간불이 켜진다. 일자리가 들쑥날쑥하고 소득도 덩달아 불안정해지며 일상의 스트레스는 극도로 커진다. 여기에 가족과 주위의 따가운 시선까지 겹치면, 실업의 스트레스는 심각한 수준에 이를 수 있다. 술이나 담배에 의존할 위험도 현저히 높아진다. 수입이 줄었으니 건강관리에 투자할 돈도 같이 줄어든다. 건강을 해칠 요인은 늘어나는데, 이를 막을 수단은 약화되는 것이다.

증거는 차고 넘친다. 특히 미국을 대상으로 한 연구는 거침없이 직접적이다(Sullivan & von Watcher, 2009). 연구 주제로서는 잔인하다. 고용 및 소득 통계를 사망신고 통계와 연결시켜, 실업이 사망 확률을 높이는지를 분석했다. 둘 사이에 어떤 연관성이 존재하리라는 짐작은 쉽게 할 수 있지만, 이 연구는 우리가 상상한 것 이상으로 그 관계가 밀접하고 강력하다는 것을 보여준다. 일단 일자리를 잃는 바로 그 순간부터 실업자의 사망 확률은 다른 노동자들에 비해 50~100% 수직 상승한다. 이렇듯 실업 직후의 위험천만한 상황을 넘기면, 사망 확률은 시간이 지남에 따라 낮아진다. 그렇다고 해서 위험이 완전히 사라지지는 않는다. 일자리를 안정적으로 유지하는 노동자에 비해 실업을 겪은 노동자의 사망 위험은 20년이 지난 뒤에도 10~15% 높기 때문이다. 이것이 의미하는 바를 현실적으로 설명하자면 이렇다. 예컨대 당신이 마흔 살에 직장을 잃은 적이 있다면, 평균 수명은 1년에서 1.5년 정도 줄어든다. 더욱 아픈 대목은 자살의 빈도다. 63개국의 방대한 통계를 들여다본 연구는 자살의 20%가 실업과 관련이 있다고 결론 내렸다(Nordt et al., 2015).

실업은 당사자뿐 아니라 주위의 소중한 사람에게도 치명적인 영향을 미친다. 단지 금전적 손실로 인한 생활의 어려움만이 아니다. 일자리를 잃은 당사자가 겪는 육체적·심리적 건강 악화는 마치 전염병처럼 배우자에게까지 번진다. 결혼 관계의 긴장은 커지고, 심하면 이혼에 이르기도 한다. 실제로 최근 영국과 독일에서 진행한 연구에 따르면, 부부 중 한쪽이 일자리를 잃으면 이혼 확률이 두 배 이상 증가하는 것으로 나타났다(Di Nallo et al., 2021).

아이들에게 미치는 영향은 더 크고 지속적이다. 최근 36개국을 대상으로 한 대규모 연구에서 확인된 사실이다. 부모 중 한명이 일자리를 잃으면 아이들의 삶의 만족도가 급격히 떨어진다(Hansen & Stutzer, 2022). 아이들 관점에서 이런 변화의 크기를 설명하면, 컴퓨터 여러 대가 있는 제법 잘사는 집에서 하룻밤 사이에 거리로 내몰리는 것과 같은 충격이라고 한다. 빈곤의 위험이 높아지면서, 아이들 학업에도 영향이 없을 수 없다. 브라질을 대상으로 한 연구에서는 부모가 실업자 신세가 되면 아이들의 퇴학률이 1.5%포인트 증가하는 것으로 나타났다(Britto et al., 2022). 아이들의 현재도 어려워지고, 미래도 불확실해진다는 의미다.

실업의 비참함은 증오를 키운다

실업이라는 전염병이 가족 내에서만 머무를 리 없다. 가족의 울타리를 넘어 이웃으로 퍼져 사회 공동체 전체에 소용돌이를 일으킨다. 그간 가장 주목받았던 부분은 실업과 범죄의 관련성이다. 영화나 소설에서도 자주 등장하는 소재인데, 영화 속 로제타도 살기 위해 발버둥치다가 결국 훔치고 속이는 '일상의 범죄'를 반복하게 된다. 이는 통계 분석에서도 명확하게 확인된다.

브라질의 사례가 가장 적절하다. 앞서 실업이 아이들에게 미치는 영향과 관련해 언급한 나라이기도 하고, 범죄와의 전쟁이 일상이 되어버린 나라다. 약 10여 년에 걸친 범죄 통계를 꼼꼼히 살펴본 연구에 따르면, 대규모 해고가 있으면 범죄의 빈도가 23% 증가한다(Britto et al., 2022). 이렇게 큰 폭으로 증가한 범죄율은 정부나 자치단체에서 지원 정책을 효과적으로 도입하지 않는 이상 계속 지속된다. 실업의 증가와 범죄의 일상화는 동전의 양면과 같다. 충격적인 결과는 여기서 끝나지 않는다. 일자리 상실과 연관된 범죄적 행위는 전염효과가 강해서 가족에게도 퍼진다. 예를 들어 일자리를 잃은 아빠와 같이 살고 있는 남자아이는 다른 아이들에 비해 범죄를 저지를 가능성이 18% 더 높다.

실업은 기본적으로 소득 손실을 동반하는 경제적 현상이므로, 실업에서 유발된 범죄가 대부분 절도나 사기 같은 경제범죄일 것으로 생각하기 쉽다. 하지만 그렇지 않다. 브라질 연구에 따르면 경제범죄의 증가폭이 43%로 더 높긴 하지만, 폭력범죄도 17%가량 늘어난 것으로 나타났다.

이렇듯 일자리 사정이 범죄와 치안이라는 사회 안전의 핵심적 측면에 영향을 준다면, 일자리와 정치적·사회적 안정성 간의 관계도 쉽게 짐작해볼 수 있다. 2011~2012년 사이에 중동을 뒤흔든 이른바 '아랍의 봄Arab Spring'의 이면에는 만연한 실업을 둘러싼 불만이 자리 잡았던 것으로 알려져 있다. 특히 교육이 곧 미래라는 정치적·사회적 비전에 힘입어 고등교육(특히 대학)에 투자했던 학생들이 막상 학교를 졸업한 후 마땅한 일자리를 찾지 못해 크게 좌절하면서 시위의 전면으로 진출했다(7장 참조). 이후 청년실업의 해소가 곧 정치 안정의 해법이라는 인식이 확산되기도 했다. 아쉽게도 효과적인 정책으로 연결되지 않았고, 아랍 국가에서 실업과 정치적·사회적 불안 사이의 연결고리는 여전하다.

아랍만의 문제가 아니다. 유럽과 미국을 비롯한 대부분의 국가에서 실업은 정치적·사회적 불안의 핵심 요인이 되고 있다. 이 관계를 들여다본 독일의 관련 연구는 아주 시사적이다. 널리 알려진 대로 독일은 통일 후 동독을 중심으로 극우범죄가 확산

되었다. 그 원인을 밝히려는 시도가 많았는데, 최근 연구에서는 동독과 서독 간 극우범죄 빈도 차이는 대부분 실업, 특히 청년 실업으로 설명되는 것으로 밝혀졌다(Falk et al., 2011). 정치적 안정을 위해서는 일자리를 먼저 보고, 일하는 삶을 살펴야 한다는 뜻이다.

제2차 세계대전 후 폐허 속에서 영국의 복지국가의 틀을 제시한 윌리엄 베버리지는 일자리를 핵심 사안으로 삼았다. 관련하여 그가 쓴 책이 〈자유로운 사회의 완전고용Full Employment in a Free Society〉이다. 일자리 문제를 전면에 내세운 것은 대공황 동안 대규모 실업의 참상을 겪은 경험이 생생했던 탓도 있을 테다. 그러나 더 중요한 이유는 실업의 정치적·사회적 의미를 깨달았기 때문이다. "완전고용이었더라면 우리가 누렸을 물질적 부를 잃는다는 것이 실업의 가장 거대한 해악은 아니다. 이것보다 더 큰 해악이 두 가지 있다. 첫째, 실업은 인간을 쓸모 없고 누구도 원치 않는, 나라도 없는 존재로 만든다. 둘째, 실업은 인간을 두려움 속에서 살게 하고 바로 이런 두려움에서 증오가 생겨난다"(Beveridge, 1944, p. 248). 베버리지는 책의 제사로 샬롯 브론테의 구절인 "비참함은 증오를 낳는다Misery generates hate"를 적었다. 우리의 오래된 현실이다.

좋은 일자리를 과소평가하고 나쁜 일자리를 과대평가하는 노동시장

지금까지 논의한 내용을 정리해보자. 실업의 진정한 비용은 노동소득의 손실보다 훨씬 크고 광범위하다. 이를 달리 표현하면, 일반적으로 임금으로 표현되는 일의 시장적 가치는 그 사회적 가치와 차이가 있다는 것이다. 즉 경제학에서 '외부성 externality'이라고 부르는 것이 존재한다. 외부성이란 금전적 수입을 목적으로 하는 경제활동이 거래 당사자가 아닌 제3자에게 편익이나 비용을 발생시키는 경우를 말한다.

이런 정의가 까다롭고 불명확하다면, 공해로 인한 피해 상황을 생각해보면 된다. 예를 들어 강 옆에서 조업하는 공장이 폐수를 무단으로 방출하여 어획량이 줄면서 어부가 큰 손해를 입었다고 해보자. 해당 공장은 자신의 생산품 원가를 계산하고 판매가격을 정하여 이윤을 최대화하려고 할 텐데, 이때 어부의 피해는 고려하지 않을 것이다. 엄연히 강물 오염으로 인한 어획량 감소라는 비용을 유발했음에도 불구하고 공장은 이 비용을 자신의 경제행위에 반영하지 않는다. 이런 경우, 개별 기업은 이윤을 극대화하고 있을지는 모르나 사회 전체적으로 보면 비용을 과소평가하게 된다. 그 결과, 사회적 최적 수준보다 더 많은 생산이 이루어진다. 이런 종류의 '민폐'를 '부정적 외부성'이라 한다.

'긍정적 외부성'도 있다. 양봉업자가 대표적이다. 양봉업자는 꿀벌을 채취해서 판매하는데, 이 과정에서 벌이 주변 과수원을 날아다니며 수분 작업을 돕는다. 양봉업자는 자신의 생산비용과 판매가격을 고려해서 양봉의 규모를 정하겠지만, 이때 자신의 벌들이 과수원의 수입에 기여하는 부분은 고려하지 않는다. 그 결과, 양봉업자는 자신의 편익을 과소평가하여 사회적으로는 과소생산하게 된다.

외부성의 논리는 일자리에도 적용된다. 앞서 살펴본 대로, 일자리가 노동자 본인과 가족, 공동체, 사회에 미치는 영향은 금전적인 보상에 제대로 반영되지 않는다. 설령 반영된다 하더라도, 대부분 즉각적이고 단기적인 영향에 대한 보상이고 중장기적인 영향은 포함되어 있지 않다. 현재의 일자리 상실이 장기적으로 장래의 일자리와 소득에 막대하고 지속적인 영향을 미치지만, 월급봉투에는 이런 사정이 고려되지 않는다. 물론 일자리의 사적 가치와 사회적 가치의 차이가 정확히 어느 정도인지는 추정하기 쉽지 않다. 비금전적 측면을 측정하는 것 자체가 어렵고, 개인적·사회적·문화적·국가적 상황에 따라 그 차이가 달라지기 때문이다. 기존 연구에 따르면 실업의 사회적 비용 중 약 85~93%는 비금전적 비용이고 7~15%만이 금전적 비용이라고 한다(Winkelmann & Winkelmann, 1995).

일의 사회적 가치를 제대로 반영하지 않은 상황에서 시장의 논리만으로 일자리의 규모가 결정되면 어떤 일이 발생할까? 사회적 최적 수준에 미치지 못하게 된다. 즉 노동시장은 늘 일자리를 과소공급하게 된다. 이를 달리 표현하면, 일자리를 줄이는 행위(예컨대 해고)는 언제나 과도한 수준에서 이루어진다. 2014년에 노벨경제학상을 수상한 장 티롤Jean Tirole은 바로 이런 이유 때문에 시장경제는 "노동자들을 너무 자주 해고하는 경향"을 가지고 있다고 지적했다(Tirole, 2017). 일의 사회적 외부성을 고려

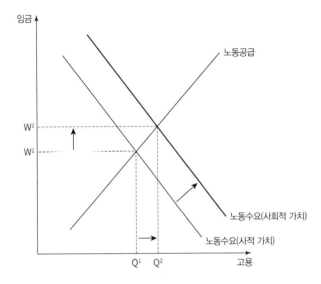

그림 3-1 시장은 일자리의 가치를 과소평가하고 적게 공급한다:
좋은 일자리의 경우

하지 않게 되면, 일자리를 만드는 데는 노력이 부족하고 느리지만 일자리를 파괴하는 데는 지나치게 신속한 상황이 생긴다는 것이다.

이를 좀 더 시각적으로 보여주기 위해 편의상 앞서 살핀 수요공급곡선을 사용해보자(그림 3-1). 통상적인 분석에서는 고용량이 Q^1, 임금은 W^1 수준에서 정해진다. 주어진 여러 제약 안에서는 이것이 가장 효율적인 '균형' 수준이라고 할 수 있다. 하지만 이 분석은 오직 일자리의 '시장적 가치' 또는 '사적 가치'만을 고려한 것이다. 만일 일자리의 사회적 가치를 완전히 반영하게 되면, 노동수요곡선이 이동하게 된다. 같은 일이지만, 그 가치는 더욱 높아지고(말하자면 더 생산적) 종국에는 금전적 보상(예컨대 임금)도 더 커져야 하기 때문이다. 그 결과, 사회적으로 최적인 규모의 일자리는 통상적 시장 균형보다 훨씬 높은 수준에 이른다(Q^2). 그래프에 표기된 차이(Q^2-Q^1)가 바로 일자리의 사적 가치와 사회적 가치의 차이를 균형 일자리의 양으로 표현한 것이다.

여기서 유의할 것은, 이 분석이 오로지 노동시장에서 '거래' 되는 일자리에 한정되어 있다는 점이다. 그러나 앞서 논의한 다양한 형태의 '사회적으로 유용한 무급 노동'도 고려해야 한다. 특히 돌봄노동이 중요하다. 돌봄노동의 사회적 가치가 제대로 인정되지 않으면, 당연히 이런 중요한 노동을 제공하려는 유인도 떨어지기 마련이다. 이렇듯 '노동시장 밖의 노동'까지 포함한다면, 일자리 격차의 사회적 규모는 더 커질 것이다.

일자리의 외부성을 따질 때 잊지 말아야 할 중요한 점이 하나 더 있다. 앞서 공해를 유발하는 공장의 예에서 본 것처럼 일자리에도 '부정적 외부성'이 있다. 가장 대표적인 예가 산업재해 위험이 큰 일자리다. 특히 죽음에 이르는 치명적인 물질(예컨대 독성 화학물질)을 다루거나 위험한 환경(예컨대 광산이나 고위험 건설현장)에 노출된 일자리다. 만약 일을 하다가 다치거나 목숨을 잃으면, 이때 그 영향은 단순히 노동소득의 손실을 넘어 노동자의 가족에게도 미치게 된다. 이렇듯 위험한 노동이 특정한 장소에서 대규모로 일어나는 경우(예컨대 광산촌이나 밀집된 공단 지역), 산업재해가 공동체와 지역 사회에 미치는 영향은 어마어마하다.

하지만 이런 사회적 비용은 노동자들이 일의 대가로 받는 임금에 포함되어 있지 않다. 사고가 생기면, 그 비용은 가족이나 사회가 고스란히 떠안게 된다. 이처럼 '나쁜' 일자리에는 부정적 외부성이 있고, 노동시장은 이런 일자리의 비용을 과소평가함으로써(또는 일자리의 순가치를 과대평가하여) 나쁜 일자리를 지나치게 많이 만들게 된다.

2020년에 개봉한 영화 〈삼진그룹 영어토익반〉은 바로 이와 같은 상황을 다룬다. 영화는 '낙동강 페놀 유출 사건'이라는 실제 사건을 배경으로 하는데, 회사가 1급 발암물질인 페놀을 무단으로 방출하는 것을 목격하고 이를 고발하는 여성 직원들의 이야기를 그린다. 업무 능력이 탁월하고 오지랖이 넓은 주인공 이자영은 앞서 본 부정적 외부성을 이렇듯 실감 나게 표현한다. "저는 우리 회사가 사람들에게 도움을 주는 무언가를 만들고 있다고 생각했어요. 근데 제가 하는 일이 결국 사람들에게 피해를 주는 거라면, 나는 뭘 위해서 뭘 하고 있는 거지? 돈을 벌기 위해서? 단지 먹고살기 위해서? 저는 내 대부분의 시간을 보내는 이곳에서의 일이 좀 의미가 있었으면 좋겠어요. 그 일이 사람들에게 도움이 되었으면 좋겠고."[5]

그림 3-2는 나쁜 일자리가 사회적 최적 수준보다 훨씬 과도하게 만들어지는 상황을 묘사하고 있다. 과잉의 원인은 나쁜 일자리의 사회적 비용이 고려되지 않아, 일자리의 순가치가 과대

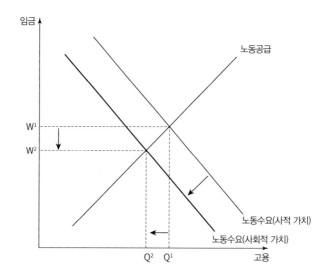

그림 3-2 시장이 일자리를 과대평가하고 과대공급하기도 한다:
나쁜 일자리의 경우

임금

W^1
W^2

노동공급

노동수요(사적 가치)

노동수요(사회적 가치)

Q^2 Q^1 고용

평가되고 있기 때문이다. 이런 사회적 최적 수준(Q^2)은 시장 균형 수준보다 적다.

부정적 외부성은 일터의 안전 문제에 국한되지 않는다. 강제노동과 아동노동은 말할 것도 없고, 착취적 성격이 강한 저임금 일자리에도 부정적 외부성이 크다. 비자발적 파트타임과 임시직을 비롯한 불완전고용(2장 참조)도 대부분 다양한 외부성을 가지고 있다. 강제노동의 예는 특히 시사적이다. 전 세계가 인공지능에 열광하는 지금도 강제노동 상황에 놓인 사람들은 3,000만 명 가까이 된다. 21세기 들어서는 줄어드는 추세였는데, 최근 다시 늘었다. 여전히 강제노동의 '수익성'이 좋고, 그 좋은 수익성마저 심지어 더 커졌기 때문이다. 최근 추계에 따르면, 강제노동으로 벌어들인 불법 이윤이 2,360억 달러에 이른다(ILO, 2024). 따라서 이른바 '시장' 기능에만 맡긴다면 강제노동이 줄어들 이유는 없는 셈이다(그렇기에 효과적인 규제가 필요한데, 이는 9장에서 다룬다).

일자리의 외부성을 적극적으로 고려한다는 것은 직관적으로도 몇 가지 중요한 정책적 함의를 갖는다. 첫째, 일자리를 시장 논리에만 맡겨두면 사회적 최적 수준에 도달할 수 없다. 이로 인해 일자리의 구조적 부족에 직면한다. 둘째, 좋은 일자리는 긍정적 외부성을 갖고 나쁜 일자리는 부정적 외부성을 갖기 때문에, 정책 목표로서의 '완전고용'은 단순히 일자리의 숫자에 그쳐서는 안 된다. '어떤 일자리인가', 즉 일자리의 질이 중요하다. 셋째, 일자리의 외부성을 '내부화internalize'하는 정책이 필수불가결하다. 내부화란, 일자리의 사회적 편익과 비용이 일자리 수준과 보상 수준을 결정하는 데 제대로 반영되도록 하는 것을 말한다. 정책의 초점을 이러한 내부화에 두는 것은 실업을 둘러싼 전통적 경제학의 거친 논쟁과는 결이 다르다. 시장을 중심으로 정책의 필요성과 선택을 논의하는 것이 아니라, 시장을 일자리에 관련된 사회적 수단 중 하나로 인식하는 것이다. 일자리는 시장을 넘어서는 사회적 선택이자, 사회적 가치와 규범을 아우르는 문제가 된다.

일자리와 사회적 정의: 기여적 정의

좀 더 따져보자. 경제학자 장 티롤을 앞서 언급했다. 그가 노벨경제학상을 수상한 후 출간한 책의 제목은 《공동선을 위한 경제학Economics for the Common Good》이다(Tirole, 2017). '공공선(또는 공익)'은 통상적인 경제학에서는 낯선 주제다. '보이지 않는 손'이 작동하는 시장에서는 개별 이익을 추구하면 모두의 이익이 된다고 주장하는 '보이는 손' 관점(1장 참조)에 따라 공동선에 관한 논의를 불필요하다고 여긴다. 하지만 그는 질문의 시작을 달리한다. "어떤 사회 체계에서 살고 싶은가?" 저마다 생각이나 선호가 다르니 사회적 조율이 필요할 것이고, 이 조율을 이끌 가치와 유인을 고민해야 한다는 것이다. 개별 이익을 넘어서는 사회적 이익 또는 공공선의 존재가 필수불가결하다. 개별적 이익 추구만으로는 공공선을 이룰 수 없고, 그렇다고 개별적 유인을 무시하면 권위주의적이거나 독재적인 체제가 생겨날 것이다.

이런 관점에서 그는 이렇게 지적한다. "시장경제는 그 자체가 목적이 아니다. 우리가 개인이나 사회집단 또는 국가의 사적 이익을 공동 이익에 연결시키는 방법을 고려할 때, 시장은 기껏해야 하나의 수단이다. 그것도 불완전한 수단이다"(Tirole, 2017, p. 3). 따라서 그의 저작은 온전히 공공선을 달성하는 제도와 정책에 집중한다. 일자리도 예외가 아니다. 그는 일자리의 사적 가치와 사회적 가치의 격차에 주목하며, 노동'시장'을 일자리 정책의 한 수단으로 분석한다.

캐나다와 영국을 오가며 두 나라의 중앙은행 총재를 역임한 독특한 이력의 소유자인 마크 카니Mark Carney도 그의 저작《초

가치: 돈으로 살 수 없는 미래Value(s): Building a better world for all》에서 비슷한 견해를 제시한다. 책의 서두에 소개한 교황의 일화가 흥미롭고 시사적이다. '시장 시스템의 미래'를 주제로 바티칸에서 회의가 열린 적이 있었다. 회의 참석자들이 모인 오찬에 프란체스코 교황이 깜짝 방문해 이렇게 말했다. "우리 식사에 와인이 같이 나올 겁니다. 와인은 많은 것들을 갖고 있습니다. 다양하고 화려하면서 풍부한 향을 가지고 있어서 음식과 잘 어울리지요. 게다가 마음을 활기차게 하는 알코올도 있습니다. 와인은 우리의 모든 감각을 풍요롭게 합니다. 식사 마지막에는 그라파가 나옵니다. 그라파는 오직 한 가지, 알코올만 가지고 있습니다. 와인을 증류시켜버린 것이 그라파입니다. 인간성humanity에는 열정, 호기심, 합리성, 이타성, 창조성, 이기심과 같이 많은 것이 들어 있습니다. 하지만 시장에는 오직 한 가지, 이기심만 있지요. 인간성이 증발되어 버린 것이 시장입니다. 오늘 여러분이 할 일은 그라파를 와인으로 돌려놓는 것, 시장을 인간성으로 돌려놓는 것입니다. 이것은 신학의 문제가 아닙니다. 현실의 문제이고, 진실의 문제입니다."(Carney, 2021, pp. 3-5)

하버드대학의 철학자 마이클 샌델Michael Sandel은 이러한 '현실적이고 진실된' 문제를 일자리에 적용하면서 좀 더 근본적으로 접근한다(Sandel, 2020). 그는 '품위 있는 일dignified work'을 공공선으로 정의한다. '품위 있는'이라는 형용사를 붙인 이유는 '어떤 일이든 없는 것보다는 낫다'는 편의적 관념에서 명시적으로 벗어나기 위함이다. 앞서 살펴본 '좋은 일자리'와 '나쁜 일자리'

의 구분과 맥락을 같이하면서, 일자리가 사회 구성원으로 인정 받고 연결되는 핵심 고리임을 강조한다. 물론 여기서 '일'은 앞서 살펴본 가사노동과 공동체 활동을 포함하는 포괄적인 개념이다.

샌델은 한발 더 나아가 품위 있는 노동을 '기여적 정의contributive justice'의 중요한 축으로 제시한다. 이 개념을 도입한 이유는 시장경제의 소비자 관점이 과도하게 강조되는 '분배적 정의distributive justice'와 구별할 필요성 때문이다. 다소 길지만, 그의 주장을 인용한다.

> "불평등을 보상하려는 정책 제안들, 예를 들어 노동계층과 중산층 가구의 구매력을 증가시키거나 안전망을 강화하려는 노력들은 이제 깊이 뿌리내린 분노와 원한을 해결하는 데 거의 효과가 없다. 그 이유는 이 분노가 인정과 존경의 상실에 관한 것이기 때문이다. 구매력의 감소도 물론 중요하지만, 노동자들의 분노를 가장 자극하는 상처는 생산자로서의 지위에 대한 침해이다. (…) 이러한 상처를 인정하고 노동자의 존엄성을 회복하려는 정치적 의제만이 우리의 정치에서 일고 있는 불만에 효과적으로 대응할 수 있다. 그런 의제는 분배적 정의뿐만 아니라 기여적 정의에도 관심을 가져야 한다. 왜냐하면 이 땅에 퍼져 있는 분노는 부분적으로는 인정의 위기이기 때문이다. 그리고 우리는 소비자가 아닌 생산자로서, 공공선에 기여하고 그로 인해 인정받을 수 있다."(Sandel, 2020, p. 208)

요컨대 '분배적 정의'가 주어진 물질적 부를 모든 시민이 어떻게 나눠 가질 것이냐는 문제라면, '기여적 정의'는 물질적 부를 포함한 사회 공동의 목표(공공선이나 공익)에 모든 시민이 어떻게 기여할 수 있도록 하느냐의 문제다. 즉 사회적 소비의 문제인 동시에 사회적 생산의 문제다. 여기서 생산은 물적 생산뿐만 아니라 돌봄과 같은 서비스도 포함한다. 이 두 가지 정의는 상호보완적이지만, 기여적 정의는 주체의 행위 능력agency을 중시한다. 예컨대 사회에서 약자와 강자의 차이를 줄이기 위해서는 금전적 지원이나 분배뿐만 아니라, 모든 이가 동등한 존중을 받으면서 사회적 생산 과정에 의미 있는 방식으로 기여할 수 있도록 행위 능력을 키워주는 것이 결정적으로 중요하다. 따라서 '좋은 일자리'는 기여적 정의를 실현하는 수단이고, 사회는 이런 일자리를 제공할 책임이 있으며, 시민은 그런 일자리를 통해 사회에 기여할 의무가 있다.●

간추리는 말
일의 사회적 가치를 사회와 경제의 주춧돌로 삼기 위해

세세하게 다루었으나, 요지는 간단하다. 일자리의 가치는 월급봉투에 적힌 숫자를 넘어선다. 일하는 사람들에게는 새로울

● 이런 관점에서 보면, 최근 널리 논의되는 기본소득론에 다소 유보적인 입장을 취하게 된다. 이는 단순한 '자유'의 문제를 넘어 시민의 권리와 의무를 논의하는 '공화주의'와도 연결된다. 하지만 두 가지 모두 이 책의 범위를 넘어서기 때문에 따로 다루지는 않는다.

것 없는 일상의 경험이지만, 어려운 말을 좋아하는 학계에서는 이를 '외부성이 존재한다'고 표현한다.

외부성이 존재하는 이유는 넓고도 깊다. 일자리의 상실은 일시적 소득 상실만을 의미하지 않는다. 일하는 삶에 오랫동안 족적을 남긴다. 실업이 반복되고 소득도 낮아지며 불안정해진다. 이른바 낙인효과가 있다. 한 번의 '운'이 일하는 삶의 여정을 바꾼다.

돈 문제만도 아니다. 일자리 상실의 경험은 물리적·정신적 건강에 악영향을 미친다. 사망의 확률도 높아지고, 최악의 경우 자살의 위험도 커진다.

전염효과도 강하다. 가족을 꾸리고 살아가는 사람에게, 실업은 곧 배우자와의 관계에 긴장과 갈등을 불어넣고 아이들의 삶에도 어려운 시간을 가져온다. 빈곤의 위험과 더불어 아이들의 교육과 성장도 위태롭게 할 수 있다. 일자리 상실로 온 가족의 미래가 저당 잡힐 수 있다. 그 여파는 물론 공동체와 사회 전체로 확산된다. 최근의 정치적 사건들은 일자리가 사회적·정치적 안정성의 핵심 요인이라는 점을 확인해준다.

이러한 맥락에서 우리는 중대한 결론에 도달한다. 일자리의 다층적이고 포괄적인 사회적 가치를 고려하지 않는 노동'시장'에서는 좋은 일자리의 양이 사회의 최적 수준보다 적다. 즉 노동시장은 좋은 일자리를 과소공급한다. 이에 반해, 부정적 외부성을 가진 나쁜 일자리(예컨대 산재 위험이 높은 일자리)는 과도하게 공급된다. 결과적으로 좋은 일자리는 늘 부족하다.

다소 이론적이고 건조한 이야기이지만, 이는 1장에서 살펴본 시장경제에서 실업의 구조적 원인을 밝힌 이론(예컨대 케인즈의 유효수요 부족론)을 보완하는 것으로 봐도 된다. 흔히 정책 목표로 제시되는 '완전고용'도 이런 각도에서 재검토가 필요하다. 마지막 장(9장)에서 좀 더 논의할 것이다.

좋은 일자리의 사회적 가치를 사회와 경제의 주춧돌로 자리 매김하기 위해 '기여적 정의'를 고려할 수 있다. 시장경제의 소비자 관점이 과도하게 강조되는 '분배적 정의'와 달리, 사회 구성원이 사회 공동의 목표에 기여할 수 있는 '일할 권리'를 보장하는 것을 의미한다. 사회에서 약자와 강자의 차이를 줄이기 위해서는 금전적 지원이나 분배뿐 아니라 모든 이가 동등한 존중을 받으면서 사회적 생산 과정에 의미 있는 방식으로 기여할 수 있도록 행위 능력을 키워주어야 한다. 이 또한 마지막 장에서 살펴볼 것이다.

옥스퍼드대학의 경제학자 폴 콜리어Paul Collier는 기여적 정의가 일자리를 통해 경제-사회-정치를 유기적으로 묶어내기 위해서는 무엇보다도 다음과 같은 질문에 답해야 한다고 주장한다(Collier, 2024).

- 목소리의 동등함: 사회가 추구하는 공동의 목적을 결정하는 데 약자가 동등한 목소리를 내고 있는가?
- 존중의 동등함: 약자는 이런 논의에서 동등하게 존중받는가?
- 충분한 소득 능력: 약자가 얻는 소득은 사회적 공공 목표에

의미 있게 기여할 수 있을 정도로 충분한가?

　일자리의 기여적 정의를 온전히 살피려면 더 많은 질문을 던져야 하지만, 위의 세 가지 질문은 '좋은' 일자리를 따지는 데 중요한 지표가 된다. 바로 목소리, 존중, 소득이다. 이를 뒷받침할 힘의 균형 또한 중요하다.
　이제 좋은 일자리의 가치를 사회적으로 내재화하기 위해 논의해야 할 구체적인 주제를 하나씩 살펴보자.

4장

일의 대가:
너무 높은 임금,
너무 낮은 임금

일자리 문제가 거론될 때마다 '뜨거운 감자'인 임금 이야기부터 해보자. 누군가에게 일을 시키면 제대로 그 대가를 치러야 하는 건 당연한 이치다. 길 가는 이를 붙잡고 물어볼 필요도 없다. 그렇다면 그 '대가'는 어떻게 결정하면 되는가?

이미 살펴본 대로, 경제학 이론은 아주 명확한 답을 준다. 수요공급의 움직임에 따라 균형임금이 형성되는데, 그 수준은 노동자의 '한계생산성'에 해당한다. '한계'라는 수식어가 붙은 이유는 노동자의 '평균' 생산성이 아니라, 기업이 추가로 노동자를 고용할 때 얻는 생산 기여분에 따라 임금이 결정된다고 정의하기 때문이다. 이런 엄밀성은 잠시 접어두고, 간단히 말해 임금은 노동자가 생산에 기여한 수준에 따라 결정된다고 해두자. 그리고 교과서적인 경제학은 노동자가 기여한 것 이상으로 과도하게 임금을 받으려 해서 일자리가 줄어든다고 설명한다.

임금은 '노동이 생산에 기여한 대가'라는 정의를 반박하긴 어렵다. 어찌 보면 이런 당연한 이치를 두고 인류가 왜 그렇게 오랫동안, 때로는 피눈물을 흘리며 싸워야 했는지 이해하기 어렵다. 단순히 원리를 실현하는 게 쉽지 않아서일 수도 있지만, 어쩌면 이 원리는 우리가 얼핏 생각하는 것만큼 당연하지도 않다. 머리를 긁적거려야 할 일이 한두 가지가 아니다. 복잡한 만큼, 잠시 에둘러 가보자. 그 고민의 역사는 자못 길다.

백범 김구의 고민: 임금(품삯)은 도대체 무엇이란 말인가

천하의 백범 김구 선생도 이 문제로 고민한 적이 있다. 그 기록은《백범일지》에 남아 있다(김구, 1997). 한국인을 괴롭히던 일본인을 살해하고 도망자 생활을 할 때였다. 갈 데는 마땅치 않고 추격은 거세지니, 서둘러 남쪽으로 몸을 피했다. 그리하여 전남 해남에서 양반 윤 씨 집에 몸을 숨겼다. 조선이 점점 식민지 나락으로 빠져들 때니, 은신처를 제공한다는 게 결코 쉬운 일은 아닌 시절이었다. 그런데 고맙다는 말을 매일 전해도 시원치 않을 마당에, 백범은 이 주인집 양반과 말다툼을 하게 되었다. 그가 데리고 있는 '상놈'의 품삯 문제 때문이었다. 사정은 이러했다.

어느 날 밤이 저물어갈 무렵, 백범은 주인 양반의 추상같은 호령에 간간이 섞여 나오는 매질 소리를 들었다. 놀라서 바깥으로 나가니, 윤 씨가 어떤 사람을 묶어두고 매질을 해대고 있었다. 하도 그 광경이 기괴해서 자세히 살펴보니, 그 일꾼이 다른 양반의 집에서 일하며 더 많은 품삯을 받았다는 것이 문제였다. 일꾼은 가혹한 형벌을 받으면서도 어찌할 바를 몰라 그저 잘못했다고 빌고만 있었다.

천하의 백범이 그냥 지나칠 수 없었다. 양반에게 물었다. "그럼 당신이 정한 품삯은 얼마고, 저 일꾼은 얼마를 올려 받았소?" 양반은 여전히 화가 풀리지 않는지 씩씩거리는 말투로 대답했다. "올해 여자에게 두 푼, 남자에게 서 푼을 주기로 했는데, 글쎄 이놈이 남의 집에 가서 한 푼을 더 올려 받지 않았겠소."

백범은 깜짝 놀랐다. 자신이 도망 다니며 주막에서 먹던 거친 밥 한 끼 값도 안 되는 돈이었기 때문이다. 한마디 안 할 수가 없었다. "아니, 이것 보시오. 내가 다녀보니 주막에서 밥을 먹어도 다섯 푼이나 여섯 푼은 내야 하던데, 그 반도 안 되는 돈으로 이 사람과 그 식솔들이 어떻게 먹고산다는 말이오."

불쌍한 처지를 어여삐 여겨 숙식을 제공했더니 눈을 동그랗게 뜨고 대드는 백범에게 어이없다는 표정을 지었을 주인장 윤씨는 감정을 애써 삭이며 설명했다. "이보시오, 세상 물정을 이렇게 모르오. 이놈이 혼자 살고 있소? 혼인을 해서 아내도 있지 않소. 그래서 이놈이 우리 집에서 일하는 날이면, 이놈 아내도 와서 우리 집에서 밥을 먹는단 말이오. 그 식솔까지 와서 밥상을 차지하고 있는 날이 많소. 이놈이 일이 없을 때는 이놈 아내가 우리 집 일을 하는 경우가 허다하니, 이 집 식구는 매일 우리 집에서 끼니를 해결하는 셈이오. 그러니 내가 품삯을 많이 줄까닭이 어디 있소."

아무리 그렇다고 해도 품삯이 지나치게 낮은 것은 아닌가. 백범은 생각했다. 또 남의 집에 가서 품삯을 조금 더 받았다고 매질을 해대는 것은 무슨 해괴한 일인가. 백범이 따지려는 차에, 윤 씨는 틈을 주지 않고 몇 마디 덧붙였다. "그리고 내가 품삯을 박하게 준다고 생각하지 마시오. 혹 내가 품삯을 많이 준다고 해봅시다. 그리하면 이 일꾼의 의식주가 풍성해지지 않겠소. 먹고사는 게 편안해지니 여유도 생길 것이오. 그렇게 되면 이놈이 우리 양반에게 공손치 않게 될 것 아니겠소. 이들이 양반에게 따지고 덤비면서, 품삯 주는 양반 고마운 줄 모르면 어떡한단 말이오. 이 세상이 어려워질 것 아니오. 내가 이런 것을 염려해서 품삯을 이같이 정해주는 것이오."

이쯤 되니 백범은 할 말을 잃었다. 멱살을 잡을 분위기는 아니었을 게다. 전후 맥락을 보아서는, 윤 씨의 항변에 질려 결국 자리를 피한 듯하다. 이 일화의 끝에 백범은 간단한 소회를 붙였다. 그동안 황해도 해주에서 상놈을 천시한다고 한탄했는데, 여기 남도에 와서 보니 해주는 '상놈의 낙원'이었다는 것.

100년도 족히 넘은, 자칫 고리타분해 보일 수도 있는 백범의 일화는 여러모로 흥미롭다. 우선 양반 윤 씨는 일하는 사람이 품삯을 마음대로 올리는 것이 마땅치 않다고 여겼다. 사람 데려다 쓰는 사람치고, 품삯 올라가는 걸 마냥 좋아할 이는 드물다. 하지만 이 품삯 인상은 주인 양반과 직접적인 관계가 없다. 그의 일꾼이 다른 집에서 더 많은 품삯을 받은 것일 뿐이니, 윤 씨의 돈주머니에는 아무런 변화가 없었다.

그런데도 일꾼을 묶어두고 매질을 할 정도로 주인이 화를 낸 이유는 무엇인가? 당사자에게 확인할 방법은 없으니, 몇 가지 유추해볼 수밖에 없다. 먼저 품삯은 고용주인 자신이 정하는 것이고 이렇게 정해진 것이 바로 공정한 품삯인데, 이 암묵적 규정을 일꾼이 위반했기 때문이다. 당시 사회에 비춰보면 일종의 법률 위반이고, 요즘 식으로 표현하자면 고용주가 정한 '시장 법칙'을 위반했다는 이야기겠다. 그래서 일꾼에 따른 일방적 품삯 인상은 징벌 대상이 된다.

하지만 주인 양반이 화가 난 데는 경제적 이유도 컸을 것이다. 다른 고용주가 이미 품삯을 올렸으니, 앞으로 이 일꾼을 부릴 때 자신도 더 높은 품삯을 지불해야 할지 모른다는 불안감이 있었을 것이다. 그래서 매질로 징계해 그 가능성을 원천적으로 제거하려 했던 것이리라. 경제학적으로 보면 노동수요가 증가해 임금이 늘어나는 게 자연스러운 이치인데, 이것이 주인에게는 말하자면 '불편한 진리'였던 셈이다. 자신의 이익에 반하는 시장 법칙을 폭력적으로 저지하려는 심산이다. 요컨대 백범이 보기에 '가혹한 형벌'의 이면에는 권위도 수호하고 경제적 이익도 지키려는 주인 양반의 복잡한 계산이 깔려 있었다.

백범은 이런 전횡이 못마땅했다. 다혈질인 그였지만 도망자의 처지에다 은혜를 입고 있는 입장이라, 윤 씨의 멱살을 잡고 패대기칠 수는 없는 노릇이었다. 그래서 그는 합리적으로 설명하고 나섰다. 우선 백범은 윤 씨가 고용주로서 품삯을 결정할 권리를 갖고 있다 하더라도, 그 품삯이 최소한 일꾼이 먹고살 만한 수준은 되어야 한다고 보았다. 서 푼에서 너 푼으로 30% 이상 '파격적으로' 오른 품삯이라도 일꾼 혼자 살기도 빠듯한데, 그 돈으로 가족을 부양하기에는 턱없이 부족하다는 것이다. 현재 품삯이 이들 가족의 최저 생계비에 못 미친다는 이야기다.

그러나 주인 윤 씨는 백범의 주장을 두 가지 근거로 반박한다. 첫째, 현재 품삯 수준이 최저 생계비에 못 미치지만, 일꾼이 일할 때마다 가족이 모두 와서 공짜로 식사를 해결하기 때문에 실제 품삯은 너 푼을 거뜬히 넘어선다. 현대 용어로 표현하자면, 식사 제공이라는 현물임금in-kind payment 을 고려한 총임금은 최저 생계비에 상응한다는 주장이다.

둘째 이유는 좀 더 근본적이고 정치적이다. 윤 씨는 품삯의 '지나친' 상승을 경제적 문제일 뿐만 아니라 정치적 문제로도 보았다. 만약 품삯이 올라 일꾼 가족이 조금 여유로운 생활을 하게 되면, 기존의 '양반-상놈'이라는 상하관계가 도전받을 위험성을 경계했던 것이다. 결론적으로 윤 씨가 생각하는 '공정한' 품삯은 일꾼과 그 가족의 생존이 겨우 가능할 만한 수준, 즉 일종의 생존임금subsistence wages이었다. 이를 넘어서면 일종의 체제 반란적 상황이 올 수 있다고 믿었다. 이것이 그가 '권력'을 행사해 일꾼을 매질한 진짜 이유일 것이다.

100년 전 이야기라 치부하는 사람도 있겠다. 하지만 백범과 윤 씨가 품삯을 두고 벌인 말싸움은 오늘날이라고 해서 크게 다르지 않다.

임금은 누가 결정하는가? 윤 씨는 고용주인 자신이 정한다고 했다. 주는 대로 받는 게 임금이다. 일꾼이 나설 일이 아니다. 윤 씨는 임금을 '흥정의 대상'으로 삼으면 사회·경제 질서가 위협받는다고 생각했다. 이러한 인식은 오늘날에도 낯설지 않다. 노동자가 생계비 보전을 위해 고용주와 협상에라도 나서려 하면 마땅치 않게 생각하는 이가 많다. 기업이 알아서 임금을 정해줄 텐데 노동자가 이를 믿지 않는다고 푸념하기도 한다. 기업에 대한 정면 도전, 심지어 국가 경제에 대한 해악이라고 주장하는 이도 있다. 백범의 일화에서처럼 마땅히 품삯을 올려 받아야 하는 상황에서도, 일꾼에게 돌아오는 것은 품삯 인상이 아니라 가혹한 매질이었다. 임금 인상 요구에 공권력의 탄압이 돌아오는 오늘날 상황과 별다를 바 없다. 애덤 스미스가 이미 목격하고 고발했던 내용이다(1장 참조).

윤 씨는 노동자가 경제적으로 여유로워지는 것을 본능적으로 경계했다. 고임금은 경제적 문제일 뿐만 아니라 정치적 문제다. '배부른 노동자'는 통제하기도 어렵고 생산성도 떨어진다는 생각이 늘 잠복해 있다. 노동자는 언제나 '허리띠를 졸라매야' 한다. 결국 임금에 대한 인식은 야박해지기 마련이다. 천문학적 이윤을 올린 기업이 주주에게 넉넉한 배당을 하고 최고위급 임원들에게 성과급을 나눠주는 것은 극히 당연하게 여기면서도, 일반 노동자가 성과 배분을 말할 때는 '과도한 임금 인상 요구'라는 비난이 따르는 상황은 오늘날에도 친숙한 풍경이다. 백범의 일화는 '오래된 지금의 이야기'다.

구멍이 숭숭 뚫린 노동계약

노동이 '상품'으로 거래되는 시장경제에서, 다른 상품과 달리 유독 노동의 '가격'에 대한 논란이 끊이지 않는 이유는 무엇일까. 가장 일반적이고 추상적인 수준에서 답하자면, 노동 '상품'은 사실상 상품이 아니며 고용계약 자체가 본질적으로 모호하기 때문이다.

고용계약을 제대로 살펴보자. 1978년에 노벨경제학상을 받은 허버트 사이먼Herbert Simon의 주장이 적절한 출발점으로, 그는 심리학과 컴퓨터학을 동시에 연구하면서 경제학까지 섭렵했다. 인간의 방황하는 심리와 컴퓨터의 굳건한 계산 실력을 같이

들여다보아서인지, 경제학자들이 관습적으로 가정하는 '경제적 합리성'에 반기를 든 인물이다. 인간이 합리적이라고 해봐야 제가 아는 것 안에서 그런 것이니 기껏해야 '우물 안 개구리'라고 주장했다. 어려운 표현으로 '제한적 합리성bounded rationality'이라고 하는데, 여기에 기반한 경제행위는 비효율적이기 십상이다. 제도나 규율이 필요한 이유다. 말하자면, 경제학적 현실주의 정도가 되겠다.

사이먼의 현실주의적 관점은 고용계약에도 적용된다(Simon, 1951). 계약이라는 외양적 유사성을 넘어서 실제로 존재하는 고용계약을 보면, 그 특수성이 도드라진다는 것이다. 고용계약은 특정된 대가를 받고 노동을 제공한다는 면에서 통상적인 상품 거래와 같지만, 그 노동의 '내용'을 미리 특정하지 않는다는 점에서 상품 거래와 다르다. 마치 상품을 주기로 했는데 어떤 상품인지는 정하지 않은 비합리적이고 불가사의한 거래가 되는 셈이고, 얼핏 노동력을 제공하는 노동자에게 유리해 보이기도 한다.

하지만 계약의 상대방인 고용주가 이 계약에 선뜻 동의하는 이유는 단 한 가지다. 일단 계약이 체결되면, 노동을 어떻게 사용할지에 대해서는 고용주가 적극적으로 권한을 행사할 수 있기 때문이다. 노동자는 고용계약에 서명하는 순간, 이런 고용주의 권한을 수용하게 된다. 예컨대 비서직 고용계약에 서명한 노동자는 정확히 어떤 일을 하게 될지 계약서만으로는 알 수 없고, 오로지 고용주의 지시에 따라야 한다. 일정 관리와 문서 작성처럼 예상 가능한 업무도 있겠지만, 그렇지 않은 불편한 일이 포함될 수도 있다. 그렇다고 이를 계약 위반이라고 하기도 어렵다. 고용계약의 '특수성'이라는 것은 사실 그렇게 특수하지 않은, 노동자들이 매일 겪는 진부한 일상이다.

고용계약은 본질적으로 불확실성을 배태하고 있는 '불완전한incomplete' 계약이다. 구두 계약이든 서면 계약이든 마찬가지다. 계약에는 곳곳에 구멍이 숭숭 뚫려 있으며, 이 구멍은 노동력이 제공되는 과정에서 시장거래가 아닌 인적 관계relationship를 통해 메워지게 된다. 이 관계는 본질적으로 일방적일 수밖에 없는데, 고용주의 권위를 인정하는 구조이기 때문이다. 하지만 노동자 입장에서 볼 때 거래 관계의 공정성을 해치거나 노동력 제공의 원천으로서의 인간성을 위협받는 행위는 계약상 용인된 권위를 넘어선 것이 된다. 따라서 계약 당사자는 충돌할 수밖에 없다. 따라서 고용계약은 '분쟁적contested' 계약이다.

임금 결정도 당연히 모호할 수밖에 없다. 고용계약에는 시간이나 하루 단위로 보상을 정했다고 하더라도 계약 당사자인 노동자가 실제로 어느 정도의 가치를 생산하는지는 고용주의 결정과 지시에 따라 정해진다. 게다가 노동자의 '생산 기여분'을 확정하는 것 자체가 쉽지 않다. 예를 들어 휴대폰을 판매하는 가게에서 일한다고 해보자. 이 가게는 공급업체에서 80만 원에 휴대폰을 받아서 소비자에게 100만 원에 판매한다. 직원은 주인을 빼고 5명이며, 모든 비용을 제외한 순소득이 매달 3,000만 원이라고 해보자. 이때 가게 주인의 자본이 기여한 부분은 얼마이고, 직원들의 노동이 기여한 부분은 얼마인가? 노동의 기여분이 명확히 정해진다고 하더라도, 일하는 방식이나 강도가 조금씩 다른 직원들 개개인의 개별적 기여를 정확한 수치로 정하기는 쉽지 않다. 경제학에서는 이를 설명하기 위해 '한계생산성marginal productivity'이라는 개념을 이용하는데, 이론적 분석틀로서는 유용할지 모르나 현실의 임금 결정 과정을 설명하는 데는 그다지 도움이 되지 않는다.

'과학적' 임금 결정?:
그다지 과학적이지 않은 '과학적 관리'

다시 한 가지 역사적 예를 들어보자. 20세기 초 프레더릭 테일러Frederick Winslow Taylor는 이른바 '과학적 관리의 아버지'로서 일약 스타가 되었다. 막무가내로 노동자를 관리하는 관행을 벗어나 제대로 된 경영관리를 통해 합리적이면서도 수익성 좋은 기업을 만드는 일에 앞섰다. 이를 위해 직접 수많은 실험도 했는데, 그의 유명한 저작 《과학적 관리의 원리들The Principles of Scientific Management》에서 자랑스럽게 소개하는 사례다(Taylor, 1911). 테일러는 선철공장에서 노동자가 일하는 과정을 관찰한 뒤 쓸데없는 동작이나 시간 낭비를 최소화하는 방식을 찾아냈다. 흔히 '시간연구'와 '동작연구'로 알려진 이 방법을 적용해, 노동자에게 철저히 지시된 방식으로 움직이기를 요구했다. 노동자의 자발성은 최소화하고, 마치 기계처럼 움직이도록 했다. "내일부터는 아침부터 저녁까지 시키는 대로만 할 것. 선철을

표 4-1 과학적 관리법의 임금 결정은 '과학적'인가?: 테일러의 실험

	기존 작업계획	새로운 작업계획
노동자 수	400~600 명	140명
하루 평균 선철 처리량	16톤	59톤
하루 평균 일당	1.15달러	1.88달러
톤당 선철 처리비용	0.072달러	0.033달러

출처: Taylor, 1911

집어 옮기라고 하면 그렇게 하고, 앉아 쉬라고 하면 앉아서 쉴
것. 말대답하지 말 것."

결과는 놀라웠다(표 4-1). 테일러가 기대한 것 이상의 성과를
이루어냈다. 우선 하루 평균 선철 처리량이 16톤에서 59톤으로
무려 3.5배 정도 증가하였고, 이와 함께 인력은 3분의 1 이하로
축소되었다. 톤당 선철 처리비용은 절반 이하로 감소했다. 나
아가 노동자들의 고질적인 음주 습관까지 변화할 정도였는데,
일하는 속도가 현저히 빨라져서 전날 술을 마시고는 일을 할
수가 없었기 때문이다.

임금도 상승했다. 실험을 하기 전 합의한 계약에 따라 시간
당 임금이 오르면서, 결과적으로 일당이 약 60% 올랐다. 큰 폭
의 증가다. 하지만 과연 이 임금 인상은 선철공장 노동자들의
'기적적인' 생산성 증가를 온전히 반영한 것인가? 또는 이런 폭
의 임금 인상은 '공정'한가? 선철공장의 노동자들은 기존 계약

대로 일해야 하는가, 아니면 생산성의 증가에 따라 더 높은 임금을 받아야 하는가?

테일러도 임금 인상폭의 정당성 논란이 신경 쓰였는지, 꽤 공을 들여 설명한다. 첫째, 선철공장의 실험에 참여한 노동자는 특별한 기술이나 재능을 가진 사람이 아니다. 어디서나 쉽게 구할 수 있는 인력이다. 60% 인상을 억울해하는 노동자는 떠나도 된다는 것이다. 고용주가 노동시장을 지배할 능력이 있다는 '힘의 논리'를 확인해준 셈이다.

둘째, 새로운 생산 과정이었으나 노동자의 피로도가 높아진 게 아니다. 즉 노동지출의 강도가 같다. 이 주장은 임금이 노동 생산물의 가치에 따라 결정되는 것이 아니라 노동시간에 따라 결정된다는 마르크스의 견해를 연상하게 한다. 물론 테일러가 마르크스를 우호적으로 평가했으리라고는 상상하기 힘들다.

셋째, 형평성의 문제다. 실험에 참여한 노동자들에게만 '과도하게' 임금을 올려주면 다른 노동자들의 불평을 살 수 있다는 것이다. 이는 테일러가 60% 임금 인상이 충분하지 않다는 것을 암묵적으로 인정하는 순간인 동시에, 기업이 궁한 처지에 있을 때마다 다른 노동자의 처지를 언급하는 '선택적 형평성' 논리의 원조이기도 하다.

넷째 이유는 보다 근본적이다. 실험의 성공은 노동자의 주도성이나 창의성 때문이 아니라 기업이 개발한 선철 처리 과학지식 덕분이기에 기업에 더 큰 몫이 돌아가는 게 마땅하다는 것이다. '과학적 관리'의 기여는 부인할 수 없을 만큼 중요하다. 하지만 정확히 어느 정도가 '관리'의 기여인지, 그리고 어느 정도가 '노동'의 기여인지는 칼로 자르듯 판단하기 어렵다.

마지막 논리는 백범의 일화에도 나오는 것인데, 임금을 너무 많이 주면 노동자들이 일하는 것이 게을러지고 사치스러워진다는 주장이다. 배가 부르면 일을 하지 않게 되니, 이를 원천적으로 막기 위해 임금 인상 요인이 있음에도 인상을 '자제'한다는 것이다.

이렇듯 다양한 이유를 근거로 테일러는 공정한 임금은 "과학적 탐구의 대상이지, 협상하고 흥정할 대상은 아니"라고 결론짓는다.

하지만 백범의 일화에서 양반 윤 씨가 내세운 주장과 테일러의 논리는 임금이 궁극적으로는 협상과 흥정의 대상이 될 수밖에 없다는 점을 역설적으로 보여준다. 두 가지 사례에서 공통으로 드러나는 것은 노동이라는 상품을 '물리적으로' 유지하는 데 필요한 돈으로서의 임금(마르크스의 표현을 빌리자면, 노동력 재생산 비용)과 노동의 생산적 기여에 대한 보상으로서의 임금(교과서적 경제학에서 가정하는 임금) 간의 긴장이다. 이는 이론적 논쟁이 아니라 현실 속 고용관계에서 발생하는 긴장이다.

게다가 고용관계를 통해 재화나 서비스를 제공하는 과정에서 생겨나는 '잉여'를 노동자와 고용주 간에 나누는 문제는 답이 똑떨어지게 나오는 방정식이 아니다. 노동자와 고용주 모두 생산의 잉여에 대한 권리를 주장할 수 있으나, 이를 어떻게 나누는 것이 적절한지는 선험적으로 결정하기 어렵다. 임금 결정

과정은 변수의 숫자가 방정식의 숫자보다 많아서 무수히 많은 해가 나오는 부정방정식 체계underdetermined system of equations에 가깝다.

태만한 노동자, 화답하는 노동자

물론 고용계약의 불완전성은 반대 방향으로 작용할 수도 있다. 노동자가 꾀를 내거나 게으름을 피우거나 또는 능력이 변변치 않아서 '돈값'을 하지 못하는 경우도 있다. 더러 발견되는 사례다. 하지만 이는 현실적으로 노동자에게 쉽지 않은 선택이다. 고용주가 계약상 보장된 권위와 힘을 이용해 제재를 가할 수 있고, 마지막 수단으로 고용계약을 해지할 수도 있기 때문이다. 일반적으로 노동자에게는 이런 선택을 감당할 힘과 능력이 약하거나 없다(고용 안정성을 확보한 노동자의 경우는 나중에 따로 다룬다). 요컨대 없지는 않지만, 비상한 관심이 필요할 정도는 아니다.

그런데도 '게으른 노동자'에 대한 걱정과 불만은 시장경제의 역사에서 좀체 줄어들지 않았다. 현실적 가능성은 상대적으로 낮지만, 경제학과 경영학에서 이는 단연코 핵심 주제다. 경제학에서는 '태만shirk'이 주요한 분석 개념이다. 앞서 살펴본 것처럼 노동을 '고통'으로 간주하는 경제학적 관점에서는 '과도한' 노동보다는 '과소한' 노동에 초점을 맞춘다. 노동에 대한 이해 방식이 피상적이고 편파적이라는 비판이 나오는 이유다.

현실의 일터는 훨씬 복잡하다. 불완전한 계약의 빈틈을 메우는 방식이 반드시 강제와 태만의 대립 구도로만 이루어지는 것도 아니다. 테일러의 선철공장을 떠올려보자. 그는 다소 혼란스럽고 복잡한 이유로 60% 이상의 인상은 비효율적이며 불가능하다고 주장한다. 그런 주장의 이면에는 '임금 인상이 별다른 생산성 증가를 가져오지 못한다'는 전제가 깔려 있다. 그런데 선철공장의 노동자들이 실험 결과를 알고 임금 인상폭이 '공정'하지 않다고 느꼈다고 가정해보자. 그런 상황에서 테일러가 제시한 임금 수준이 과도하다고 생각하지 않는 새로운 경영자가 나타나 임금을 추가로 올려주었다고 가정해보자. 테일러가 우려한 것처럼 노동자들이 '나태'해져서 생산성은 제자리걸음인데 임금만 오르는 것일까?

꼭 그렇지 않다. 최근의 수많은 실험 및 실증연구에 따르면, 노동자는 임금 인상에 생산성 증가로 화답할 가능성이 높다. 임금 인상이라는 '선물'에 생산성 향상이라는 '선물'로 답을 하는 상황이니 '선물 교환gift exchange'이라고 부른다(Akerlof, 1982). 좀 더 냉정한 표현으로는 '효율성 임금efficiency wages'이라고 한다. 기업 입장에서는 월급을 더 주고 그만큼 생산을 높였으니 이보다 더 효율적인 게 없기 때문이다.

이런 '따스한' 화합의 모습을 수십 년간 연구해온 대표적 인물이 취리히대학의 에른스트 페르Ernst Fehr 교수다. 스위스인을 대상으로 한 실험 하나를 보자(Cohn et al., 2015). 연구진은 스위스 취리히에서 광고 전단지를 돌리는 일자리를 만들어 사람들을 모았다. 실험인 줄은 아무도 몰랐다. 시간당 22프랑(약 3만 3,000원으로, 스위스는 물가가 높고 임금 수준도 높다)으로 계약하고, 몇

주간 일했다. 그러다 절반 정도의 사람들에게는 시간당 임금을 27프랑으로 올렸다. 하는 일이나 일하는 시간은 변하지 않았다.

그런데 한 가지 중요한 변화가 나타났다. 시급이 오른 사람들의 전단지 배포 숫자가 늘었다. 생산성이 늘어난 것이다. 평균적으로 약 4% 늘었고, 특히 시급 22프랑이 낮다고 생각했던 사람들의 경우에는 생산성 상승이 더 두드러져서 무려 14% 이상 늘었다. 냉정하게 보자면, 시급이 올랐다고 해서 사람들이 일을 더 할 이유는 없다. 마음속으로만 고마워할 수도 있고, 당연하다고 생각하고 말 수도 있다. 그런데 실험 참여자들은 수고스럽게 생산성 증가라는 선물을 되돌려주었다. 냉정하기로 유명한 스위스 사람들이고 그중에서도 손꼽히는 취리히 사람들이 '공정'한 임금에는 따뜻하게 화답한 것이다.●

계약의 구멍을 메우는 목소리와 협상

결국 애덤 스미스가 옳았다. '보이지 않는 손'의 비유가 아니라, '보이는 손'에 대한 그의 현실적 관찰이 정확했다. 고용계약의 '의도적인' 빈틈은 '보이는 손'이 메운다. 즉 권위적 지시, 협

───────

● 시급은 20% 올랐는데, 생산성은 4%밖에 늘지 않았으니 회사에게는 손해라고 생각할 수 있다. 하지만 꼭 그렇지는 않다. 우선 무작위로 사람을 뽑아 실험을 해서 시급 22프랑의 공정성에 대한 생각이 달랐다. 실제 상황에서는 직원의 구성 여부에 따라 '선물 효과'가 달라진다. 둘째, 사람을 고용하면 시급뿐만 아니라 고정비용도 지불해야 한다. 예컨대 스위스에서는 그 비용이 꽤 크다. 따라서 신규 직원을 고용하는 것보다는 기존 직원들의 시급 인상을 통한 생산성 향상이 더 경제적일 수 있다. 더 자세한 내용은 Cohn 등의 연구를 참고하면 된다(Cohn et al., 2015).

상, 타협, 불화, 긴장 등이 일상적으로 작용하여 해법과 관행을 만든다. 고용주가 권위와 힘의 논리에만 의존하여 임금을 가능한 한 낮은 수준으로 밀어붙이면 노동자는 어쩔 수 없이 수용하기도 하지만, 거칠게 반응하기도 한다. 이런 반작용이 임금을 끌어 올리기도 하고 때로는 참패로 끝나기도 한다. 결국 교섭력의 문제다.

알프레드 마샬이 지적했듯이, 고용주에 비해 노동자의 교섭력은 구조적으로 열세다. 협상에서 이기려면 버틸 수 있어야 하는데, 그럴 시간적·재정적 여력이 없기 때문이다. 물론 예외도 있다. 누구도 범접할 수 없는 재능을 지닌 덕분에 홀로 고용주에 맞설 수 있는 힘을 가진 사람들도 있다. 스포츠와 연예계의 소위 '슈퍼스타'들이 대표적이고, 금융업계에도 있다. 하지만 그들을 슈퍼스타라고 부르는 이유는 그런 능력을 가진 사람들이 극히 드물기 때문이다. 노동자 대다수에게는 이렇듯 탁월한 개별적 교섭력이 없다.

이런 한계를 넘어서는 방법은 힘을 합치는 것이다. 같은 목소리를 내고 함께 행동하여 교섭력을 높이는 것이다. 노동조합은 그렇게 등장했다. 계약의 한쪽이 교섭력을 높이는 방식인 만큼, 당연히 노동조합에 대한 견해는 날카롭게 갈라져 있다. 고용주는 노동자의 '독점적' 행위이며 시장경제 질서를 혼란케 한다고 비난하기도 한다. 그러나 스미스는 이것이 크나큰 오해라고 이미 설명하면서, 독점적 행위는 오히려 고용주들 사이에 더 흔하다고 면박했다. "서 있는 곳이 다르면 풍경이 달라진다"는 말이 여기보다 더 잘 적용되는 곳도 드물다. 협상과 힘의 문제이기 때문에, 노동조합은 본질적으로 경제적이면서도 불가피하게 정치적이다.

역사는 다소 코믹하기도 하다(이상헌, 2023). 1930년대 초반 미국의 노조원 수는 약 300만 명이었으나, 이후 눈부시게 늘어 10년 만에 두 배가 되었다. 파죽지세는 계속되어 1940년대 후반에 이르자 그 숫자는 1,500만 명에 달했다. 당시 인기를 끌었던 포스터에는 "내가 공장에 가서 일한다면, 제일 먼저 하고 싶은 일은 노조 가입이다"라고 적혀 있었다. 프랭클린 루스벨트 대통령이 한 말이다. 그는 대놓고 노조 가입을 '선동'했다.

시간이 흐르고 노조에 대한 세상의 인심도 바뀌었다. 영국의 대처 수상이 앞장섰다. 앞서 살펴본 것처럼, 1970년대 스태그플레이션(경제는 후퇴하는데 물가는 급속도로 오르는 현상)이 노조의 탓이라 몰아붙였던 그는 노조 이야기만 나오면 말이 거칠어졌다. "노조만 생각하면 입에 물고 있는 못을 내뱉게 된다"는 말로 유명하다. 못을 빨리 박으려면 여러 개를 입에 물고 있다가 하나씩 뽑아서 박곤 하는데, 이때 옆에서 뭐라고 하든 못을 야무지게 물고 있어야 한다. 그걸 알면서도 못을 내뱉게 되는 것은 그만큼 화가 나서 못 견딘다는 의미다.

공사장 십장의 말투로 무장한 그의 '선동' 덕분에 영국의 노조 조직률은 20년 만에 반 토막이 났다. 같은 시기, 미국의 레이건 대통령도 비슷한 일을 했다. 말은 점잖았지만 행동은 거칠었다. 그는 취임하자마자 파업을 진압하고 노조 지도자를 구속했다. '자유'를 유독 강조했지만, 그 자유에는 노조의 '자유'가 포함되어 있지 않았다.

그 이후 노동조합의 정치는 고장 난 라디오처럼 반복 동작 중이다. 미국의 오바마 대통령과 바이든 대통령은 루스벨트의 말을 되풀이하고, 태평양 건너 한국의 몇몇 대통령은 대처 수상과 레이건 대통령의 길을 따라갔다. 힘의 풍향계에 민감한 것이 정치인지라, 노동조합을 둘러싼 정치적 언어는 살벌하다.

경제적인 사실관계는 조금 다르다. 우선 노조가 교섭력을 확보하면 임금에 어떤 영향을 주는가? 즉 노조의 임금 인상 효과는 어느 정도인가? 연구 결과는 제각각이다(Fang & Hartley, 2022). 10%도 안 된다는 연구도 있고, 30%가 넘는다는 연구도 있다. 국가 간 편차도 크다. 하지만 임금 인상 효과가 있다는 점에서는 대부분 동의한다. 임금뿐만이 아니다. 일자리에 대한 만족도가 높아지면서 물리적·정신적 건강이 개선되고, 궁극적으로는 삶에 대한 만족도도 높아진다고 한다(Blanchflower et al., 2022). 노조가 당면한 목적은 달성한다는 뜻이다.

하지만 노조를 둘러싼 논쟁이 워낙 포괄적인지라 더 따져야 할 것들이 있다. 1장에서 잠시 언급했듯이, 노조에 비판적인 경제적 분석은 노조의 임금협상을 '그들만의 잔치'로 묘사하곤 한다. 그렇다면 노조원의 임금 인상은 비노조원에게도 좋은 소식일까, 아니면 나쁜 소식일까? 여기서도 연구 결과는 제각각이지만, 대체로 "딱히 나쁘진 않다" 정도로 요약된다. 사촌이 논을 사더라도 적어도 내 배는 아프지 않다는 것. 게다가 노조 조직률이 높을수록 임금 및 소득 불평등이 줄어든다는 분석이 지배적이다. 특히 노조들이 힘을 합쳐 집중적이고 조율된 교섭을 하는 경우(예컨대 북유럽 국가)나, 노조가 교섭으로 얻어낸 임금 인상이 비노조원에게도 적용되는 경우(예컨대 프랑스)에는 그 효과가 더욱 크다. 노조에게 까칠한 편인 IMF와 OECD도 이 점은 인정한다(Jaumotte & Buitron, 2015)(OECD, 2018).

이렇듯 노조가 대체로 긍정적인 임금효과를 가져온다면, 이는 기업 입장에서는 노조가 손해 보는 장사가 된다는 뜻일 수 있다. 먹고살기 위한 돈인 임금을 두고 '비용'이라는 딱지를 붙이냐는 항변도 있겠지만, 어쩔 수 없는 시장경제의 현실이다. 임금이 늘면, 노동비용도 그만큼 늘어난다. 하지만 계산은 거기서 끝나지 않는다. 노조 덕분에 노동자가 더 일할 맛이 나고 좋은 조건을 찾아 굳이 일자리를 옮기려 하지 않게 되면(즉 이직이 줄어든다면), 노동생산성이 늘어날 수도 있다. 일은 한 번 해본 사람이 잘한다. 경험이 그만큼 중요한데, 이 때문에 새로 사람을 뽑는 것이 효율적이진 않다.

또한 노조의 '압력'으로 기업이 생산 과정과 제품의 혁신을 서두를 수도 있다. 그렇게 되면 기업 전체의 생산성이 향상되어, 임금 인상으로 기업이 감당해야 할 순비용은 아주 적어진다. 경우에 따라서는 순이익이 생길 수도 있다. 앞서 살펴본 '효율성 임금'과 같은 원원win-win 상황이 발생할 수 있다는 것이다.

노조의 경제적 효과는 그야말로 '핫'한 주제인 만큼 지난 30년 동안 연구가 쏟아졌다. 결과는 대체로 긍정적이다. 예컨대

'노조의 천국'이라 불리는 노르웨이에서 진행한 방대한 연구에 따르면, 노조 조직률이 10% 늘어나면 기업 생산성이 약 1% 증가하는 것으로 나타났다. 여기에 단체협약이 추가되면 기업 생산성은 무려 13.5% 상승했다(Svarstad & Kostol, 2022).● 좀 더 직관적으로 설명하면 이렇다. 파이가 정해져 있을 때 노조가 생기면 기업이 가져갈 몫이 줄어들 수 있다. 즉 이윤몫이 감소한다. 하지만 동시에 임금 인상으로 의기충천한 노동자들이 더 의욕적이고 생산적으로 일하면서 파이 자체가 커질 수 있다. 이 경우, 이윤량은 늘어난다. 즉 이윤율은 줄지만 전체적인 이윤 규모는 늘어난다는 뜻이다. 기업으로서는 나쁘지 않은 상황이다.

종합하자면, 노조는 경제적으로나 사회적으로나 이롭다. 야박하게 평가해도 노조의 영향은 중립적이거나 적어도 해롭지는 않다. 노동자의 목소리를 조직하고 전달하는 노동기본권이 사회경제적 이익도 가져다준다는 뜻이다. 반가운 소식이다.

작아지는 목소리, 커지는 불평등: 뛰어가는 생산성, 기어가는 임금

하지만 중대한 딜레마가 있다. 이렇게 널리 이롭다면 비 오는 날 버섯이 자라듯 노조가 퍼져 나가야 할 텐데, 실상은 그 반대다. 최근 30년간 노조 조직률은 계속 내리막길이었다. 얼

● 하지만 노조의 생산성 효과는 국가와 산업에 따라 확연히 갈라진다. 노조 존재 여부보다는 실효성 있는 단체협상이 더 중요하다는 노르웨이 연구가 시사하는 바이기도 하다.

마 전 나온 ILO 보고서에 따르면 2019년 세계 노조 조직률은 16.8%다. 2008년에 20.0%였으니, 10년 동안 3.2%포인트가 줄었다(ILO, 2022). 이런 하향 추세가 당장 바뀔 것 같지도 않다.

왜 그럴까? 나라마다 사정이 다르니, 이유도 천차만별일 것이다. 미국과 독일의 노조 사정이 케냐와 인도네시아의 노조와 같을 리는 없다. 그래도 몇 가지를 꼽아보자. 우선 노조가 모든 이에게 두루 이롭지는 않은데, 기업 이윤이 대표적이다. 이미 살펴본 것처럼, 최근 실증연구는 노조가 기업의 이윤율을 낮춘다고 한결같이 지적한다. 특히 독과점 위치에 있는 기업에서 두드러진 현상이다. 노조가 가진 수백만 가지의 긍정적 영향에도 기업이 노조를 환영하지 않는 한 가지 큰 이유다. 물론 경제적인 타산을 넘어, 노조가 경영에 시시콜콜 간섭하는 것을 태생적으로 싫어하는 기업도 있다. 역사적으로 그런 사례는 넘치고, 지금도 여전하다. 이런 계산과 정서가 법적·제도적 제약으로 구체화되면, 노조의 설립과 활동은 어려울 수밖에 없다.

또 다른 이유는 노동자 내부에서 나온다. 노조의 환경이 어려워지고 노조원이 줄어들수록 더 강고한 연대 정책을 펴는 것이 옳지만, 그만큼 협소한 방어책을 선택할 위험도 높아진다. 제 식구를 먼저 살피게 되고, 그러다 보면 남의 희생은 모른 체하게 된다. 노조가 '내부자'가 되거나 포섭된다는 비판도 나오게 된다. 심지어 '나의 노조는 필요하지만, 너의 노조는 불편하다'는 생각마저 생긴다. 대놓고 말하진 않지만, 그런 생각은 거침없는 행동으로 나타난다. 이 모든 것의 결과는 노조 조직률의 지속적 하락으로 이어진다. 물론 대부분은 구조적 요인 때문이지만, 적지 않은 부분은 '선택'의 결과다.

이런저런 이유들이 복합적으로 작용하면서, 노동조합의 임금효과(또는 임금프리미엄)는 여전히 긍정적이지만, 그 폭은 줄어드는 추세다. 노동조합과 관련해 체계적인 통계를 가진 미국을 보면, 시간당 임금을 기준으로 임금프리미엄은 1970년대 이후 14~15%를 유지하다가 21세기 들어 줄어들면서 최근에는 10%도 되지 않는 것으로 추정된다(Blanchflower & Bryson, 2024). 당연한 결과다. 노동조합이 강하면 바깥에 있는 사람들을 견인하며 강력한 포괄적 협상 지위를 누릴 수 있지만, 노동조합이 약하면 바깥 바람에 그대로 노출되어 교섭력이 약해지기 때문이다.

요컨대 임금 결정에서 교섭력은 결정적으로 중요한데, 현재 전 세계적으로 노동자의 교섭력은 약화되고 있는 추세다. 임금 협상이라는 운동장 상황은 대체로 한쪽으로 기울어져 있는 편이다. 어느 정도 기울어져 있는지는 수량적으로 평가하기 어렵다. 나라와 기업마다 사정이 조금씩 다르고, 엄밀하게 따지면 특정 방법은 끝이 없을 정도로 복잡하다. 하지만 몇 가지 거시적 그림은 현 상황의 요체를 잘 드러낸다.

우선, 임금 상승이 생산성 변화에 현저히 뒤처져 있다(그림 4-1). 고소득 국가에 국한해서 보면, 지난 25년간 물가를 고려한 실질노동생산성은 약 30% 올랐지만, 역시 물가를 고려한 실질임금은 15% 남짓 올랐다. 2007~2008년의 세계 금융위기와 코로나19 바이러스로 인한 다중적 위기 기간에 일시적으로 이

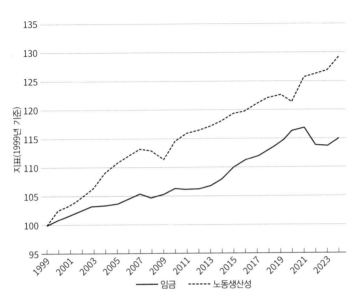

그림 4-1 생산성을 따라가지 못하는 임금:
임금과 노동생산성 추세(1999~2024, 고소득 국가)

주: 노동생산성은 일인당 GDP, 임금은 일인당 평균임금. 두 가지 지표 모두 물가
   변화를 고려한 실질적(real) 수준이다. 1999년을 100으로 했을 때, 노동생
   산성과 실질임금의 수준을 측정했다. 세계은행 분류상으로 고소득 국가인 나
   라들의 평균인데, 인구 규모에 따라 가중치를 주어서 평균을 계산했다.
출처: ILO, 2024

격차가 줄었으나, 위기가 해소되자마자 격차는 원상 복귀되었
다. 최근에는 그 격차가 더 커지는 추세다. 뒤에서 다루겠지만,
코로나19 바이러스 이후 찾아온 인플레이션과 관련된 정책으
로 전반적인 임금 상황이 어려워졌다. 이름 붙이기 좋아하는 전
문가들은 이 '놀라운' 현상을 '대절제great moderation'라 부르기도

그림 4-2 노동의 소득몫은 줄어든다: 세계 노동소득몫의 추세(2004~2024, %)

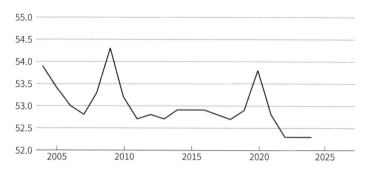

출처: ILO, 〈세계고용사회전망(World Employment and Social Outlook)〉, 2024년 9월 업데이트.

한다. 임금 상승을 오랜 기간 지속적으로 절제해왔다는 뜻이다. 물론 '절제'라는 말에는 어폐가 있다. 임금을 절제해서 올리지 않은 것이 아니라, 제도적·정책적 제약으로 인해 임금 인상이 불가능했기 때문이다.

임금이 노동생산성에 못 미치는 상황이 생긴다면, 이는 곧 고용관계를 통해 창출된 재화나 서비스의 부가가치가 노동자에게 불리한 방향으로 분배되었다는 의미가 된다. 요컨대 새로 형성된 소득 중에서 기업이나 자본이 가져가는 몫이 늘어나고, 노동자들의 상대적 몫은 줄어드는 것이다. 후자를 흔히 '노동소득몫labour income share'이라고 하는데, 대체적으로 하락세를 보이고 있다(그림 4-2). 20년 전에는 54% 정도였는데, 앞서 말한 두 차례의 위기 국면에 일시적으로 올랐다가 하락 추세를 이어가고 있다. 한마디로 생산 과정에서의 분배가 악화되고 있다는 뜻인데, 이러한 분배 악화가 전반적인 소득 불평등 확대의 중요한 원인이다.

임금 인상 절제라는 흔하고도 잘못된 처방

물론 현실은 평균적인 결과만 깔끔하게 보여주는 그래프보다 훨씬 더 혼잡하다. 수많은 차량이 제각각의 속도로 동시에 움직이는 대규모 교차로와 같다고 할 수 있다. 모든 경제 주체가 단일대오로 움직이는 것은 아니다. 사실 임금 불평등이 악화되면 기업이나 경제에 반드시 좋은 것은 아니라는 우려는 많다. 이러한 우려가 기업 행동이나 경제정책에 반영되기도 한다. 경제학 교과서적 처방인 임금 삭감이 잘못된 처방이라는 것이다. 앞서 언급한 '선물 교환'에 기초한 효율성 임금 논리에 이러한 생각의 일단이 반영되어 있다. 역사적으로 보면, 더 큰 맥락 또는 거시적 차원에서 이를 고민한 사례가 많다.

헨리 포드Henry Ford가 가장 널리 알려진 사례다. 포드는 자동차 회사의 창업자이자 컨베이어 벨트로 상징되는 공정 자동화를 주도한 인물이다. 자동화라는 것은 장인적인 기술을 제거하고 일을 기계적으로 단순하게 만들어야 가능한 법인데, 그 과정이 결코 순탄치 않았다. 찰리 채플린이 그의 영화 〈모던 타임즈〉에서 고발하고자 한 것이 이러한 포드주의의 비인간적 측면이었다.

이같이 비정하기 짝이 없는 포드가 1914년에 사람들을 또다시 놀라게 했다. 그야말로 하룻밤 사이에 공장 노동자의 임금을 두 배로 인상하였다. 이른바 '하루 일당 5달러'의 시대가 온 것이다. 덕분에 포드는 갑자기 '노동자의 적'에서 '노동자의 친구'가 되었다. 그 배경에 관심이 쏠리지 않을 수 없었고, 포드는 간단하고도 단호한 대답을 내놓았다. "나는 무엇보다도 우리의 판매 매출이 어느 정도 우리가 지급하는 임금에 달려 있다고 믿는다. 우리가 높은 임금을 지불하면, 그 돈은 결국 지출될 것이고 상점 주인, 유통업자, 제조업자, 다른 노동자 모두에게 도움이 된다. 그 결과 우리의 매출에 반영될 것이다."(Ford, 1922) 한마디로 포드 공장의 노동자가 자동차를 살 능력이 없으면 포드 자동차의 시장은 확장될 수 없다는 것이다. 임금 수준이 생활 수준을 결정하고 곧바로 기업의 번영을 결정하는 것이니, 기업의 성공을 위해 '노동자의 친구'가 되었다는 대답이다.

경제적으로도 합리적인 논리다. 임금은 생산 비용에 큰 영향을 미치지만, 동시에 소비 수요의 원천이다. 저임금은 생산 비용을 낮추는 데는 요긴할지 모르지만, 소비 수요를 억제해서 생산품 판매를 더욱 어렵게 한다. 따라서 획기적인 새로운 자동차 모델을 대량으로 생산할 수 있게 되더라도 이를 구매할 사람이 없으면 신기술 개발이나 생산성 제고는 아무런 의미가 없다는 것이다.

또 한 가지 중요한 것이 있다. 개별 기업에서 합당한 논리가 반드시 전체 경제에서도 합당한 것은 아니다. 흔히 구성의 오류 fallacy of composition라고 알려진 상황이다. 기업 입장에서는 임금을 어떤 식으로든 상대적으로 낮추어 다른 기업에 비해 가격 경쟁력을 확보하는 것이 곧 개별적 합리성일 수 있다. 하지만 모든 기업이 이런 개별적 합리성을 추구한다면, 결국 어떤 기업도 임금 억제를 통해 가격 경쟁력을 확보할 수 없게 된다. 결과적으로 전체 임금 수준이 하락해서 소비 수요만 억제하게 되고, 경제 전체로 보면 더 어려운 상황에 빠질 수 있다. 즉 개별적 합리성이 집단적 불합리성을 낳는다.

물론 포드의 사례를 고임금은 무조건 좋다는 식으로 해석해서는 안 된다. 기업이 망할 정도로 임금을 높여야 한다는 비상식적인 주장을 하자는 것이 아니다. 다소 단순화하여 말하면, 문제의 핵심은 소비의 원천으로서 임금과 투자의 원천인 이윤 간 균형이다. 기업의 부가가치는 임금몫과 이윤몫으로 적절하게 배분되어야 한다. 이 균형이 무너지면, 경제 전체가 어려워질 수 있다는 이야기다. 말하자면, 테일러가 보지 못한 것을 포드는 보았던 것이다. 앞서 노동소득몫의 추세에서 보았듯이, 이 균형은 지금 깨지고 있다(그림 4-2).

굳이 거시경제적 고려만이 아니더라도 임금 삭감이 개별 기업 차원에서 그다지 도움이 되지 않는다는 연구도 많다. 고전적인 연구로, 미국 예일대학의 트루먼 뷸리Truman F. Bewley 가 저술한《왜 임금은 불황에 떨어지지 않는가Why Wages Don't Fall During a Recession》가 있다(Bewley, 1999). 그는 미국 고용주들을 인터뷰하며 회사 사정이 안 좋아지면 임금을 삭감하는지 조사했는데, 놀랍게도 임금을 삭감한 회사를 찾기가 힘들었다. 심지어 그는 인터뷰 과정에서 해서는 안 되는 일도 하게 된다. 혹 임금을 삭감한 기업이 있으면 추천해달라고 물었던 것이다. 겨우겨우 발견한 사례들은 대다수 건설 기업이었다.

그렇다면 왜 기업은 임금 삭감을 꺼리는가? 뷸리가 만난 고용주 중에서도 대단히 '합리적인' 이들은 임금 삭감을 원하지 않았다. 우선 대다수 기업은 임금을 삭감하면 단기적으로는 비용 절감 효과가 있을 수는 있지만, 그 여파가 궁극적으로는 기업 생산성에 부정적인 영향을 미친다고 믿었다. 임금 삭감을 하면 이런저런 이유로 노동자들의 노동의욕이 줄게 된다고 믿는 기업은 거의 70%에 육박했고, 언젠가는 노동자들이 떠나게 된다고 믿는 기업도 40%를 넘었다. '선물 교환'의 논리가 역으로 작용하는 상황이다.

노동자의 이직을 단지 더 높은 임금을 찾기 위한 선택이라고만 생각해서도 안 된다. 일단 한 번 임금 삭감이 이루어지면 노동자들은 이를 '배신'으로 받아들이고, 한 번의 '배신'은 두 번째, 세 번째 '배신'을 낳는다고 믿는 경향이 있기 때문이다. 임금 삭감을 노사 간 신뢰의 붕괴로 보는 이들이 그만큼 많다는 것이다. 만일 숙련노동에 기초해 고부가가치 상품을 생산하는 기업이라면, 임금 삭감은 아주 치명적일 수 있다. 경기 순환이라는 말이 함축하듯이 기업에는 호시절도 있고 어려운 시절도 있는 법이다. 조금 어려워졌다고 각박하게 대하면 정작 노동자들의 도움이 절실한 호시절에 모두 떠나고 없으니, 어려울 때 '동지'를 만들어야 지혜롭다. 물론 모든 기업이 그런 것은 아니지만,

많은 기업이 실제로 그렇게 믿는 것으로 밝혀졌다. 기업이 경제적 합리성이라는 관점에서 상생적인 선택을 할 수 있음을 충분히 보여준 것이다.

이 때문에 경영전략으로 '좋은 일자리'를 주장하는 흐름도 크다. 매사추세츠 공대MIT 교수인 제이넵 톤Zeynep Ton은 기업이 임금에 팍팍하면 노동자의 이직은 잦아지는데 그로 인해 발생하는 비용이 만만치 않아 결국 기업에 손해가 된다는 점을 강조한다. 차라리 임금을 높이고 근로 조건을 향상해 노동자가 기업에 장기간 안착할 수 있게 하는 것이 더 '싸게' 먹힌다는 것이다. 그가 조사한 기업들 가운데 이직이나 신규 채용에 관련된 비용이 전체 임금의 40%를 넘는 경우가 많았고, 어떤 경우는 그 비용이 기본급을 30% 인상할 때 소요되는 비용의 두 배 이상에 달했다. 결국 임금에 후해지는 것이 합리적 기업전략이라는 주장이다(Ton, 2023).

기울어진 운동장은 모두를 위태롭게 한다:
불평등의 부메랑

이런 각도에서 보면, 임금은 단순히 '누가 얼마를 가져가느냐'의 문제가 아니다. 어떻게 나누냐는 분배 방식 자체가 다시 부메랑이 되어 경제, 소비, 생산에 영향을 줄 수 있기 때문이다(이상헌, 2023). 낯설고도 까다로운 주제이지만, 지난 수십 년 동안 수많은 연구가 나왔다. 아주 최근만 해도 불평등은 심각하게 고민할 큰 문제가 아니라 오히려 경제발전에 필수적인 '필요악'이라는 주장이 있었다. 그 핵심은 상위층의 소득이 증가하면 그만큼 저축이 늘어나고, 이는 곧 투자로 연결된다는 것이었다. 즉 투자할 여력이 있는 부유층에 돈을 몰아줘야 경제가 성장한다는 논리다.

그런데 그렇지 않았다. 전 세계적으로 소득 분배는 악화되고 있는 반면, 생산투자 비율은 오히려 줄어드는 추세다. 그 이유는 최상위층의 천문학적 소득 증대가 생산적 투자보다는 금융 상품으로 쏠리게 되었기 때문이다. 이러한 금융상품은 팍팍해진 저소득층의 부채를 메꾸는 역할을 했다. 미국의 경우, 1980년대 이래로 상위 1%가 주도한 저축 증가분의 약 3분의 2가 정부와 가계 부채로 연결되었다고 한다. 이를 분석한 논문 제목은 "부자의 과잉저축"이다(Mian et al., 2021). 최근의 금융 불안정화와 경제 혼란의 깊은 이면에 '불평등의 복수'가 도사리고 있었다는 이야기가 된다.

이러한 양상은 곧 기업 생산에도 영향을 미친다. 소득 분배 악화는 생산적 투자의 상대적 감소뿐만 아니라 대기업과 중소기업 간 격차도 확대하게 된다. 불평등 확대로 비예금 금융자산으로 돈이 몰리면, 상대적으로 예금 의존도가 높은 중소기업의 상황은 더 어려워진다. 따라서 중소기업의 고용과 임금 사정도 나빠지며, 그 결과는 불평등의 심화다. 다시 한번 미국의 연구를 인용하자면, 1980년 이래 최상위층 소득의 비약적 증가로 소기업의 일자리는 16%가량 줄었다(Drechsel et al., 2022).

몇 년 전에 발표한 국제결제은행Bank for International Settlements,

BIS의 연구는 한발 더 나아간다. 꽤 오랫동안 경제 전문가들은 불평등이 오뚝이와 같다고 믿었다(BIS, 2022). 즉 소득 불평등은 경제 악화와 함께 나빠졌다가 경제 회복과 더불어 개선된다는 것이다. 그런데 이 연구는 이러한 통념을 뒤집고 불평등이 고삐에서 풀려나면 잡아 오기 힘든 야생마와 같다고 주장한다. 어려운 말로, 불평등의 '이력현상hysteresis'이다. 예컨대 불평등이 큰 사회일수록 불황의 규모가 크고, 이러한 불황은 기존의 불평등을 더 확대시키며, 이렇게 확대된 불평등은 경기 회복 시기에도 줄어들지 않고 때로는 오히려 심화된다는 것이다. 이 현상의 근저에는 저소득과 저임금이 있다. 불황 때 고소득층은 상대적으로 굳건하지만 저소득층은 집중적으로 타격을 받게 되고, 이들의 사정은 불황이 끝나도 쉽사리 나아지지 않기 때문이다. 경제는 회복되지만 분배는 악화되는 것이다.

결국 분배를 둘러싼 노동과 자본 사이의 운동장이 지나치게 기울어지면, 운동장 자체가 위험해질 수 있다.

인플레이션 에피소드:
'저들의 말을 믿지 말라'[6]

어려움은 다른 데서도 온다. 바로 경제정책이다. 앞서 살펴본 분배 악화의 부메랑 효과는 통상적인 경제정책에 반영되지 않는다. 오히려 정반대로, 임금 인상 뉴스가 있을 때마다 경제학자와 정책 관련자들은 화들짝 놀란다. 물가가 올라갈 것이라는 걱정이다. 이는 '임금과 물가의 악순환적 상승'을 걱정하는 논리의 일부이기도 하다. 게다가 지금 통화정책을 주도하는 사람들은 이러한 악순환적 상황의 교과서적 현실이라 할 수 있는 1970~1980년대의 스태그플레이션을 기억하고 있다. 이들은 복잡하고 현란한 숫자의 세계에서 결정을 내린다고 하겠지만, 기억의 힘을 무시하기는 힘들다. "어떤 사람을 이해하려면, 그 사람이 스무 살 때 무슨 일이 있었는지 알아야 한다." 스무 살에 프랑스 혁명을 경험한 나폴레옹이 한 말이다.

임금과 인플레이션 문제는 실타래처럼 얽힌 사안인 만큼 각 이해관계자의 생각이나 판단도 제각각일 것이다. 경제적이지만 정치적인 사안이기도 하다. 하지만 코로나19 바이러스 이후 에너지 가격 폭등으로 전 세계가 인플레이션을 겪은 지난 몇 년 (2022~2024)은 옛적 경험이란 그저 낡은 과거에 지나지 않는다는 점을 보여준다.

우선 다소 근본적인 문제다. 생산 단가가 전체적으로 상승하면 기업들은 비용 증가분을 가격에 반영한다. 예를 들어 석유 값이 오르면 주유소에서는 일제히 기름값을 올린다. 소비자 입장에서 불만이 없지 않겠지만, 대부분 '자연스러운 경제행위'로 받아들인다. 노동자들도 마찬가지다. 물가 상승으로 생활비가 늘어나면 이에 따라 임금을 올리려고 한다. 임금이란 생산성 증가에 대한 보상이기도 하지만, 기본적으로 노동자가 육체적·정신적 생산 능력을 유지하기 위한 수단이기 때문이다. 따라서 물가 상승에 따른 임금 인상 요구도 '자연스러운 경제행위'다. 그런데 기업의 '자연스러운 행위'에 대한 사회적 수용도는 높지만, 노동자의 '자연스러운 행위'는 '부자연스럽고 반사회적'인 것으로 치부되기 십상이다. 자신이 파는 것의 가격을 올리는 동일한 행위인데, 사회적 반응은 이렇게 대조적이다.

둘째, '임금과 물가의 악순환적 상승'이 실현되려면, 물가가 오르는 만큼 임금도 빨리 올라야 한다. 그런데 물가는 시장의 신속한 반응에 따라 올라가지만, 임금 인상을 위해서는 노동자의 수고스러운 노력이 필요하다. 모든 것이 노동자의 교섭력에 따라 달라진다. 미국과 유럽이 1970년대 인플레이션으로 애를 먹을 당시 노조 조직률은 역사상 최고 수준에 달했다. 대부분 40%를 훌쩍 넘었다. 하지만 이미 살펴본 대로, 지금은 노조 조직률이 반 토막이 난 상태다. OECD 전체 평균으로는 15% 남짓이다. '악순환적' 상황을 만들기에는 노동자의 조직적 힘이 전체적으로 너무 허약하다.

셋째, 기업 쪽에도 중대한 변화가 있다. 코로나19 바이러스 위기 이전에도 임금 상승률은 노동생산성 상승률을 따라잡지 못해, 임금 '불황'이 오랫동안 지속되었다. 전반적인 불평등 증대도 상당 부분 여기에 기인했다. 물론 모든 기업이 그렇지는 않겠지만, 기업 전체적으로 보자면 내부의 '재분배'를 통해 임금 인상분을 흡수할 여력이 충분한 곳도 많다. 임금이 올랐다고 해서 그 부담을 소비자에게 모두 떠넘기지 않아도 된다. 임금이 상승해도 물가가 많이 변할 이유가 없다는 뜻이다.

그런데 현실은 정반대다. 그동안 기업의 시장 지배력은 커졌다. 경제학자들이 마크업markup이라고 부르는 기업의 '이윤'은 지난 40년 동안 40% 이상 증가했다. 이 추세는 코로나 위기 동안 더 두드러졌다. 최근 연구에 따르면, 보통 미국의 물가 상승 요인 가운데 60% 정도가 노동비용이었다면, 코로나 기간 동안에는 그 비율이 10%도 되지 않았다. 그 대신 물가 상승의 50% 이상이 기업의 이윤 증가 때문이었다. 예전에는 10%를 약간 넘는 수준이었다. 노동자의 교섭력은 약화되고, 기업의 가격 '지배력'은 늘어났다(Glover et al., 2023). 유럽의 상황도 비슷했다(Hansen et al., 2023).

마지막으로 임금 결정권자의 '폭주'가 있다. CEO는 직원의 월급을 정하면서 자신의 월급도 정한다. 직원들에게는 야박하고 자신에게는 관대하다. 그 결과 1970년대에는 CEO의 연봉이 직원 평균 월급보다 많아야 20~30배였는데, 지금은 보통 300배를 넘는다(Economic Policy Institute, 2023). CEO의 연봉은 매년 두 자릿수 인상되고, 직원 월급의 인상은 늘 한 자릿수에 그친다. 시장의 합리성을 반영한다고 하지만, 적어도 사회적 합리성과는 거리가 멀다.

불투명한 것투성이라 앞을 내다보기 어렵지만, 임금 인상이 물가 '대란'으로 연결될 가능성은 낮다. 인플레이션이 온 것은 임금 탓이 아니다. 오히려 인플레이션 때문에 힘들게 번 돈의 구매력이 떨어질 위험이 더 크다. 그러니 낮은 가능성을 옛 기억에 기대어 높이 평가한 뒤, 일하는 사람들에게만 유독 가혹한 정책을 펼치는 일은 없어야 한다.

간추리는 말
'너무 높은 임금 때문에'라는 신화

긴 이야기였다. 중요한 지점을 간략하게 짚어본다. 경제와 일자리 사정이 어려워지면 '임금이 너무 높아서' 또는 '허리띠를 졸라매야 할 때'라는 주장이 반사적으로 나온다. 하지만 이런 주장은 이론적·경험적 근거가 빈약하다.

우선 일의 대가를 결정하는 실제 과정은 수요와 공급 곡선이 만나서 정해지는 것처럼 단순한 과정이 아니다. 여러 사람들이 모여 기계장비를 동원해 일하는 상황에서 똑떨어지게 당신의 생산적 기여가 얼마인지 확정하기는 어렵다. 일하는 사람과 그 가족들의 생계와 생활도 고려해야 한다. 임금의 상한과 하한 사이에 커다란 빈 공간이 있다. 임금 결정 과정은 변수의 숫자가 방정식의 숫자보다 많아서 무수히 많은 해가 나오는 부정방정식 체계다. 기업의 논리와 일하는 사람의 논리가 충돌할 수밖에 없다. 백범 김구가 양반 윤 씨의 멱살잡이를 피할 수 없었던 것처럼 말이다.

이처럼 임금 결정의 빈 공간은 노동을 '상품'으로 거래한다는 사실 자체에서 생긴다. 고용계약이란 노동자가 자신의 노동을 제공하고 그 대가를 받되, 노동을 어떻게 사용하는지는 기업에 일임하는 것이다. 기업은 노동을 최대한 사용하려 하고, 일하는 사람은 일한 만큼 제대로 받으려 한다. 두 가지 '정의'가 충돌한다. 과학적 관리를 표방한 테일러가 임금 결정에서는 결코 '과학적'일 수 없었던 이유다.

따라서 일하는 사람들이 규합하여 교섭력을 키우려고 하는 것은 자연스럽다. 이를 '인위적'이라고 보는 경제학 교과서는 틀렸다. 많은 연구들이 확인해준다. 노동조합이 존재하고 효과적으로 작동할 때, 임금은 오르고 사회 전체적으로 불평등도 줄어든다. 기업도 혜택을 본다. 임금 상승에 고무되어 생산성이 올라가 전체 경제의 파이가 커지기 때문이다. 결국 힘의 균형을 확보하는 것은 사회적으로나 경제적으로 이롭다.

하지만 최근 일하는 사람들의 힘은 대체로 약화되는 추세다. 나라마다 차이는 있지만, 노동조합 가입률이 줄고 있는 곳이 많다. 그 결과 임금은 생산성을 못 쫓아가고 있다. 전체 소득 중 일하는 사람이 가져가는 몫(노동소득몫)도 감소하고 있다. 코로나19 이후 고물가 시대에 접어들면서 실질임금(물가 변화를 반영한 임금)이 줄었다. 21세기 들어 처음 겪는 현상이다. "임금 상승이 물가를 더 올릴 것"이라는 경제 전문가들의 걱정은 번지수를 잘못 찾았다. 연구에 따르면, 최근 물가 상승의 가장 큰 요인은 기업의 이윤 증가인 것으로 알려졌다. 미국의 경우, CEO의 연봉은 현재 평균임금의 300배에 달한다.

결과적으로 소득 불평등이 심화되는 곳이 많다. 이는 마치 되먹임 현상처럼 돌아서 경제 성장과 안정성 자체를 해친다. 따라서 불평등은 규범적이고 사회적인 문제인 동시에 경제적 문제다. 노동과 자본의 운동장이 지나치게 기울어지면, 운동장 자체가 위험해질 수 있다.

모든 것이 어렵고 비관적이지는 않다. 기업이 임금 인상에 적극적이면, 일하는 사람이 '화답'하여 일을 더 효과적으로 하는 사례도 많다. 임금이 곧 소비임을 보여준 헨리 포드의 '하루 일당 5달러' 아이디어는 여전히 곳곳에서 실험되고 있다. '좋은 일자리'를 경영전략으로 택한 기업들의 사례도 많다. "너무 높은 임금 때문에"라는 주장은 종종 신화에 불과하다.

5장

낮은 일의 대가:
최저임금은 축복인가,
실수인가

앞서 우리는 일하는 사람들을 하나의 동질적인 집단으로 가정하고, 전체 노동시장 논리가 어떻게 작용 및 반작용하는지를 살펴보았다. 노동을 '상품'으로 판매한다는 점에서 노동자들은 존재적으로 '운명 공동체'이다. 하지만 조금만 더 따져보면, 일하는 삶의 이해관계는 복합적이고 다양하다. 때로는 분열하기도 한다. 마르크스의 유명한 구절 "잃을 것이라고는 쇠사슬뿐이요, 얻을 것은 세계 전체이니 만국의 노동자여 단결하라"를 원용하자면, 노동자는 '상품'이라는 운명으로서는 '단결'하지만 '쇠사슬'의 무게는 저마다 다르다. 유달리 그 무게가 버거운 계층이 있다. 바로 저임금 노동자다. 그들의 임금 상황과 개선 방책을 알아보도록 하자. 최저임금이 핵심적 사안이 된다.

임금 세계의 분열 그리고 저임금 일자리

영국의 유력 일간지 〈가디언〉의 저명한 칼럼니스트 폴리 토인비Polly Toynbee는 소외받는 저소득층에 대한 분석이나 언론 보도가 양적으로 부족할 뿐만 아니라 질적으로도 빈약하다고 지적했다. 그럴 경우 보통 미루어 짐작해 주장하는 것이 언론의 '습성'인데, 그녀는 실제로 저소득 일자리를 옮겨 다니면서 약 1년간 생활했다. 그리고 이 경험을 토대로 《거세된 희망》이라는 책을 펴냈다(Toynbee, 2003). 버는 것은 빠듯하고 일은 힘들었다.

저임금 노동에 대한 경제학적 처방이나 처세술적 충고는 대부분 단순하다. 새로운 기술을 배워 숙련도를 높이고, 더 좋은 일자리가 있는 곳으로 신속하게 옮기라는 것이다. 즉 직업훈련과 이동성mobility이다. 토인비는 이 둘을 다 해보았으나, 모두 무망했다. 저임금 직종은 대부분 숙련도가 낮다. 정확히 말하자면, 숙련을 인정해주지 않는다. 청소 일은 경험과 기술이 있어야 시간 내에 끝낼 수 있지만, 이게 일당에 좀체 반영되지 않는다. 기술이니 숙련이니 하는 것은 일의 고됨을 덜어주는 데 도움이 되지만, 내 주머니 속 지갑을 불려주진 않는다.

그렇다면 한 푼이라도 더 주는 곳으로 옮기는 방법은 어떤가. 토인비는 이것도 해봤다. 그러나 일자리를 옮긴다는 것은 책 속 그래프에서 점을 하나 옮기는 정도의 일이 아니라는 사실을 금방 깨달았다. 그의 기록은 이렇다.

"학교 입구에서 벨을 누르고 인터폰으로 '식당 보조원'이라 말하니, 얼굴 없는 목소리가 나와서 안으로 들어가게 해주었다. 안에 들어서니, 누군가가 식당 쪽을 가리켰고 (…) 그쪽으로 걱정스럽게 향했다. 이게 새로운 일자리를 찾을 때 겪는 최악의 순간이다. 도착은 했으나 아는 것은 하나도 없고, 무용지물 바보가 된 것 같은 느낌. 이게 바로 노동자들이 더 좋은 벌이와 조건을 위해 새로운 일자리를 찾아 헤매고 싶지 않은 또 다른 이유다. 면접을 보고 지시를 받는 모욕적인 과정을 통해 일자리를 찾는 것만 해도 나쁜데, 무엇을 할지도 모르는 상태로 새로운 일자리에 가는 것은 직장 이동성에 대한 현실적인 걸림돌이다. 다른 데 가봐야 더 나쁠 것이 뻔하기 때문에 사람들은 친구, 일상 그리고 익숙한 절차에 집착하는 경향이 있다. 노동

이동성에 관한 경제학 모델은 자본이 런던 딜러의 책상에서 전 세계로 순식간에 움직이듯이, 사람들도 임금 변화에 따라 쉽게 움직일 것으로 본다. 그러나 '또 다른 신참 식당 보조원이 왔군' 하는 식의 반응을 보이는 노동자들이 있는 부엌으로 들어가 자신을 소개하는 일을 경제학자들은 결코 해본 적이 없다."(Toynbee, 2003, p. 101)

임금의 세계는 분열과 차별의 공간이다. 미국 월스트리트에서 100만 달러 이하의 돈은 취급하지도 않는 투자은행의 애널리스트, 그가 가끔씩 내다보는 창문을 아슬아슬하게 공중에 매달려 닦고 시간당 15달러를 받는 청소원, 그 아찔한 장면을 은행 입구에서 지켜보는 신입 경비원. 모두 같은 건물에서 일하지만, 퇴근하며 집으로 가져가는 월급은 건물 높이만큼 차이가 난다. 그 차이를 대부분 능력과 재능의 차이라고 하지만,• 적지 않은 부분은 구조적 차별 때문이기도 하다.

물론 자본주의 사회에서 이런 차이와 차별은 새삼스럽지 않다. 단지 그 모습과 규모는 경제 변화와 함께 꾸준히 변화해왔다. 1980년대 이후 강력하게 진행된 세계화와 탈규제는 노동시장에도 구조적이고 지속적인 영향을 미쳤다. 이 영향은 노동시장의 유연화로 요약되는데, 앞서 토인비가 기록했듯이 일하는

● 경제학자들은 이를 흔히 '인적자본human capital'이라고 부른다. 노동을 '상품'으로 거래하는 사실에서 긴장과 충돌이 발생한다고 보는 관점에서는 이 용어가 적절치 않기 때문에 이 책에서는 이를 사용하지 않았다.

사람들의 이동을 더욱 빈번하고 신속하게 한다는 것을 의미한다. 이동이라는 '기술적' 표현은 현실적으로는 인력 조정의 용이함, 즉 해고와 채용의 '자유'를 의미한다. 더 자유롭게 해고하게 하면 더 많이 고용할 것이라는 믿음이고, 사람들의 복잡한 행위와 반응이 엉키어서 '지저분한' 노동시장을 좀 더 '시장'의 원형에 가깝게 만들자는 생각이다. 이런 믿음을 내세우며 정책 변화를 거칠게 몰아붙였고, 법과 제도가 바뀌었다. 그 덕분에 많은 일자리가 불안정해졌다.

이론적으로는 이런 유연화가 일자리의 양도 늘리고 임금도 늘리는 선순환을 이루어야 하지만, 실제로 나타난 결과는 일자리의 양극화였다. 고임금 직종은 괜찮았다. 노동 강도는 올라갔지만, 그만큼 소득도 늘었다. 금융과 IT 관련 업종이 이런 고난도 고도 비행을 주도했다. 하지만 중하위 직종의 상황은 저공비행의 연속이었다. 3장에서 본 것처럼, 한 번 일자리에서 실패하면 복구하기 힘들다. 일자리의 안정성은 떨어지고 소득도 줄어든다. 즉 저임금의 늪에 빠질 위험이 높아진다.

법과 제도가 바뀌면서 새로운 형태의 저임금 노동도 생겨났다. 선진국에서도 단기계약temporary contract이 법적으로 허용되거나, 그 허용 범위를 넓히기도 했다. 단기계약마저 부담스럽다고 해서 그보다 더 '가벼운' 형태의 노동도 생겨났다. 영국에서는 '0시간 계약zero hour contract'이 등장해서, 노동계약을 하되 일거리를 주지 않아도 되는(최소한의 노동시간이 보장돼 있지 않은) 존재 부정적인 계약이 가능해졌다. 독일에서는 그 정도는 아니지만 '미니계약'이라는 초단시간 노동만을 보장하는 계약이 나타났다. 노동계약에 관한 한 가장 '창의적'인 시기였다.

그 결과, 앞서 보았듯 고용 형태는 전례 없이 다양해지고 실업의 양상도 복잡해지면서, 고용과 실업의 경계도 모호해졌다. 경제학자 가이 스탠딩Guy Standing은 20세기가 프롤레타리아트proletariat의 시대였다면 21세기는 프리카리아트precariat(불안정 노동계급)의 시대라고 부른다(Standing, 2011). 전통적인 노동자층을 지칭하는 프롤레타리아트가 이제는 실업 상태가 아니더라도 전반적으로 불안하고 위태로워진 상황에 놓여 있다는 것을 가리킨다. 다소 과장된 표현이지만, 구조적 변화의 징후를 잘 포착한 말이다.

임금의 세계는 당연히 중층화되었고, 분열의 양상도 심화되었다. 마치 누수로 늘 물이 흥건히 고여 있는 바닥처럼, 저임금 업종의 일자리는 쉴 새 없이 만들어지고 사라졌다. 간단한 숫자로 이 복잡한 양상을 표현하기는 어렵지만, 자주 사용되는 지표 한 가지를 보자.

저임금은 절대적 방식과 상대적 방식으로 측정할 수 있다 (Lee & Sobeck, 2012). 예컨대 절대적 방식은 노동자의 생활을 보장할 수 있는 비용을 계산하고 그에 못 미치는 임금을 받는 사람의 규모를 측정한다. 흔히 빈곤 일자리work in poverty라고 부른다. 상대적 방식은 평균적인 임금에 대비해서 어느 수준 이하로 받는 사람들의 규모를 측정한다. 물론 다른 방식도 있긴 하지만, 상대적 방식이 가장 많이 사용된다. 이 방식은 통상 중위임

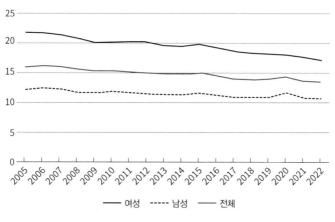

그림 5-1 뒤처진 사람들: OECD 국가의 저임금 노동 비중(%)

— 여성 ----- 남성 — 전체

출처: OECD

금median earning의 3분의 2 미만을 받는 사람을 저임금 노동자로 정의한다. OECD 국가를 기준으로 보면, 저임금 노동은 평균 15% 정도다(그림 5-1). 성별의 격차는 아주 크다. 한때 여성의 저임금 노동 비율이 남성보다 두 배 가까이 높았던 것이, 최근에는 감소 추세를 보이고 있지만 그 격차는 여전히 크다. 7~8% 포인트 이상의 차이를 보여주고 있다. 여성이 비정규직과 저임금 직종에서 일할 확률이 압도적으로 높기 때문이다.

저임금 일자리라는 현상 그 자체는 피할 수 없는 것이라고 한다면, 이러한 일자리를 줄이는 방법은 무엇일까? 가령 그들의 임금을 끌어올릴 방법은 없을까? 앞서 언급한 것처럼, 훈련과 이동성 확대라는 정책 처방은 필수적인 요건일 수 있지만 결코 충분조건이 될 수 없다. 가장 큰 이유는 저임금 일자리의 이중적 제약 때문이다. 숙련도가 낮고 벌이도 적은 것이 첫 번째 제약이고, 임금 교섭력이 낮은 것이 두 번째 제약이다. 예컨대 저임금에 일반적인 고용 불안정성까지 결합되어, 저임금 일자리를 가진 사람들이 노동조합에 가입하여 조직적 교섭력을 누릴 가능성이 낮다. 실제로 노조 가입률도 현저히 낮다. 어느 누구보다 집단적 교섭력과 노조가 필요한 그룹인데, 정작 그 도움을 받을 가능성은 낮은 역설적 상황이 벌어지는 것이다.

이 두 가지 제약은 악순환을 만들어낸다. 숙련도와 벌이가 낮아서 교섭력이 낮고, 교섭력이 낮으니 임금을 올리기가 쉽지 않고, 숙련도를 높일 이유도 없다. 앞서 살펴본 알프레드 마셜의 주장을 원용하자면, 저임금 노동자의 노동은 가장 '소멸하기perishable' 쉽다. 무슨 일이든 하지 않으면 그 노동은 쓸모없게 되고, 그러니 남는 것은 빈곤과 고통이다. 통상적인 시장의 논리나 단체협상의 논리, 그 어느 것도 적용될 수 없는 어려운 공간이 바로 저임금 일자리다.

최저임금은 이 심각한 빈 공간을 메우고자 등장했다.

최저임금은 따뜻한 스웨터인가, 어설픈 악마인가[7]

백범이 양반 윤 씨와 품삯을 두고 언성을 높이고 있을 때, 저 멀리 지구 반대편의 호주에서는 역사적으로 아주 중요한 변화가 일어나고 있었다. 노동자를 보호하기 위한 최저임금 제도가 도입되기 시작했다. 1890년대의 일이다.

보통 스웨터sweater 라 하면, 추위를 막기 위해 입는 두터운 옷으로 알려져 있다. 직역하자면, 땀을 짜내는 옷이다. 말을 훈련시킬 때 땀을 빼기 위해 담요를 덮은 데에서 유래했다고 한다. 이후 육상 선수들이 체중 조절을 위해 땀을 인위적으로 뺄 필요가 있을 때 이 원리를 이용하여 두터운 자켓을 입기 시작하면서 널리 알려지게 되었다. 양털로 디자인한 스웨터가 대중화되면서 일반 사람들도 쉽게 입을 수 있게 되었다. 산업혁명 이후 섬유산업의 성장 덕분이었다.

이런 스웨터를 만드는 노동자들에게는 다른 종류의 스웨터가 있었다. 옷이 아니라 사람을 지칭했는데, '땀을 짜내는 일'은 매한가지였다. 이른바 '인간 스웨터'는 소매상이나 도매상으로부터 옷 주문을 받아서, 이를 다시 노동자들에게 하청을 주었다. 그들은 한 공장에 노동자들을 모아 두고 생산하는 것보다, 노동자 각각의 집에서 일하게 하는 방식을 선호했다. 노동자들이 모여 일하다 보면 집단적인 힘을 키울 것을 걱정했다. 노동자들이 분산해서 생산하면 통제하기가 용이하다고 믿었던 것이다. 은근히 경쟁을 부추기면서 단가를 낮추기도 좋았다. 그 결과, 노동자들은 살인적인 장시간 노동을 하면서 굶어 죽지 않을 만큼의 임금을 받았다. 짜낼 수 있을 만큼 짜내는 것이 인간 스웨터의 역할이었다.

이들의 참담한 상황을 방치할 수 없다고 호주의 멜버른에서 자유주의적 중산층이 가장 먼저 팔을 걷고 나섰다. 대중적 단체인 '전국반착취노동연맹National Anti-Sweating League'을 만들고 정치적 캠페인을 벌여 얻어낸 것이 바로 최저임금 법안이다. 이들 노동자들에게 최소한 생존할 수 있는 임금을 보장하도록 하는 법안이었다. 노동시간 규제 법안도 뒤따랐다. 곧 최저임금법은 뉴질랜드와 미국, 영국 등으로 확산되었고, 1928년에는 최저임금에 관한 국제협약(최저임금결정제도의 수립에 관한 국제노동기구협약 제26호)이 채택되었다. 오늘날 대부분의 국가가 최저임금 제도를 운용하고 있다. 물론 단체협약이 대다수 노동자에게 적용되어 최저임금이 달리 필요 없는 덴마크와 같은 예외도 존재한다 (이 장의 마지막 부분 참조).

노동 착취는 최소한 없어야 한다는 보편적 가치에 기초해 만들어진, 자본주의의 안전 장치라 할 수 있는 최저임금 제도의 역사는 역설적이게도 순탄치는 않았다. 늘 논쟁의 대상이 되었다. 이미 살펴본 것처럼, 그 논쟁의 핵심에는 최저임금 때문에 고용이 감소한다는 경제학적 주장이 자리하고 있다. 최저임금 도입으로 임금을 올려야 하는 고용주 입장에서는 생산비 유지를 위해 고용을 줄이려 할 것이라는 논리다. 경제학자들 간에도 무수한 논쟁이 있었고, 더러는 감정적인 논평도 나왔다. 특히 미국에서 논란이 많았다. 최저임금이 시장을 교란한다고 믿는 진영은 옹호하는 사람들을 두고 마치 '자격 미달인 경제학자'라는 식으로 무시하기도 했다. 노벨경제학상을 수상한 우파 경제학자인 제임스 뷰캐넌James M. Buchanan은 심지어 "창녀 무리"에 비유하기도 했다. 또 다른 노벨경제학상 수상자인 게리 베커 Gary S. Becker는 정치인들이 마법사가 아닌 다음에야 최저임금 같은 제도를 도입해서는 안 된다고 야유했다. 실제로 미국에서는 경제학 교수들의 의견이 크게 갈라지곤 했다.

경제학자들 간 의견 대립이 어떠하든 간에, 최저임금 제도의 인기는 높다. 노동시장 정책을 두고 본다면, 거의 아이돌 스타 수준이다. 현재 90% 이상의 국가들이 최저임금 제도를 도입하고 운영 중이다(ILO, 2000). 가장 유연한 노동시장을 가진 곳으로 알려진 홍콩도 오랜 논란 끝에 법정 최저임금을 도입했다. 영국은 20세기를 1년 남겨두고 최저임금 제도의 대열에 참여했는데, 2010년 영국 정책전문가를 대상으로 한 조사에서는 최저임금이 지난 30년간의 정부 정책 중 가장 성공적인 것으로 꼽히기도 했다. 지금도 수많은 나라가 최저임금 제도를 강화하기 위해 머리를 맞대고 있다.

부정적 고용효과?:
강한 이론적 주장, 부족한 실증적 증거, 암묵적 편향

경제학의 교과서적 주장은 최저임금이 부정적 고용효과를 초래한다고 강하게 말하지만, 역설적이게도 지난 40여 년 동안 최저임금 제도는 더 많은 나라에 더 널리 퍼져 나갔다. 말하자면, 최저임금의 '정치적' 인기는 높아지고 있다. 그렇다면 최저임금은 정치인들이 고용 감소라는 큰 비용을 감수하며 저지르는 철없는 자책골 같은 것인가? 그러니까 최저임금은 실제로 고용을 줄이는가?

상황이 역설적인 만큼, 이에 대한 답도 역설적이다. 최저임금에 대한 경제학의 이론적 '예언'을 두고 경제학자들이 부지런히 실증연구를 해왔는데, 결과는 대체로 "예수를 증거할 자"를 찾기 힘들다는 것이다. 즉 최저임금이 고용을 감소시킨다는 경제학적 예측을 입증할 실증적 증거는 대체적으로 부족하다.

나 또한 2010년경에 수십 년간의 실증연구를 검토한 바 있지만, 최저임금이 고용을 줄인다는 주장의 실증적 근거는 매우 약했다(ILO, 2010). 가장 기념비적인 연구는 2021년에 노벨경제학상을 받은 데이비드 카드와 앨런 크루거의 연구다. 이들은 1980년내 후반에서 1990년대 초반에 있었던 최저임금 변화의 고용효과를 보다 엄격한 기법을 이용하여 측정하였는데, 그 결과는 충격적이었다. 최저임금 덕분에 임금은 유의미하게 올랐는데, 고용에 대해서는 어떠한 유의미한 부정적 영향도 없었다는 것이다. 심지어 고용이 오히려 늘어났다는 연구 결과도 있었다. 수요공급론의 '상식'을 벗어난 결과를 두고 숱한 논쟁이 벌어졌지만, 이들의 결론을 뒷받침하는 실증연구가 뒤따랐다. 그들이 연구 결과를 모아 낸 책은 그 제목만으로도 내용을 익히 짐작할 수 있었다.《신화와 측정: 새로운 최저임금 경제학Myth and Measurement: The new economics of the minimum wage》(Card & Krueger, 1995). 통상적 경제이론을 '신화'로 격하시키고, 현실에 대한 정확한 '측정'을 통한 '새로운' 최저임금의 경제학이 필요하다는 주장이다.

가장 최근의 연구를 살펴도 마찬가지다. 최저임금 연구에서 손꼽히는 연구자인 런던정경대LSE의 알란 매닝Alan Manning은 이렇게 요약했다. "경제학자들의 의견은 여전히 갈린다. 관련 연구가 시작된 지 24년이 지났지만 최저임금의 고용효과에 대해서는 합의가 없다. 하지만 최저임금의 명백한 부정적 고용효과는 찾기 힘들다고 말하는 것은 정당하다고 본다"(Manning, 2021).

이와 관련해 몇 가지 흥미로운 지적도 나왔다. 우선 실증연구의 편향성이다. 믿음이 깊으면 현실을 그 믿음의 눈으로 보려는 경향이 있다. 일상적으로 일어나는 일이다. 가장 과학적인 사회과학이라고 '자부'하는 경제학은 이런 일상의 유혹에서 벗어나 있을까. 혹시 최저임금에 대한 강력한 이론적 예측이 실증연구의 방향과 선택에 영향을 주지 않았을까. 놀랍게도 결론에는 편향이 있고, 그 편향의 규모도 아주 크다는 것이다.

하버드대학 경제학 교수들의 최근 분석에 따르면, 통계적으로 유의하다면 최저임금의 고용 감소 효과를 주장하는 연구가 별다른 상관관계가 없다고 이야기하는 연구보다 주요 학술지에 실릴 가능성이 무려 세 배 가까이 높다. 반대로, 최저임금의 긍정적인 고용효과를 보고한 연구가 학술지에서 거절될 가능성은 상대적으로 높았다(Andrew & Kasy, 2019). 이런 결과는 연구의 독창성이나 엄밀성과는 무관하게, 경제학 학술지에 암묵적으로 존재하는 '출판 편향publication bias' 때문이다. 실증 결과가 경제 교과서적 예측에 부합하는 논문에 손을 들어주기 쉽고, 그에 반한 결과를 보고하는 논문에는 한결 엄격해진다는 것이다.

국제기구들의 입장도 크게 변화했다. 이른바 '시장주의적 접근'이 맹위를 떨쳤던 1980년대와 1990년대 초반에는 경제 관련 국제기구들이 최저임금에 대해 부정적인 평가를 내렸다. OECD가 대표적으로, 1990년대 초반에는 일자리 창출을 위해 최저임금을 피해야 한다고 권고했다. 그리고 약 15년 후 입장을 급선회하여 "최저임금은 모든 일자리가 적정한 보상을 받도록 하는 데 도움이 된다"고 인정했다(OECD, 2018).

최저임금이 '생산적'인 이유

도대체 어떻게 된 것일까? 임금을 올렸는데도 고용이 줄지 않는다는 것은 수요공급론에 익숙한 '상식'과도 딱히 맞아떨어지지 않는다고 생각할 수 있다. 사실, 이유는 많다. 중요한 몇 가지만 살펴보자.

우선 노동자들의 '인지상정'이다. 앞서 '선물 교환' 사례에서 봤듯이, 좋은 가시적 행동에 대해서는 긍정적으로 반응할 수 있다. 최저임금을 통한 임금 인상은 노동자에게 긍정적인 자극제가 되어 이들의 생산성이 증가할 수 있다는 것이다. 임금이 오른 만큼 생산성이 증가하니, 기업 입장에서는 그리 손해 볼 것도 없고, 따라서 일자리를 줄일 이유도 없다.

다른 한편으로는 임금 인상에 만족한 노동자들이 직장을 옮기는 빈도가 줄어들 수 있다. 보통 최저임금 노동자들이 밀집해 있는 저임금 업종은 노동자들의 잦은 일자리 이동으로 어려움을 겪는다. 이 때문에 기업은 노동자들의 기술이나 숙련을 높이는 훈련투자를 꺼려하는 경향이 있다. 낮은 임금과 낮은 노동생산성 간 악순환의 고리가 정착되는 것이다. 하지만 최저임금 덕분에 노동자들의 이동 빈도가 줄어들면, 기업 입장에서는 훈련투자를 할 유인이 생기게 된다. 훈련투자를 통한 숙련 및 기술향상 그리고 노동생산성의 향상도 기대할 수 있다. 기업이 최저임금 도입에 대응해 고용을 줄일 이유는 없다는 것이다. 중장기적으로는 생산성 효과가 커지면서 일자리가 늘어날 가능성도있다.

이런 긍정적인 이론적 가능성을 증명한 연구도 많다. 독일의경우가 아주 적절한 연구 대상이다. 독일은 오랫동안 법정 최저임금을 도입하지 않았다. 산업별로 조직된 노동조합 덕분에 법정 최저임금이 없더라도 효과적으로 임금의 최저선floor을 형성할 수 있었기 때문이다. 하지만 1980년대 이후 미니잡mini job과같은 비정규직 형태의 고용이 늘어나고 노동조합의 영향력도약해지면서 단체임금협상에 포함되지 않는 노동자들이 증가했다. 이 때문에 독일은 2015년 법정 최저임금(당시 기준으로, 시간당8.5유로)을 도입했다.

도입 과정은 어려웠다. 고용 감소 효과에 대한 염려 때문이었는데, 결국 노파심에 불과했던 것으로 결론이 났다. 그 주요한 이유는 생산성 증가 효과였다. 최근 연구 하나를 예로 들면, 법정 최저임금 도입으로 노동자의 일인당 부가가치 생산(노동생산성)이 제조업에서는 5.6%, 서비스업에서는 10.6% 증가했다(Haelbig et al., 2023). 그 덕분에 총매출도 각각 2.5%와 4.0% 상승했다. 임금 인상으로 노동비용은 올랐으나 노동생산성이 크게올라서, 기업의 총매출은 오히려 늘었다. 이런 상황에서 고용이 줄어들 이유는 당연히 없다.

미국 사례를 들여다본 연구들의 결론도 비슷하다. 미국에서 전국적인 유통매장을 보유한 회사를 대상으로 한 최근 연구는 특히 흥미롭다. 미국에는 연방 차원의 최저임금 외에도 주state 별이나 지역county별 최저임금이 존재한다. 나라가 크고 소득이나 물가가 다르기 때문에 이런 중층적 최저임금 제도가 자리 잡은 지 오래다. 따라서 이 유통회사의 경우 50개 주에 흩어져 있는 매장들이 각기 다른 최저임금의 적용을 받고 있다. 최저임금 조정 시기도 다 다르다. 따라서 최저임금의 차이가 노동자들의 생산성에 영향을 주는지 분석하기가 상대적으로 수월하다.

결과는 예상대로였다. 최저임금을 1달러 올렸을 때, 노동자의 시간당 생산성은 약 4.5% 상승했다(Coveiello et al., 2022). 노동자의 이직률도 현저히 낮아졌다. 전체적인 매출도 덩달아 늘었으니, 기업 입장에서는 일자리를 줄일 이유가 없었다. 다만, 이윤이 줄긴 했다. 하지만 연구자들은 노동자들의 이직이 줄고 기업에 정착하면서 생산성 증가를 계속 이어갈 수 있을 것으로 보았기 때문에 이러한 이윤 축소는 단기적 현상이 될 것으로 예측했다.

최저임금이 오히려 시장의 비효율성을 줄이는 이유: 수요독점과 시장 실패

또 다른 이유는 최저임금이 저임금 노동자의 교섭력을 높이고 기업의 행동을 변화시키는 효과 때문이다. 호주에서 최저임금 제도를 도입한 역사적 배경에서 알 수 있듯이, 이 제도는 사용자가 자신의 우월한 시장적 지위를 이용해 생산성에 못 미치는 임금을 지불하는 상황을 방지하는 데 목적을 두고 있다. 이때 최저임금은 사용자가 부당하게 누리는 초과이윤을 줄이는 분배효과를 가져오며, 일자리가 줄어들 이유는 없다.

앞서 소개한 알란 매닝은 이런 상황을 수요독점Monopsony이라는, 다소 난해한 개념으로 설명한다(Manning, 2003). 쉽게 말하자면, 고용주가 노동자에 대해 우월한 협상 지위에 있을 때 그 우위를 활용하여 노동자의 생산 기여분 이하로 임금을 지불하는 상황이다. 이 경우, 시장에서 결정되는 임금은 더는 효율적이지 않게 된다. 일종의 시장 실패가 생긴다. 최저임금은 이런 시장 실패를 교정하는 효과를 낼 수 있으며, 그 결과 임금도 고용도 모두 증가할 수 있다.

아주 단순화한 예를 들어보자. 어느 외진 곳에 마을이 있다. 광산촌인데, 기업 하나가 마을의 모든 채굴을 맡고 있다. 사람들 대부분이 이 기업의 직원으로 일하고 있고, 상점이나 다른 일을 하는 사람들도 이 기업 직원들의 소득과 소비에 의존하고 있다. 한마디로 '기업 마을company town'이다. 이 기업은 오로지 이윤의 논리로만 움직인다. 이윤을 극대화하는 방식으로 기업을 운영한다는 뜻이다.

이 마을에서 기업은 거의 독점적인 노동수요(일자리)를 만들어 내기 때문에 굳이 임금=생산성이라는 '시장의 공식'을 따를 필요가 없다. 이 기업이 일자리를 주지 않으면 마을 사람들은 꼼짝없이 실업을 견뎌야 한다. 이를 잘 알고 있는 기업은 임금을 가능한 한 최소한의 수준까지 낮춘다. 예를 들어, 시간당 생산성은 1만 2,000원인데, 기업은 자신의 우월한 지위를 이용하여 1만 원을 제시한다. 그보다 더 낮추긴 힘들다. 그보다 낮은 임금으로는 노동자가 살아남을 수 없기 때문이다. 마을 사람들은 어쩔 수 없이 1만 원짜리 일자리를 받아들인다. 물론 이런 낮은 임금을 도저히 받아들일 수가 없어서 이런저런 다른 장사를 하는 사람들도 꽤 있다. 길거리 장사가 차라리 낫다고 해서 비공식 고용 상태에 있는 사람도 있다. 이런 상황에서 기업은 시간당 2,000원의 추가 이윤을 얻는다. 기업 간 경쟁이 활발한 마을에서는 불가능한 일이다.

이때 정부가 이 일을 알고 그 대안으로 최저임금을 도입했다고 해보자. 시간당 생산성 수준이 1만 2,000원인 것을 알고, 그 수준을 기준으로 최저임금을 정했다고 하자. 그러면 기업은 어떻게 할 것인가. 물론 시간당 임금이 올랐으니, 시간당 노동비용이 오른다. 통상적인 상황이라면 기업은 일자리 숫자를 줄여서 전체 노동비용을 유지하거나 낮추려 할 것이다. 이래저래 이윤이 낮아질 가능성은 높다.

하지만 기업 입장에서는 다른 방법도 있다. 최저임금이 도입되면서 더는 예전의 방식으로 초과 이윤을 획득해지는 것이 불가능해졌으니, 자신의 이윤 극대화 방식을 바꾸는 것이다. 시간당 임금이 이제는 1만 2,000원이니 초과 이윤은 사라지고 '정상' 이윤(예컨대 1,000원)만 얻게 될 경우, 노동시간의 총량을 늘리면 수요독점 때의 수준으로 이윤을 다시 늘릴 수 있다. 즉 고용량을 늘리는 것이다. 이윤율을 적게 해서 더 많이 파는, 일종의 '박리다매' 전략이다. 마침 마을에는 임금이 2,000원 정도 올라가면 다시 일하겠다는 사람이 있으니, 이들을 고용하면 된다. 결국 최저임금은 기업이 이윤 전략을 수정하도록 유도함으로써 임금과 고용이라는 두 마리 토끼를 잡는 효과를 만들어낸다.

물론 이는 광산촌의 가상적 예를 근거한 이론적 가능성이다. 그렇다면 현실적 가능성은 어느 정도인가? 흥미롭게도 수요독점이라는 개념을 통한 노동시장의 '보이는 손'에 대한 연구가 성황이다. 꼭 광산촌이 아니더라도 사람들이 일자리를 찾아 이동하기 쉽지 않은 곳에서는 언제든지 가능한 상황이다. 그리고 완전한 독점은 아니더라도 몇몇 기업이 시장을 나눠 가지는 과점적 상황에도 가능한 이야기다. 이런 상황에서는 고용주가 자신의 우월한 지위를 활용하여 임금과 고용을 줄이는 방식으로 이윤을 극대화하므로, 전체 노동시장은 비효율적이고 불공정해진다.

연구 결과는 한결같이 '보이는 손'을 증거한다. 어느 나라에나 있고, 제조업에도 있고, 서비스업에도 있다. 2022년 〈아메리칸 이코노믹 리뷰〉에 발표된 연구는 수요독점 현상 때문에 미국 제조업체가 노동자 생산 기여분의 65%만을 임금으로 지불한다고 추정했다(Yeh et al., 2022). 고용도 수요독점이 없는 상황에 비해 현저히 적었다. 임금과 고용에서 노동자가 손실을 입는 만큼, 기업의 이득은 커졌다. 이런 기울어진 상황은 노동시장 제약이 훨씬 큰 여성 노동자들에게 더 심각했다. 한국도 다르지 않다. 노동연구원 홍민기의 연구에 따르면, 한국의 수요독점력은 다른 나라에 비해 높다. 수요독점력이 높아질수록 노동소득 분배율이 줄어들어 전반적인 소득분배가 악화된다는 점도 확인했다(홍민기, 2022).

또 하나 놀라운 것은 플랫폼 노동이다. 통상 플랫폼이라고 하면 무수한 수요자와 무수한 공급자가 만나는 완전경쟁시장이라고 생각하기 쉽다. 하지만 온라인 음악시장이 독점적 지배력을 강화했듯이 플랫폼 시장도 마찬가지다. 몇 년 전 미국의 대표적인 플랫폼 시장을 분석한 연구에 따르면(Dube et al., 2020), 플랫폼의 수요독점력은 예상외로 높아서 10%에 달하는 수요자가 시장 전체를 지배하고 있다. 그 결과, 노동 공급자의 수입(임금)은 자신의 생산 기여분보다 약 13% 모자라는 것으로 추정되었다.

이러한 실증적 근거를 기반으로 해서, 앞서 인용한 데이비드 카드는 "시장이 임금을 결정한다"는 주장은 더는 타당하지 않고 "고용주가 임금을 결정한다"고 단언했다. 모호한 '시장'이라는 말 뒤에 숨어 있는 고용주를 밖으로 끌어내야 한다는 이야기다. 애덤 스미스가 이미 지적한 것이다. 카드는 임금이 수많은 경제 문제의 원인이라는 편견에서도 벗어나야 한다고 덧붙였다(Card, 2022). 이 또한 4장에서 살펴본 바다.

그렇다면 어떻게 해야 하나? 수요독점을 타파하여 노동시장을 효율적으로 만드는 방법은 곧 노동자가 자신의 기여분만큼 공정하게 임금을 받도록 하는 것이다. 이 때문에 OECD 보고서는 수요독점의 해결책으로 단체임금협상과 최저임금을 제시했다(OECD, 2022). 특히 최저임금은 수요독점 기업이 임금과 생산성의 격차를 최적화하기보다는 고용 확대를 통해 이윤을 늘리는 방식을 택하도록 유도한다. 따라서 최저임금 덕분에 임금은 상승하고 고용은 유지되거나 늘어난다는 실증연구 결과가 많다는 것이 전혀 놀랍지 않다. 광산촌의 예도 더는 가상적인 것이 아니라, 아주 현실적이며 널리 적용될 수 있다. 예컨대 '보이는 손'이 지배하는 플랫폼 노동에 최저임금을 도입할 필요성도 더없이 크다. 이런 각도에서 본다면, '반시장적'인 최저임금이야말로 시장을 효율적으로 만드는 제도다.

어떻게 운용하는가, 그것이 문제다

다시 한번 요약해보자. 최저임금은 시장의 적이 아니다. 임금 상승으로 생산성 증가를 가져올 수도 있고, 교섭력이 낮은 저임금 일자리가 집중된 곳에서는 기업의 독점적 비효율을 막아 노동시장의 효율성을 높일 수도 있다. 이렇듯 긍정적 영향에 관한 이론적 가능성은 광범위한 실증연구를 통해 입증되었다. 즉 최저임금은 일자리의 '희생' 없이 임금을 올릴 수 있는 제도다.

그렇다고 해서 이러한 '입증된 가능성'이 현재 시행되는 모든 최저임금 제도의 정당성과 효과성을 무조건 담보하는 것은 아니다. 지금껏 살펴본 것처럼, 최저임금에는 수많은 경제적·사회적·정치적 요인들이 작용하고 그 구체적인 작용 방식은 다를 수밖에 없다. 나라마다 다르고 산업마다 다르며, 한 나라의 제도적 상황에 따라 다르다. 심지어 법정 최저임금이 필요 없는 나라도 있다. 앞서 언급한 덴마크가 그렇고, 스웨덴을 포함한 몇몇 유럽 국가도 법정 최저임금이 없는데, 이들은 현재까지도 도입에 반대하고 있다. 기업과 노동조합이 함께 반대한다. 그 이유는 놀랍지 않다. 노동조합 조직률도 높고 임금협상 결과도 포괄적으로 적용되기에 저임금 일자리 노동자도 그 혜택을 받기 때문이다.

한편, 최저임금이 아주 복잡하게 설계된 나라도 있다. 나라가 광대하여 지역마다 물가와 소득 수준이 다르다면, 단일한 최저임금을 적용하기는 쉽지 않다. 산업 간 격차가 큰 경우도 마찬가지다. 그래서 지역별 또는 산업별 최저임금이 도입되기도 한다. 이러한 경향은 특히 개발도상국에서 두드러진다. 인도네시아와 필리핀처럼 크고 작은 섬으로 이루어져 있고 지역 간 개발편차가 큰 나라에서는 지역과 산업을 모두 고려한 중층적 최저임금을 운영한다. 최저임금의 수가 수백 개가 넘는다. 이를 상대적으로 규모가 작고 동질적인 나라에 적용하면, 제도만 복잡해지고 효율성은 떨어진다(ILO, 2010). 예컨대 한국은 이런 나라들에 비해 굉장히 동질적인 노동시장을 가지고 있다.

또 다른 한편, 최저임금의 고용 감소 효과가 없다는 것이 반드시 좋은 소식만은 아니다. 꽤 많은 국가가 최저임금을 주기적으로 조정하지 않고, 그야말로 빈곤선에도 못 미치는 수준에서 운용하기도 한다. 이런 경우, 최저임금이 너무 낮아 임금과 일자리에 전혀 영향을 주지 못한다. 무능력하니 무기력한 것이다. 그 반대의 경우도 있다. 최저임금을 터무니없이 높이 올려 잡아서, 최저임금이 곧 평균임금이 되는 상황도 드물지 않다. 이런 경우는 기업과 노동자가 모두 최저임금을 무시하게 된다. 기업에게는 과다한 비용이고, 저임금 노동자들에게는 '이룰 수 없는 꿈'이 된다. 최저임금은 그렇게 '종이호랑이'가 된다.

따라서 최저임금의 긍정적 효과는 저절로 주어지는 것이 아니라 만들어가는 것이다. 최저임금의 거대한 이론적 가능성을 현실화하는 과정과 제도가 중요하다는 뜻이다. 그 출발점으로 다음 그림을 고려해볼 수 있다. 그간의 이론적·실증적 연구를 종합하면, 너무 낮은 최저임금은 효과가 없고 너무 높은 최저임금은 부작용이 크다. 이 둘 사이에 임금과 일자리의 종합적인 긍정효과를 유지할 수 있는 최저임금 수준이 존재한다. 다만 이는 통상적인 경제이론이 가정하는 것처럼 한 가지 숫자 또는 점이 아니다. 그것이 가능한 범위로서, 마치 평원plateau 같은 공간이 주어진다(그림 5-2). 여기에서 적절한 선택을 하면, 최저임금은 저임금 노동자에게 따뜻한 '스웨터'와 같은 역할을 너끈히 해낼 것이다.

최저임금을 이 '평원'에 안착시키기 위해서는 정교하고 투명한 제도가 필요하다. 제도도 결국 사람들이 움직이는 것인지라, 요술방망이 같은 해법은 없다. 하지만 적어도 두 가지는 필요하다. 첫째가 통계에 기반한 분석이다. 저임금 일자리의 현실과 저소득층의 생활을 면밀히 분석해서 '평원'의 대략적 위치를 찾

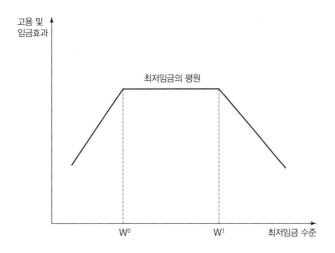

그림 5-2 최저임금의 효과 높이기와 균형 잡기

고용 및
임금효과

최저임금의 평원

W^0　　　　W^1　　　최저임금 수준

아야 한다. 최저임금이 조정될 때마다 그 효과를 체계적으로 분
석해서 현재의 최저임금이 여전히 '평원'에 위치해 있는지를 확
인해야 한다.

둘째는 사회적 대화와 협상이다. 분석을 통해 찾아낸 '평원'
의 위치는 그야말로 대략적이다. 어느 한 점을 지정해주지 않는
다. 노동자와 기업의 대표가 머리를 맞대고 논의해서 합의하는
방법밖에 없다. 기술적 분석을 기반으로 정치적 선택을 해야 하
기 때문이다. 정부는 이러한 대화의 판을 만들고 지원하는 역할
을 해야 한다. 모두가 손쉽게 수긍할 조건으로 보이지만, 막상
최저임금 논의가 시작되면 수월하게 잊히는 것들이기도 하다.

불가피하게도 최저임금을 '실수'가 아닌 '축복'으로 만드는 과정은 끝없는 긴장이 뒤따를 수밖에 없다. 그렇다고 해서 소홀히 다룰 수도 없다. 최저임금은 '최저'이지만 가장 기초적인 제도이기 때문이다.

간추리는 말
최저임금은 조심스러운 축복이다

노동시장은 기울어지기 쉬운 운동장이다. 특히 저숙련·저임금 노동자는 운동장의 균형을 맞출 힘이 가장 부족한 사람들이다. 이들을 위해 임금의 최저선을 만들어주는 것은 가능한 일이고 또 나아가 좋은 일일까? 여기에는 열정적인 옹호도 있고 거친 비판도 있다. 그래서 이 장은 최저임금이 '축복인가, 아니면 실수인가'라는 질문으로 시작했다. 결론은 '조심스러운 축복'이다.

최저임금은 전 세계적으로 인기를 누리고 있다. 저임금 노동자는 여전히 많고, 노동조합은 약화되었으며, 노동의 교섭력도 떨어졌다. 그 빈틈을 메우고자 최저임금이 도입되거나 강화되고 있다. 19세기 말, 호주에서 인간의 땀을 짜내는 '스웨터'에 대항해 일하는 사람을 따뜻하게 보호하는 '스웨터' 역할을 하려고 나타난 최저임금이 21세기에도 여전히 유효하다.

경제학 교과서의 설명은 최저임금이 일자리를 파괴한다는 점을 강조하지만, 지난 수십 년에 걸친 연구 결과는 '크게 걱정할 것 없다'로 요약된다. 예전에는 유보적 입장을 취했던 국제기구들도 보다 긍정적인 입장으로 변화했다. 대체로 최저임금은 저임금 노동자의 소득을 증가시키면서 일자리를 희생시키지도 않고, 결국 저임금 소득층의 전체적인 소득이 늘어난다.

이런 반가운 소식에는 이유가 있다. 임금 증가와 함께 생산성이 늘어나는 '선물 교환' 효과가 있기 때문이다. 미국, 영국, 독일에서 경험적으로 확인했다. 고용주가 일자리에 대한 독과점적 지위를 가질 때는 최저임금이 사실상 고용주의 독점적 우위를 제거함으로써 오히려 일자리가 늘어날 수 있다. 시장 구조의 개선 효과다. 최근 급속도로 확장하고 있는 플랫폼 노동이 대표적인 사례인데, 여기에 최저임금을 강력히 도입하자는 주장도 늘고 있다. 최저임금 반대론자는 이를 반시장적이라고 하는데, 역설적으로 최저임금이 노동시장을 더 효율적으로 만들 수 있다.

하지만 주의할 점도 꽤 많다. 최저임금은 저임금 일자리를 위해 임금의 최저선을 만들어주는 것이므로 그 임무에 충실해야 한다. 최저임금이 평균적 일자리에 대한 임금협상의 대체 수단이 되어서는 안 된다. 최저임금을 필요 이상으로 복잡하게 만드는 것도 피해야 한다. 지역별·업종별로 최저임금을 달리하면, 제도만 복잡해지고 효율성은 떨어진다. 최저임금의 최적 수준은 사전에 주어지지도 않는다. 엄정한 분석을 통해 최저임금의 가능한 범위를 확인하고, 그 범위 내에서 노동자와 기업이 머리를 맞대고 논의하여 합의하는 수밖에 없다. 그렇지 않으면 최저임금이 제대로 작동하기 힘들다. 모든 축복은 소중하게 다루어야 한다.

이제는 임금의 세계를 떠나, 일터의 또 다른 '다툼'의 공간인 노동시간을 살펴보자.

6장

일하는 시간:
노동시간 단축의
꿈과 좌절

다시 한번 이 책이 "왜 좋은 일자리는 늘 부족한가"라는 질문을 던진다는 점을 상기하면서 시작해보자. 이를 노동시간 관점에서 보자면, 두 가지 문제가 먼저 떠오른다.

첫째는 '좋은' 일자리의 주요한 요건으로서의 노동시간이다. 즉 노동시간 단축에 관한 문제다. 오래된 질문이지만, 여전히 현재 진행형이다. 최근 이 문제는 더욱 미묘하게 복잡해졌다. 예전에는 장시간 노동을 줄이는 것이 논쟁의 핵심이었지만, 요즘에는 초단시간 일자리가 많이 늘었다. 일하는 시간이 너무 짧아서 걱정인 사람들이 늘었다. 2장에서 살펴본 불완전고용 상황에 놓여 있는 사람들이다. 따라서 노동시간은 이중적 과제에 직면해 있다. 좋은 일자리의 노동시간은 너무 길어도 안 되고 너무 짧아도 안 된다.

둘째는 노동시간의 고용효과다. 일하는 삶의 질을 높이기 위해 노동시간을 단축하자고 할 때 종종 같이 내세우는 주장은 노동시간을 줄이면 일자리가 늘어난다는 것이다. 환영할 일이고 직관적으로도 그럴 듯하지만, 일터의 현실은 늘 직관대로 움직이지 않는다. 불가능하지는 않지만, 꼭 된다는 보장도 없다. 이제 하나씩 따져보도록 하자.

낙관은 왜 실패하는가

해지기 전 퇴근해서 노을을 느지막이 바라보며 저녁을 즐기는 여유는 인류가 오랫동안 꿈꾼 이상이다. 이런 꿈을 서로서로 격려하고 또 '강제'하기 위해 세계가 국제노동협약을 통해 처음으로 '하루 8시간, 주 48시간 노동'을 규정했다. 협약이 채택된 해가 1919년이니, 벌써 약 100년 전의 일이다. 유럽 국가들과 미국, 일본 등이 모여 이 국제협약을 만들면서 나눈 토론을 보면, 각국 대표들이 노동시간의 미래에 대해 대단히 낙관적이었음을 알 수 있다. 제1차 세계대전의 후유증을 극복하는 대로 곧 전 인류가 8시간 노동을 하게 될 것으로 보았다. 당시 러시아에서는 공산주의 혁명이 일어나면서 이미 8시간 노동을 공언하고 나섰다. 노동시간의 미래만 두고 보면 '희망의 세기'였다. 자본주의 역사에서 위기가 닥칠 때마다 '오늘보다 나은 미래'에 대한 열기가 높아지는데, 이 '미래찬가'의 첫머리는 노동시간 단축으로 장식되곤 한다.

희망의 이면에는 경제적 논리도 있었다. 경제가 성장하고 소득이 늘어나면, 노동시간이 줄어들 것이라는 예측이다. 장시간 노동으로 노동자 건강에 대한 걱정이 높아지는 개발도상국에서 이런 예측이 특히 흔하다. 멀리 갈 것도 없이 중국을 보면 된다. 먹고살 만해야 한숨 돌리고 주위도 돌아보며 여유 있는 생활을 하게 되는 것이지, 하루하루 벌어 사는 것조차 빠듯한데 일하는 시간을 줄인다고 하는 것은 가당치 않은 일이라는 이야기다. 특히 노동을 고통스러운 '비효용'으로 간주하는 경제학적 관점에서는 소득이 늘어나면 일하는 시간을 줄이려는 것이 자연스럽다. 경제적 예측이라고 거창하게 부르자니, 너무 상식적이라 열적기도 하다. 경제학에서는 이를 '소득효과'와 '대체효과'라는 용어로 보다 엄밀히 따지기는 하지만, 결론이 별다를 것도 없으니 여기서 굳이 더 설명할 이유도 없겠다.

노동시간에 대한 낙관으로 치자면, 이미 소개한 바 있는 존 메이너드 케인즈를 뺄 수 없다. 그는 세계가 대공황으로 비통한 시기에 희망의 메시지를 전하고자 〈우리 손자 세대의 경제적 가능성Economic Possibilities for our Grandchildren〉이라는 제목의 소책자를 쓴 적이 있다(Keynes, 1932). 이 소책자에는 어느 여성 노동자가 스스로 지은 묘비명이 소개되어 있다. "친구들아, 나 때문에 슬퍼하지 말라. 결코 울지도 말라. 나는 이제부터 아무것도 하지 않아도 된다네." 죽음으로써 이제 노동의 '사슬'에서 벗어나니 슬퍼하지 말라는 의미다. 케인즈는 이 망자의 슬픈 사연을 환기시키면서, 그의 손자 세대쯤 되면 일하는 시간이 대폭 줄어들어 주당 15시간 정도만 일해도 될 것이라는 희망을 내비쳤다.

소책자를 1930년대에 썼으니, 케인즈가 말한 손자 세대는 현재 세대쯤 된다. 물론 이 예측은 빗나가도 한참 빗나갔다. 그의 조국 영국의 노동시간은 유럽 내에서도 최상위 수준으로, 주 48시간 이상 일하는 장시간 노동자 비율도 15% 정도로 아주 높은 편이다. 게다가 현재 15시간 미만으로 일하는 노동자는 대다수가 일거리가 없어 생존책으로 단시간 노동을 하는 '한계화된 파트타임 노동자marginal part-time workers'들이다. 주 15시간 노동은 자긍의 대상이 아니라 극복 대상인 셈이다. 케인즈는 왕창 틀렸다.

역사상 가장 위대한 경제학자 중 한 명으로 꼽히는 케인즈의 예측은 왜 대실패했을까. 그의 실패는 그가 낙관한 이유 그 자체에 있다. 그는 인간의 마음속 깊이 자리한 물질적 탐욕을 지적하면서 자신의 세대와 그다음 세대에까지는 변하지 않을 것으로 보았고, 오직 손자 세대에 이르러서야 약화될 것으로 전망했다. 케인즈에 따르면, 자신의 세대는 돈을 벌어야 한다는 경제적인 문제에 골몰해 있어서 설령 경제적 여유가 생겨도 여전히 일 중심의 생활에서 벗어나지 못하고 여가를 어떻게 써야 하는지도 모른다는 것이었다.

마치 오늘날 한국 사회를 연상케 하는 지적이지만, 당시 급부상한 중산 부르주아 계층을 보고 내린 '우울하기 짝이 없는' 결론이었다. 우리 마음속 깊이 자리한, 결코 마르지 않을 것 같은 물질적 욕구(화폐 욕구)를 그는 '오래된 아담the Old Adam'이라 불렀다. 바로 이걸 제거하는 데 시간이 걸린다는 이야기다. 일단 물질적으로 풍요로워져서 이 욕구를 만족시켜야 하는데, 케인즈 자식 세대까지는 이 일이 이루어지지 않으리라고 보았다. 손자 세대나 되어야 그 성취를 바랄 수 있다는 것이다.

많은 이에게 몽상가로 알려져 있는《유토피아》의 저자 토마스 모어Thomas More는 이미 500년 전에 케인즈가 생각한 방식으로는 노동시간 단축이 이루어지기 힘들 것으로 보았다. 그는 인간의 욕망이 사유재산 형태로 표현되고 존중되는 한, 인간 사회의 정의를 기대할 수 없다고 못 박았다. 모어에 따르면, 인간은 상대보다 더 많은 잉여재산을 가지고 있으면 내가 상대보다 뛰어나다는 '허영심vanity'이라는 괴상한 관념을 가진 창조물이다. 즉 케인즈가 걱정한 절대적 소득이나 풍요가 아니라, 상대적 소득이 더 중요하다는 것이다. 물론 모어의 유토피아는 이런 관념이 발붙이지 못한 사회다. 금과 같은 보석에 대해서도 "유토피아 사람들은 하늘에 저렇게 빛나서 우리 눈을 사로잡는 별들이 많은데도 조그만 한 돌덩어리에서 나오는 희끄레한 빛에 현혹되는 것을 이해하지 못한다"(More, 1965, p. 69).

모어는 생산력 증가 또는 물질적 풍요로 인간의 삶이 진정으로 행복해진다는 생각을 그저 철없이 순진한 것으로 간주했다. 과학기술의 발전도 그의 비판을 피할 수 없었다. 예를 들어 인간은 늘 바다를 두려워하여 위험이 거의 없는 여름에만 항해를 했는데, 나침반이 발명되면서 겨울 항해를 두려워하지 않게 되었다. 그 결과는 역설적이었다. 나침반을 믿고 겨울 항해에 나섰다가 예전보다 더 많은 이들이 목숨을 잃었다. 나침반은 겨울 바다의 위험을 제거하는 것이 아니라, 위험이 닥쳤을 때 이를 극복하는 데 도움을 줄 뿐이었다. 그러나 인간의 지나친 과신 때문에 오히려 재앙의 근원이 되고 말았다는 것이다.

이런 '부질없는' 욕망이 끊어진 유토피아에서는 하루 6시간 일하게 된다. 아침에 3시간, 저녁에 3시간 일하고 나머지 시간은 모두 자기 발전을 위한 몫이다. 모어에 따르면, 마차를 끄는 말처럼 쉴 새 없이 계속 일하는 것은 노예일 뿐이다. 물론 유토피아를 제외한 "세상 다른 곳에서는 노동계급의 삶이 여전히 이렇긴 하지만"(More, 1965, p. 56).

이쯤 되면 케인즈처럼 현실 경제의 가혹함을 아는 사람들은 "굶어 죽기 딱 좋겠군"이라고 할지도 모른다. 그런데 500년 전

모어도 이것이 걱정되었는지, 이에 대해 장황한 설명을 덧붙였다. 과격하다고 할지 모르겠으나, 그렇다고 해서 전혀 터무니없는 것은 아니므로 인용해보기로 하자.

"하루에 6시간만 일한다고 하면 필수품이 필시 부족하리라 생각할 것이다. 하지만 정반대로 6시간이면 충분하다. 편안한 생활에 필요한 모든 것을 풍성히 생산하고도 남을 시간이다. 왜 그런지 궁금하다면, 다른 나라에서 얼마나 많은 사람들이 완전히 실업 상태에 있는지 생각해보면 될 것이다. 우선 여성부터 생각해보라. 인구 전체의 50%에 해당한다. 여성들이 일하는 나라의 경우, 남자들은 빈둥대는 경향이 있다. 성직자들, 이른바 종교계급의 멤버들, 그들은 얼마나 일하는가? 귀족이나 신사 등으로 널리 알려진 부자들, 특히 지주들을 여기에 합쳐보라. 그리고 그들이 고용한 사람들도 포함하라. 내가 이미 언급한 무장한 부랑배 같은 무리들 말이다. 마지막으로 신체는 건장하지만 일하기 싫어 아픈 척하는 거지들도 집어넣자. 이 모두를 계산해보면, 실제로 인간이 소비하는 것을 생산하는 사람이 얼마나 적은지 놀랄 것이다."(More, 1965, p. 57)

모어의 이야기는 간단하다. 생산성 부족을 탓하지 말고, 생산적 활동에 기여하지 않는 사람들을 먼저 보라는 이야기다. 어떤 시각에서는 '일자리 나누기work-sharing'를 통한 노동시간 단축을 주장한 최초의 인물로 볼 수도 있다. 그 '무시무시한' 공산주의 이론을 정초한 칼 마르크스도 유토피아인들과 같이, 인간이 '필요'에서 해방되어 살기 위해서는 생산력 발전(경제 성장과 소득 증가)이 전제되어야 한다고 보지 않았던가. 따라서 모어의 입장에서는, 경제 성장이니 물질적 욕구 충족 등과 같은 경제적 요인을 노동시간 단축의 전제로 생각하는 것 자체가 애초에 번지수를 잘못 찾아도 한참 잘못 찾은 것이다. 모어에 따르면, 마음만 먹으면 할 수 있는 것이 노동시간 줄이기다.

하지만 역사는 다시 한번 가혹했다. 케인즈도 모어도 각기 다른 방식으로 낙관했으나 둘 다 틀렸다. 화폐 욕구는 여전히 강하고, 일자리 나누기는 드물다. 그리고 노동시간의 단축은 고되고 더디다.

노동시간은 저절로 줄지 않는다: 구하라, 그리하면 얻을 것이다!

사실 주요 선진국에서는 지난 한 세기 동안 노동시간이 절반 수준으로 줄어들었다. 1870년대만 해도 노동자들이 1년 평균 3,000시간 이상 일하는 것이 흔했고, 주당 60시간 노동도 그리 놀라운 일은 아니었다. 당시 '저개발국'으로 분류되었던 네덜란드와 독일에서는 노동시간이 상대적으로 더 길어 3,300시간에 육박했다. 반면 경제 패권을 구가하던 영국은 이들 국가의 장시간 노동이 '불공정 무역'을 초래한다 하여 불만이 이만저만이 아니었다.

앞서 언급했듯이, 1919년에 결실을 맺은 '주 48시간 노동'

에 관한 국제노동협약은 인간적인 삶에 대한 도덕적 지향을 나타내는 것이었다. 하지만 영국 정부가 이를 지지한 이유는 따로 있었는데, '장시간 저임금에 기초한 불공정 무역 관행'을 시정할 수 있다는 계산에서였다. 오늘날 미국이 중국과 같은 개발도상국에게 불평하는 논리도 이와 다르지 않다. 시장경제의 역사를 보면, 세월이 지나도 논리는 크게 변하지 않는다(Lee et al., 2007).

그 후 각 나라는 노동시간 단축에 박차를 가했고, 2000년경에는 1년 평균 2,000시간 이상의 노동이 오히려 예외적인 것이 되었다(그림 6-1). 100년 전 선조에 비하면 오늘날 노동자들은 파트타임 노동을 하고 있는 셈이다. 케인즈와 모어가 꿈꾸던 세상에는 도달하지 못했지만, 노동시간 단축의 역사적 성과는 만만치 않다.

여기서 한 가지 따져볼 것이 있다. 만일 경제 성장과 소득 증가가 자연스럽게 노동시간의 감소로 이어진다면, 역사적으로 부드럽고 단선적으로 노동시간이 줄어드는 모습을 예상해볼 수 있다. 하지만 그림 6-1에서 보듯, 노동시간 단축의 역사는 울퉁불퉁하다. 국가들 간의 노동시간 순위가 반전과 역전을 거듭하며 위아래를 오갔다.

노동시간 단축의 역사에서 결정적인 시기 중 하나는 아무래도 20세기 초반 전 세계 노동자들이 주 48시간 노동을 강력히 요구하고 정부도 관련 입법을 서둘렀던 때다. 다소 아이러니하긴 하지만, 독일 노동자들은 제1차 세계대전 참전의 전제 조건

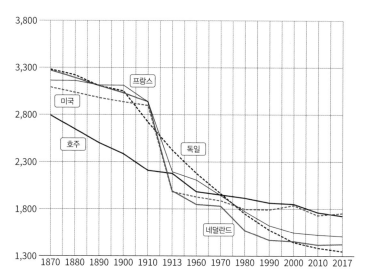

그림 6-1 노동시간의 100년: 거대한 역전(연간 노동시간)

출처: Lee et al., 2007; OECD; ILO

으로 노동시간 단축을 요구했고 당시 독일 황제는 이를 받아들였다.

또한 제2차 세계대전 이후 이른바 '자본주의 황금기Golden age of capitalism'라 부르는 시기에는 노동자들의 노동시간 단축 요구가 대대적으로 수용되었다. 역사상 처음으로 프랑스에서 노동자들이 여름 휴가를 즐기는 '호사'를 누리게 되었다. 오늘날 유럽에서 흔히 찾아볼 수 있는 거대한 여름 휴가 행렬도 이 무렵부터 시작되었다. 그리고 이 긴 행렬을 주도하는 사람들이 바로 그 '악명 높은' 네덜란드 노동자들이다. 이들은 초여름부터 카

라반을 끌고 6~7주간 유럽 전역을 돌아다니며 초가을이 되어야 제 나라로 돌아가는 '여름 유목민'이다. 그들은 현재 세계에서 가장 짧은 노동시간을 자랑한다. 그리고 보니 토마스 모어의 《유토피아》도 그가 네덜란드를 여행하며 들은 이야기를 기록한 것이다.

그렇다고 해서 노동시간 단축이 경제 성장과 더불어 자동으로 주어지는 패키지 상품이라 보기는 어렵다. 노동자가 요구하기도 전에 고용주나 국가가 알아서 노동시간을 단축하는 경우는 드물다. 일반적으로는 노동자가 요구하고, 고용주가 이를 받아들이거나 국가가 관련 법안을 마련하는 방식이다. 점잖게 표현하면 '요구'지만, 실제로 이 과정에 수반되는 고통과 비용은 막대하다. 보통 정책 보고서나 회의장에서는 '경제 성장 결실의 공정한 분배의 일환으로 노동시간 단축'이라고 표현하나, 실제로는 제대로 된 대책이 없는 '억지 춘향'인 경우가 많다.

다시 앞의 그래프를 보자. 1870년경 가장 짧은 노동시간을 자랑했던 나라는 호주다. 혹 고개를 갸우뚱할 사람을 위해 덧붙이자면, 호주에서는 이미 19세기 후반에 '1일 8시간' 근무가 도입되기 시작했다. 영국 경제학자 존 래John Rae 가 그의 저서 《8시간 노동》에서 유럽이나 영국에 1일 8시간 근무제를 도입할 가능성을 검토하며 한 장을 통째로 호주에 할애한 바 있을 정도다. 적어도 그 당시 노동시간에 관한 한 호주는 '모범 국가'였다 (Rae, 1984). 미국과 영국도 우등생 정도는 되었다.

하지만 1세기가 지난 후 노동시간에 관한 성적표를 살펴보면, 그 옛날의 우등생들은 열등생이 되었고, 그 옛적에 머리가 나빠 몸으로 때운다고 손가락질을 받던 열등생은 자랑스러운 우등생이 되었다. 제2차 세계대전 전후로는 순위가 다소 혼란스러워 우열을 가리기 힘들었으나, 1970년대 후반 들어서는 네덜란드, 프랑스, 독일이 모두 모범생으로 자리를 굳히게 되었다. 이에 반해 미국은 여전히 노동시간이 이들 6개국 중 가장 길다. 경기가 좋았다는 1990년대 후반부터는 오히려 노동시간이 늘어나는 조짐마저 있었다. 호주는 어떠한가? 노동시간이 꾸준히 줄어들기는 했으나, 속도가 더뎌서 일찌감치 일등 자리를 내주었고, 자칫하면 조만간 '문제 학생'이 될 소지마저 있다. 호주 노동조합총연맹이 이를 개탄하는 논평을 내면서 "이제 미국은 따라잡았다. 남은 것은 한국뿐이다"라는 제목을 뽑은 적도 있다.

한 가지 재미있는 사실은, 이들 열등생(미국, 호주, 영국)은 노동시간에 대해 상대적으로 시장중심적 접근법을 선호하여 관련 규제가 적다는 점이다. 미국의 경우, 연장 노동시간에 대한 규제가 사실상 없다. 고용주가 이에 대해 추가 비용만 지불하면 된다. 호주에는 다소 복잡한 규제 제도가 있었으나, 1980년대 후반 들어 제도적 기반이 흔들리면서 현재는 일종의 '제도적 공백기' 상태에 있다. 1세기 전 유럽 대륙 국가들의 노동시간에 대해 호통을 치던 영국은 최근 역설적이게도 유럽연합의 압력에 굴하여 노동시간 관련 법률을 도입했다. 그러나 본래 노동시간에 관한 '자율주의voluntarism'가 워낙 강한 데다가 법은 헙수룩하여, 그 실효성에 대한 원성이 높다.

이에 반해 네덜란드, 독일, 프랑스는 열심히 머리를 맞대고 법도 만들고, 단체 교섭도 하고, 낡은 방식에서 벗어나 이런저런 실험도 해본 나라들이다. 보기에 따라서는, 기업에 규제만 하는 나라들이라 할 수 있겠다. 하지만 일하는 시간을 줄이면서도 생활의 질을 향상시키고 경제에 큰 흠을 내지 않게 하는 방법을 고용주, 노동자 그리고 정부가 함께 싸우고 토론하면서 찾아가는 나라들이다. 열심히 연구하고 방법을 찾는 진지한 학생들이 결국 '조숙한' 천재 학생들을 이기는 법이다. 구하라, 그리하면 얻을 것이다.

한국의 경험도 다르지 않다. 한때 3,000시간에 달하던 노동시간이 점차 줄어서, 2008년에는 2,228시간, 2023년에는 1,872시간으로 내려갔다. 15년 만에 약 350시간 단축되었다. 40시간 노동을 기준으로 하면 9주, 약 2개월에 달한다. 이러한 변화는 소득 증가와 함께 자연스럽게 이루어진 단선적 과정은 아니었다. 법정 노동시간이 실제 노동시간을 제대로 규제하지 못한다는 불만은 계속 존재했지만, 사회정치적 압력으로 법정 노동시간이 48시간에서 44시간(1989년) 그리고 40시간(2003년)으로 단축될 때마다 실제 노동시간도 제법 규모 있게 줄었다. 즉 노동시간 단축의 과정은 매끈하게 내려가는 에스컬레이터라기보다는 폭이 넓은 계단을 내려가는 모습과 같다. 한 번 크게 내려선 뒤 평평하게 걷다가 다시 한번 크게 내려가는 모습이다(Lee & McCann, 2011).

진전은 있었지만, 한국의 노동시간은 상대적으로 높다. 다른

그림 6-2 한국적인, 너무나 한국적인: 연간 노동시간 추세(한국, 대만, 일본)

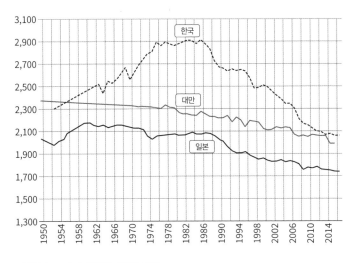

출처: Lee et al., 2007; OECD; ILO

아시아 국가들과 비교해도 도드라진다(그림 6-2). 여전히 OECD 평균을 훌쩍 넘고, 지금은 미국 수준에 가깝다. 한국과 미국의 연간 노동시간이 엇비슷한 이유 중 하나는 유급휴가가 부족하기 때문이다. 미국은 독특하게도 유급휴가를 보장하는 연방법이 없다. '괜찮은' 직장에서는 고용계약을 통해 유급휴가가 제공되지만, 그렇지 못한 많은 일자리에는 유급휴가가 없다. 한국은 법정 유급휴가가 보장되어 있으나, 이를 실제로 찾아 쓰는 비율이 낮은 편이다. 2024년 조사에 따르면, 5인 이상 사업장에서 일하는 상용 노동자들에게 평균 16.6일의 연차휴가가 주어졌는데, 소진율은 76%에 불과했다.[8] 법으로 보장되었으나, 현실적으로는 충분치 않은 것이다. 법적 보장이라는 것도 결국 요구하고 찾지 않으면 보장되지 않는다.

요컨대 "구하라, 그리하면 얻을 것이다"라는 마태복음의 구절만큼 노동시간의 역사를 절묘하게 요약한 말은 없다.

장시간 노동의 비경제성:
장시간 노동은 건강하지도 생산적이지도 않다

물론 일하는 시간을 줄이는 노력이 오로지 노동조합, 사회단체, 법적 규제에만 있는 것은 아니다. 고용주들이 나서서 장시간 노동을 반대하는 경우도 있다. 무엇보다 장시간 노동이 그다지 '생산적'이지 않고, 따라서 비경제적이라는 깨달음도 있었다. 역사적으로 보면 로버트 오언Robert Owen이 가장 대표적인 인물이다. 19세기 초, 10살부터 공장에서 일을 배운 그는 후에 자신의 공장을 세우고 수천 명의 노동자를 고용했다. 이런 경험을 통해 그는 16시간이 넘는 장시간 노동이 비인간적이고 비생산적이라는 점을 깨닫고, 누가 뭐라 하든 개의치 않고 노동시간을 대폭 줄였다. 그래도 생산성은 줄지 않았다. 처음에는 10시간 노동을 주장하다가, "하루 8시간 일하고, 8시간 놀고, 8시간 쉬기"로 업그레이드했다. 대공장의 고용주였던 그가 바로 8시간 노동의 시초다(Owen, 1991).

물론 억만장자 일론 머스크Elon Musk와 같은 인물도 있다. 영업비밀을 좀체 알려주지 않는 다른 부자들과 달리 그는 자신의 성공비결을 만천하에 공개했다.[9] 그 비결은 단 하나, 바로 밤낮

없이 일하는 것이다. 다른 사람들이 일주일에 50시간 일할 때 당신이 100시간 일하면, 당신은 두 배 더 벌게 된다. 아주 "간단한 수학"이라고 했다. 그는 그렇게 성공했는지 모르겠으나, 이게 그렇게 '간단하지' 않았다. 공장과 가게에서 70~80시간을 일하고도 최저임금을 겨우 받는 사람들은 뭐냐고 항변하자는 것은 아니다. 일터의 '수학' 자체가 그렇게 단순하게 작동하지 않기 때문이다.

우선 건강 문제다. 머스크가 타고난 건강 체질인지 알 수 없으나, 사람들 대부분은 장시간 노동을 오래 지속하면 건강에 문제가 생기고 안전에 비상등이 켜진다. 국제보건기구WHO와 ILO가 공동으로 이 문제를 살펴본 적이 있다. 방대한 관련 문헌을 검토한 결과, 일주일에 55시간 이상 지속적으로 일하면 치명적인 심장질환(허혈성 심질환)의 위험이 높아진다고 결론지었다(Li, 2020). 물론 개별적 편차가 있겠지만, 통계상 평균적으로 유의하게 위험성을 확인했다.

안전과 관련된 위험도 마찬가지다. 산업과 서비스업을 대상으로 한 실증분석에 따르면, 하루 12시간 혹은 일주일에 55시간 이상 일할 경우 산업재해나 부상의 위험이 높아졌다(Matre, 2021). 장시간 노동이 교대제, 특히 야간교대제와 결합되어 이루어지는 경우, 건강과 안전에 미치는 악영향은 더욱 커진다. 비만, 심장질환, 우울증을 비롯한 다양한 건강 문제와 더불어, 특히 여성은 유방암의 위험이 높아지는 것으로 알려져 있다(Lee et al., 2007).

이렇게 건강과 안전의 위험이 도사리고 있다면, 장시간 노동이 궁극적으로 생산성에 영향을 미치리라는 의심이 생기는 것은 당연하다. 사실 의심의 역사는 꽤 길다. 제1차 세계대전 때 일이다. 영국이 전면적으로 전쟁에 가담하다 보니, 전시물자 공급이 문제가 되었다. 총동원령을 내렸지만 부족 현상은 계속되었다. 연장노동도 제약 없이 늘리고, 예산 지원까지 아끼지 않았다. 게다가 전쟁 중이니, 애국주의 열기 또한 대단했다. 그런데도 물량은 계속해서 부족했다. 이를 이상하게 여긴 정부는 버논M.H. Vernon이 이끄는 연구팀을 공장에 보내 이유를 분석하게 했다. 결론은 간단했다. 장시간 노동에 노출되자 노동자는 일량의 수준을 자동적으로 조정했다. 예를 들어 평소 8시간 일하는 노동자에게 갑자기 10시간 일해야 한다는 소식을 전하면, 그는 일의 시작을 늦추거나 일의 속도를 낮추었다(White, 1987). 흥미로운 것은 이런 조정을 의식적으로 하는 게 아니었다는 점이다. 본인도 모르게, 무의식적으로 행했다. 몸이 알아서 반응한다는 것이다.

전쟁이 끝난 후 평화의 시기가 왔어도 버논의 경험은 유효했다. 기업 입장에서는 비싼 돈을 치르고 기계나 장비를 샀으니 최대한 오래 돌리고 싶은 마음이 들 수 있다. 그렇다고 사람을 더 뽑는 방법은 비용 부담이 커서 결국 기존 인력의 노동시간을 늘리는 수밖에 없다. 교대제를 도입하고 야간노동도 하게 된다. 하지만 그렇게 되면 노동자의 피로도가 높아져서 생산성이 떨어진다. 예컨대 40시간에서 60시간으로 갑자기 노동시간을 늘

렸는데 이와 함께 노동자의 시간당 생산성이 3분의 2 수준으로 떨어지면, 총생산량은 변화가 없다. 기업은 추가된 노동시간에 대해 임금을 지불해야 하므로, 노동시간 연장은 결과적으로 손해 보는 장사가 된다. 극단적인 예라고 할 것이나, 현실에는 이런 사례들이 적지 않다(Pencavel, 2016).

공장에서만 일어나는 일도 아니다. 반복적인 육체 움직임이나 정신적 작업을 요하는 일자리에서는 예외 없이 장시간 노동의 비경제성이 발견된다. 네덜란드의 콜센터를 면밀히 들여다본 연구는 콜센터에서 일하는 시간이 1% 길어질 때마다 전화 응답의 횟수가 0.9% 줄어드는 것으로 추정했다(Collewet, 2017). 연구 대상자들이 장시간 노동을 하지 않았는데도 이런 효과가 나타났다. 기존 노동시간에 더해지는 연장근무의 비경제성은 당연히 훨씬 더 크다.

노동시간에 대한 법적 규제는 왜 필요한가?

여기서 의문이 자연스레 생긴다. 장시간 노동이 비경제적이라고 한다면, 왜 경제적 유인에 의해 움직이는 기업들이 스스로 노동시간을 줄이려고 하지 않는가? 왜 법적 규제와 단체협상 그리고 여타 사회적 압력이라는 어렵고 고통스러운 과정을 통해야 노동시간이 줄어드는 것인가?

이런 아이러니한 상황에 대한 해답은 여러 가지가 있다. 우선 시간상의 불일치를 생각해볼 수 있다. 장시간 노동이 건강을 해치는 효과는 오랜 시간에 걸쳐 서서히 나타나는 경향이 있는

데, 이 때문에 단기적 산출과 이윤을 중시하는 기업들이 노동자의 건강 효과를 고려하지 않게 된다. 따라서 이런 장기적 영향이 일상의 경영 결정에 포함될 수 있도록 노동시간의 상한선을 정하는 방식으로 규제할 수 있겠다. 3장에서 살펴본 외부성의 논리를 활용하자면, 장시간 노동의 부정적 외부효과를 법적 규제를 통해 내부화하는 것이다.

또 다른 이유는 역설적이다. 개별 기업이 너나없이 경제적 합리성에 따라 행동하면, 전체적으로 최악의 상황이 발생할 수 있다(Lee & McCann, 2011). 죄수의 딜레마prisoner's dilemma와 같은 상황이다. 가상적인 예를 하나 들어보자(표 6-1). 같은 종류의 티셔츠를 생산하는 기업이 둘 있는데, 하루 노동시간을 8시간 또는 10시간으로 정할 수 있다고 하자. 지금은 두 기업 모두 8시간씩 일하고, 각각 10의 이윤을 얻는다. 일하는 시간을 10시간으로 늘리면 시간당 생산성이 떨어지지만, 티셔츠 총생산량은 늘어난다는 점을 두 기업이 모두 알고 있다. 생산이 늘어난 만큼 판매도 늘어나고, 티셔츠 가격을 공격적으로 낮출 수도 있다는 점도 알고 있다. 이때 기업 A가 이 가능성에 혹해 노동시간을 10시간으로 올리고 공격적인 가격 공세를 취했다고 하자. 기업 B는 여전히 8시간 노동을 하고 있다면, 기업 A는 생산 증가와 함께 유리한 가격으로 시장 점유율을 높이면서 이윤을 13 수준으로 올릴 수 있다. 반대로 기업 B는 타격을 입고 이윤이 5로 감소한다.

이에 잔뜩 화가 난 기업 B가 가만 있을 리 없다. 마찬가지로

표 6-1 노동시간 단축의 딜레마

		기업 B	
		8시간	10시간
기업 A	8시간	(10,10)	(5,13)
	10시간	(13,5)	(8,8)

주: 기업 A와 B는 하루 노동시간을 8시간이나 10시간으로 정할 수 있고, 기업의
선택에 따라 이윤의 수준이 정해진다. 예를 들어 A의 이윤은 자신이 선택한
노동시간뿐만 아니라 B가 선택한 데에도 영향을 받는다. A가 8시간을 선택
했을 때, B가 똑같이 8시간을 선택하면 이윤은 10이 된다. 보수행렬(10,10)
은 A와 B가 모두 10의 이윤을 얻게 됨을 의미한다. 하지만 B가 10시간을
선택하고 A가 8시간을 고수하게 되면 A의 이윤은 5로 줄어든다. 보수행렬
(5,13)의 상황인데, B의 이윤은 13으로 증가한다.

노동시간을 10시간으로 올린다. 이렇게 되면, 티셔츠 생산량이 비약적으로 늘어서 판매조차 어려워지고 가격 경쟁은 더 극심해진다. 그 결과, 기업 A의 이윤은 줄어들고 기업 B의 이윤은 조금 올라가지만, 13의 수준에 도달하지는 못한다. 두 기업의 이윤은 모두 8에 머무른다. 결국 두 기업 모두에게 손해다. 두 기업이 8시간씩 일했을 때 이윤은 각각 10으로, 전체 이윤이 20이다. 그런데 개별 이윤을 높이기 위해 10시간씩 일했을 때 이윤은 각각 8로, 전체 이윤은 16이다. 개별적 이윤을 위한 경쟁이 오히려 전체 이윤을 깎아 먹은 셈이다. 기업 전체로 보면 8시간 노동이 최적이다.

하지만 그 최적의 상황에 도달할 방법이 없다. 기업 A 입장

에서 생각해보자. 만일 기업 B가 8시간 일할 때 똑같이 8시간 일하면 이윤 10을 얻고, 10시간 일하면 이윤 13을 각각 얻는다. 10시간 일하는 게 낫다. 만일 기업 B가 10시간 일하면 어떻게 되는가. 8시간 일하면 이윤은 5고 똑같이 10시간 일하면 이윤은 8이다. 따라서 10시간이 낫다. 결국 기업 B가 무엇을 선택하든 기업 A 입장에서는 장시간 노동인 10시간이 우월하다. 상황은 기업 B에게도 마찬가지다. 두 기업 모두 최악의 상황에 갇히게 된다.

그렇다면 사회 전체적으로 더 나은 상황으로 나아갈 방법은 없을까? 기업들이 만나서 조율하는 방법이 있을 수 있다. 앞서 언급한 '자율주의' 방식이다. 시장경제에 걸맞은 이상적 방식이지만, 그만큼 어렵다. 기업들 간 강력한 합의와 그 실행을 강제할 수단이 필요한데, 현실적으로 이를 갖추기가 어렵다. 따라서 전적으로 이런 수단에 의존하는 나라는 거의 없다. 자율주의 전통이 강한 미국과 영국에도 노동시간을 제한하는 각종 법이 존재한다.

두 번째 방식은 협상을 통한 조율이다. 노동조합이 전국적으로 촘촘하게 조직되어 있어 웬만한 기업은 모두 협상의 대상이라면, 적절한 노동시간의 통제가 가능하다. 노동조합 가입률이 높고 산업별로 협상이 이루어지는 나라에서는 이 방식이 일반적이다. 독일을 비롯한 북부 유럽에서는 주로 단체협상을 통해 노동시간 단축이 이루어진다.

자율주의나 단체협상 방식이 모두 어려운 나라는 어쩔 수 없이 최후의 수단인 법적 규제에 의존하게 된다. 대부분의 나라가 여기에 속한다.

이런 관점에서 본다면, 노동법이 노동자들의 이해만을 편협하게 반영한다는 생각은 그야말로 큰 오해다. 노동시간 규제는 노동자의 건강을 보호할 뿐만 아니라, 개별 기업만이 아닌 산업 전체의 이익을 높이면서 사회적 편익을 향상하는 방식이다. 어느 누구도 손해 보지 않는다. 종종 특정 개별 기업이 나서서 노동법에 불만을 표시하는 경우가 있는데, 노동시장에 대한 법적 규제는 개별 기업이 아니라 시장 전체를 위한 것임을 알아야 한다.

너무 긴 시간, 너무 짧은 시간: 단시간 노동은 덕인가, 덫인가

지금까지 논의한 것은 주로 국가의 평균 노동시간이다. 이미 여러 통계와 관련해 평균의 위험성에 대해 살펴본 바 있다. 일하는 사람들 각각의 사정이 현저히 다르고 심지어 분열하는 상황에서는 평균의 수치가 그 의미를 잃고 때로는 상황을 오도한다. 일하는 시간도 마찬가지다.

적절한 예는 한국에서 찾을 수 있다. 20년 전만 하더라도 한국에서 48시간 이상 일하는 것은 '기본'이었다. 앞서 말했듯 국제노동협약 1호가 주당 48시간 이상 일하지 않도록 정했다는 점을 고려하면, 한국인 대다수는 장시간 노동자였다. 이후, 법정 노동시간이 꾸준히 줄고 노사협상도 활발해지면서 장시간 노동

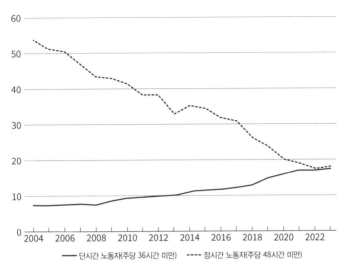

그림 6-3 줄어드는 장시간 노동자, 늘어나는 단시간 노동자(한국, %)

─── 단시간 노동자(주당 36시간 미만)   ---- 장시간 노동자(주당 48시간 미만)

출처: 한국노동연구원, 〈2024 KLI 노동통계〉

은 줄었다(그림 6-3). 20년이 지난 현재, 장시간 노동 비율은 급속히 줄어서 20% 아래로 내려갔다. 물론 한국과 비슷한 수준의 국민소득을 가진 나라들이 7~8% 수준[10]인 것을 고려하면 여전히 갈 길은 멀다.

장시간 노동의 빈도가 줄어들면서 평균 노동시간도 제법 빠르게 줄었다. 공식적인 통계로는 2023년 현재 주당 40시간이 되지 않는다. 하지만 평균 노동시간 단축을 이끈 다른 '일등공신'도 있다. 바로 단시간 노동이다. 20년 전에는 주당 36시간 일하는 단시간 노동이 약 8%에 불과했지만, 그 비율은 꾸준히 늘었다. 지금은 단시간 노동의 비율이 장시간 노동의 비율과 비슷해졌다.

장시간 노동이 줄어든 것은 반길 일이다. 경제적으로도 이익이고 사회적 후생의 증가효과도 크다. 그런데 단시간 노동은 조금 복잡하다. 단시간 노동을 하는 이유가 다양하고, 그 이유에 따라 좋은 소식일 수도 나쁜 소식일 수도 있기 때문이다. 우선, 평균 40시간을 넘어서는 전일제 노동이 불가능하거나 이를 원하지 않는 사람들에게 35시간 이하의 단시간 노동은 도움이 된다. 특히 가사와 돌봄 때문에 시간적 제약이 있는 여성에게는 대안적 일자리가 될 수 있다. 흔히 '자발적voluntary' 단시간 일자리라고 부르는데(이것이 엄밀한 의미에서 '자발적'인지에 대해서는 뒤에서 살펴본다), 여성의 비율이 압도적으로 높다(그림 6-4). 여성의 경우 32% 이상이 단시간 노동을 하지만, 남성의 경우는 17% 정도에 불과하다. 유럽의 국가들은 여성의 경제활동 참여를 위해 단시간 노동을 적극적으로 장려해왔다.

하지만 원하지 않는 단시간 노동도 있다. 전일제 일자리를 찾지 못해 임시방편으로 단시간 일자리를 선택하는 경우인데, 청년층, 여성층, 노인층에서 흔히 발견된다. 대부분의 경우, 일하는 시간이 짧아 필요한 만큼의 수입을 올리지 못한다. 앞서 2장에서 본 것처럼, 이런 형태는 기본적으로 불완전고용이다. 그리고 여건만 된다면 더 많은 시간을 일하기 바란다는 점에서 이들의 단시간 노동은 비자발적이다. 따라서 이런 노동자들에게는 적극적으로 전일제 일자리의 기회를 만들어주는 것이 중요하다. 그

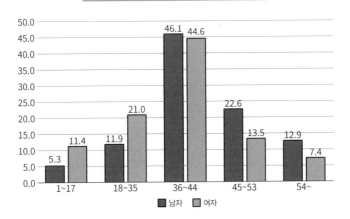

그림 6-4 일하는 남자와 일하는 여자의 시간은 다르다:
주당 노동시간별 고용 분포(한국, 2023, %)

주: 숫자는 주당 노동시간대별 고용 비율을 보여준다. 예컨대 2023년 남성 노동
자의 12.9%와 여성 노동자의 7.4%가 54시간 이상 일했다.
출처: 통계청

렇지 않으면, 임시방편으로 택한 단시간 노동에서 빠져나오지
못하고 갇히게 될 위험이 높다. '디딤돌'이 아니라 '덫'이 될 수
있다는 것이다.

위험은 이뿐만이 아니다. 단시간 노동을 한다는 사실만으로
'가중처벌'이 되기도 한다. 짧게 일하니까 전체 수입이 적은 것
은 당연하겠지만, 그 외에도 다른 은밀한 형태의 차별이 있다.
단시간 노동과 전일제 노동을 제대로 비교하려면 시간당 임금
을 따져야 하는데, 그 격차가 만만치 않게 크다. 유럽 국가에서
는 적게는 10% 이내, 많으면 30%에 육박하는 격차가 있다. 한
국의 단시간 노동자는 더 서럽다. 시간당 임금격차가 30%를 훌

쩍 넘는다. 짧게 일한다고 시간당 임금도 잘라먹는 것이다.

이러한 임금 차별은 단시간 일자리의 고용 불안정과 연결되어 있다. 한국의 경우, 상용직 노동자 중 단시간 노동을 하는 비율은 6%에 불과하다. 그런데 임시직의 경우는 51.6%, 일용직의 경우는 40.2%다. 그만큼 많은 단시간 일자리가 이중의 '덫'에 걸려 있다는 뜻이다.

가사노동의 시간: 보이지 않는 시간, 불평등한 시간

한 가지 더 고려할 문제가 있다. 앞서 자발적 단시간 일자리는 전일제 일자리를 원하지 않는 개인 선호에 따른 선택이기에 '자발적'이라고 볼 수 있다고 이야기했다. 하지만 진정 '자발적'인 것일까.

유럽으로 가보자. 21세기 초입부터 단시간 노동(또는 파트타임)이 여성을 중심으로 확대되었을 때 환호와 우려의 목소리가 겹쳤다. 여성의 경제활동을 촉진할 기회라고 환영하면서도 단시간 일자리가 대개 질이 좋지 않은 점을 우려했다. 정책적인 조치가 필요하다는 주장도 많았다. 물론 신중하게 접근하자는 의견도 있었는데, 이 신중론의 핵심이 자발적 단시간 일자리에 대해서는 정책적 조치나 지원이 필요 없다는 것이었다. 본인이 원해서 하는 일인데, 사회가 나서서 이렇다 저렇다 해서는 안 된다는 입장이다.

이를 둘러싸고 꽤 논쟁이 거셌다(Lee & McCann, 2006). 쟁점은 딱 하나였다. 만일 어떤 여성이 아이나 늙은 부모를 돌보아야 하기에 생기는 시간적 제약 때문에 단시간 일자리만 '선택'할 수 있다면, 이 선택은 자발적인가? 또 만일 이 여성이 사는 지역에 원래 무상 공공보육시설이 있었는데 정부의 민영화 정책에 따라 돌봄 서비스의 비용이 감당 가능한 수준 이상으로 높아져 아이를 스스로 돌보아야 하는 상황에서 단시간 일자리를 '선택'했다면, 이를 자발적이라 할 수 있는가? 이때 정부 정책이 바뀌어 무상 돌봄 서비스가 제공된다면 이 여성은 다시 전일제 일자리를 찾게 될 것이고, 이런 변화가 뜻대로 진행되지 않을 경우에는 '비자발적' 단시간 노동에 처하게 된다. 똑같은 일을 하는데, 환경에 따라 자발성이 비자발성으로 바뀌는 것이다. 즉 개인적 선호는 진공 상태에서 개인이 고르는 것이 아니라, 유무형의 사회적 제약에 영향을 받을 수밖에 없다는 것이다. 선호는 적응적adaptive이며, 자발성은 가변적이라는 이야기다.

굳이 거창한 공공정책만 따질 것도 없다. 경제활동에 대한 여성의 '선호'가 돌봄을 포함한 가사노동에 지대한 영향을 받는다면, 가사노동을 둘러싼 사회적 규범이나 가정 내 역학관계가 중요해진다. 가사노동은 여전히 대체로 여성의 몫이다. 가부장적 규율이 마치 형법처럼 존재하는 나라가 여전히 많다. 이를 포함해 전 세계적으로 살펴보면, 남성이 가사노동을 담당하는 비율은 약 26%에 불과하다. 그나마 성평등에 애쓴다는 선진국의 경우는 전반적으로 사정이 나은 편이지만, 여전히 격차가 아주 크다. 선진국에서 남성이 가사노동에 기여하는 비율은 35%인 것으로 추정된다(UN Women, 2023). 한국의 상황은 더욱 열악

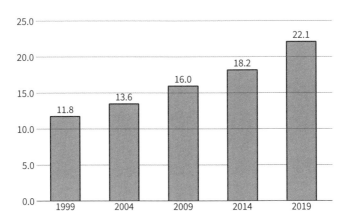

그림 6-5 한국 남성의 가사노동 기여 비율(%)

출처: 통계청, 생활시간조사

하다(그림 6-5). 지난 수십 년간 꾸준한 변화가 있었다고는 하지만, 남성의 가사노동 기여 비율은 이제 겨우 세계 평균에 접근하는 수준이다.

2장에서 살펴본 대로, 가사노동은 무급이거나 또는 유급이라 하더라도 과소평가되는 일의 형태다. 한마디로 보이지 않는 '숨은 노동'이다. 동시에 가사노동의 여부와 규모는 유급 일자리의 선택을 결정짓는 중요한 요인이다. 한국을 비롯한 대부분의 국가에서는 남성의 가사노동 부담이 증가하면서 여성의 경제활동 참여율도 높아졌다. 이 비율은 앞으로 더 높아질 수 있고, 또 그래야 한다.

이를 위해서는 중요한 전제가 한 가지 있다. 장시간 노동의 존재는 가사노동을 균형 있게 부담하는 데 가장 큰 걸림돌이 된다. 주당 50~60시간 일하는 사람에게는 가사노동에 할애할 시간적 여유가 없다. 앞서 본 그림 6-4는 남성이 장시간 노동을 할 가능성이 훨씬 높다는 점을 보여준다.

결국 보이지 않는 일(가사노동)을 잘 나누어야, 보이는 일(유급 일자리)도 잘 나눌 수 있다. 또한 보이는 곳의 일을 줄여야, 보이지 않는 곳의 일을 나누는 것이 수월해진다. 노동시간이 점점 분화되면서 장시간 노동과 단시간 노동의 연계는 더욱 중요해지고, 노동시간과 '생활 시간'도 보다 밀접하게 연결되고 있다. 이는 가사노동을 비롯한 '생활 시간'을 개선하지 않고서는 노동시간을 줄이기 쉽지 않다는 뜻이기도 하다.

일하는 시간은 줄이고 일자리는 늘리자?: 일자리 나누기의 가능성과 한계

장시간 일자리와 단시간 일자리의 관계를 좀 더 깊이 생각해보자. 한국의 경우 장시간 노동은 줄었지만 여전히 상대적으로 높은 수준이고, 단시간 노동이 늘어나는 추세이나 그중 상당 비율은 불완전고용 상태에 있다는 점을 이미 확인했다. 한쪽에서는 일하는 시간을 줄여야 하고, 다른 한쪽에서는 일하는 시간을 늘려야 하는 상황이다. 그렇다면 당장 아이디어 하나가 떠오른다. 기업이나 전체 경제 입장에서는 생산과 서비스의 수준을 유지해야 하기에 노동시간 단축이 어렵다면, 장시간 노동을 줄이고 그 대신 '비자발적' 단시간 일자리의 노동시간을 늘리면 되지 않는가. 꼭 단시간 일자리만 활용해야 하는 것은 아니다. 장시간 일자리에서 시간을 떼어내 새로운 일자리를 만들어 실업자에게 제공할 수도 있다. 즉 노동시간을 나누어 일자리를 만든다는 주장이다. 흔히 '일자리 나누기work-sharing'라고도 한다. 직관적으로는 상당히 설득력이 있는 주장이지만, 현실은 녹록치 않다.

기업 차원에서는 비교적 현실성이 있다. 때때로 직원들 사이에 일이 제대로 배분되지 않아 누구는 정시에 퇴근하고 누구는 야근을 밥 먹듯이 하는 상황이라면, 일을 좀 더 고르게 나눌 수 있다. 물론 그렇게 일의 효율성을 올리고 기업의 경영 성과도 좋아지면, 궁극적으로는 새로운 일자리가 생길 수도 있다.

기업 사정이 어려워질 때는 정반대의 논리를 적용하면 된다. 경기 악화로 매출이 급감한 경우, 일부 직원을 해고하는 대신 전체 직원의 노동시간을 줄여 업무량을 줄이는 방법도 가능하다. 해고라는 극단적인 수단을 쓰지 않아도 된다. 이런 방식에는 또 다른 이점이 있다. 만일 기업이 해고를 감행했다면, 경기가 회복되었을 때 직원을 새로 채용해야 한다. 채용 과정 자체가 시간과 비용이 드는 일인데, 이렇게 뽑은 직원이 예전에 해고한 베테랑 직원만큼 일을 잘할 수 있을지는 알 수 없다. 해고보다는 일자리 나누기를 선택함으로써, 기업은 비용 절감과 생산적 인력 유지라는 두 마리 토끼를 잡을 수 있다.

이러한 방식은 유럽에서 자주 찾아볼 수 있는데, 특히 노사간 대화와 협상이 효과적으로 이루어지는 기업에서 일자리 나누기가 더 흔한 편이다. 노동자와 기업뿐만 아니라 노동자들 간의 이해관계도 조율해야 하기 때문이다. 노동조합이나 노동자 협의체가 큰 역할을 할 수 있다.

미국은 다르다. 20세기 초에는 일자리 나누기를 적극적으로 활용하려는 움직임이 있었으나, 결국 해고를 인정하되 그 공정성을 확보하는 방식으로 타협이 이루어졌다. 흔히 '선임자 우선 원칙seniority principles'이라 불리는데, 이에 따르면 가장 최근 입사한 사람이 가장 먼저 해고 대상이 된다. 이렇듯 선임자의 고용 안정성을 우선적으로 보장하기에 미국 기업은 해고 결정에서 매우 자유로운 편이다. 물론 노조는 해고에 대응하지만, 그 핵심 구성원들은 대체로 선임자 우선 원칙 덕분에 고용 안정성을 누리기 때문에 아무래도 덜 적극적인 모습을 보이곤 한다(Lee, 2004).

기업을 넘어서면 노동시간을 줄여 일자리를 창출하는 방식이 좀 더 불확실해진다. 예를 들어 어느 나라에서 100만 명이 하루 10시간씩 일하고 있었는데, 국민의 '저녁이 있는 삶'을 위해 노동법 개정이든 전국적 노사협상을 통해서든 노동시간을 하루 8시간으로 줄였다고 하자. 이런 획기적인 단축으로 전체 노동시간이 총 200만 시간 줄어든다는 점에 주목한 어느 컨설팅 회사가 이 부족분을 메우기 위해 2만 5,000개의 일자리가 새로 창출될 것이라고 예측했다. 노동시간은 줄고 일자리는 늘고 저녁 시간의 여유까지 생겼으니, 사람들은 '일석삼조'라고 기뻐했다.

하지만 이 국민적 기쁨은 오래가지 못할 공산이 크다. 노동시간 단축과 일자리 창출은 단순히 숫자를 더하고 빼는 산수 문제가 아니라 궁극적으로는 사람과 기업의 문제이기 때문이다. 첫째, 시간이야 같은 시간이지만, 그 노동시간을 수행하는 사람은 이질적이다. 기업 내부에서는 비슷한 일을 비슷한 방식으로 하는 사람들이 모여 있기에 일자리를 나누는 것이 가능한 데 반해, 무수히 다른 기업이 존재하는 경제 전체에서는 일의 종류와 숙련도, 심지어 육체적·심리적 요구 사항도 제각각이다. 예를 들어 첨단 IT 기업에서 노동시간 단축으로 추가 인력이 필요하다고 해서, 최근 대량 실업이 발생한 유통산업에서 그 인력을 조달할 수는 없다. 누구에게나 공평한 1시간이지만 일터에서의 그 1시간은 질적으로 다른 내용과 특성을 가지므로 단순히 합산할 수 없다.

둘째, 법정 노동시간이나 계약 노동시간이 줄어든 이후에는 경제 전체적으로 필요한 노동시간이 변할 수가 있다. 앞선 예에서는 200만 시간의 부족분이 주어진 것으로 가정했는데, 기업과 노동자가 어떻게 반응하느냐에 따라 이 가정도 현실적이지는 않다. 이제까지 종종 다루었던 '선물 교환'이 벌어지는 상황을 생각해보면 된다. 노동시간이 줄어들면 업무 부담이 줄어들면서 직원들의 건강과 안전이 개선되어 시간당 생산성이 올라갈 가능성이 있다. 게다가 기업이 노동 강도를 높이는 전략을 택하기도 한다. 프랑스가 법정 노동시간을 35시간으로 줄였을 때 광범위하게 발견된 현상이 바로 노동 강도 강화다(Askenazy,

2004). 이런 생산성 효과가 있으면, 노동시간 단축으로 예상했던 추가 고용 수요가 실현되지 않을 수 있다.

여기서 고려해야 할 사항이 하나 더 있다. 노동시간이 줄어들면 그만큼 월급도 줄어드는가, 아니면 월급은 예전 그대로 유지되는가 하는 점이다. 통상적으로 노동시간 단축은 노동자가 집에 가져가는 월급봉투가 축나지 않게 하는 방식으로 이루어지는데, 이런 경우 기업의 생산 합리화 및 생산성 향상 전략은 한층 더 공격적으로 추진된다. 그 결과, 신규 채용을 가능하면 피하려 한다.

명확하면서 긍정적인 면도 있다. 소득은 유지하면서 일하는 시간이 줄어들게 되면, 여가 시간이 늘어나며 소비가 증가한다. 이렇게 늘어난 소비가 기업의 투자를 유도하고, 그에 따라 일자리가 추가로 생겨날 수 있다.

이렇듯 복잡미묘한 요인을 다 합치면, 그 전체적인 효과는 어떻게 될 것인가? 가장 정직한 대답은 '선험적으로 알 수 없음', 또는 '경우에 따라 다름'이다. 이론적으로 예측할 수 있는 문제가 아니라 경험적 문제라는 뜻이다. 다행히도 최근의 실증 연구는 노동시간 단축의 효과에 대해 긍정적인 편이다(Garnero et al., 2022). 지난 30년 동안 법정 노동시간을 줄인 나라들(벨기에, 프랑스, 이탈리아, 포르투갈 등)의 경험 사례를 분석한 결과, 실제 노동시간은 확실히 줄었으나 일자리에는 긍정적이거나 부정적인 영향이 없었다(OECD, 2022). 생산성과 임금에도 큰 변화가 없었다.

물론 기대에 부응하지 못했다는 평가도 있을 수 있다. 프랑스를 비롯한 많은 국가가 법정 노동시간을 단축할 때 새로운 일자리 창출을 핵심적 근거로 내세웠다는 점을 고려하면, 고용창출효과가 미미한 것은 실망스러운 결과이다.

다른 한편으로는 전혀 놀랍지 않은 결과다. 애초부터 불확실한 것을 기정사실화한 것이 문제였다. 어떤 정책을 추진할 때 그 수용성을 높이기 위해 정책이 감당할 수 없는 영역의 것들까지 약속하는 정치적 관행이 오히려 더 큰 문제일 수 있다. 이는 최저임금을 다루면서 이미 살펴본 사안이기도 하다. 법정 노동시간을 바꾸어서 실제 노동시간이 줄었는데 임금과 일자리가 끄떡없다면, 그것만으로도 제 목적을 넉넉히 이룬 것이라고 평가할 수 있을 것이다.

간추리는 말
일하는 시간의 이중적 과제

간단치 않은 주제였다. 긴 역사가 있고 최근의 논쟁도 까다로웠다. 무엇보다 뜨거운 열망과 차가운 현실이 끊임없이 충돌하는 공간이었다. 요약해보자.

일하는 시간은 저절로 줄어들지 않는다. 생산성이 높아지고 경제가 성장해서 소득이 늘어나는 만큼 일하는 시간이 줄어들 것이라는 '경제적' 예측은 틀렸다. 케인즈를 비롯한 천재적인 경제학자들의 낙관은 아쉽게도 '근거 없음'으로 판명 났다. 오히려 노동시간 단축은 시간의 '분배'라고 생각한 토마스 모어의

《유토피아》가 더 현실적이었다. 하지만 경제적·물질적 토대를 무시할 수도 없다.

지난 세기의 경험을 보면, 경제적 진보와 사회적 요구가 결합될 때 비로소 일하는 시간이 줄었다. 노동시간 단축 입법, 단체협상, 사회적·정치적 압력 등이 노동시간 단축의 계기를 만들었다. 이러한 노력이 끈질길수록 노동시간은 빨리 줄었다. 20세기 초 '노동시간의 선진국'이었던 미국이 20세기 후반에는 유럽에 뒤처진 이유다. 노동시간의 역사는 '구하지 않으면 얻을 수 없는' 울퉁불퉁한 역사였다.

장시간 노동은 반인간적이고 비경제적이다. 육체적·정신적 건강에 치명적인 영향을 줄 뿐 아니라 생산성을 떨어뜨린다. 시간이 늘어나면 일의 속도와 질은 떨어진다. 게을러서 그런 것이 아니다. 몸이 그렇게 반응한다. 수많은 연구가 입증한 사실이다. 100시간 이상 일하도록 해야 한다는 자수성가 기업인이나 철없는 정치인들은 남에게 그런 것을 권해서는 안 된다. 타인에게 아픔과 죽음을 권해서는 안 된다.

장시간 노동의 비경제성에도 불구하고 기업은 자율적으로 일하는 시간을 줄이는 데 어려움을 겪는다. 모든 기업이 동시에 함께 노동시간을 줄이는 조율 과정이 필요하기 때문이다. 현실적 해법으로는 입법적 수단이나 단체협상을 통한 공동행위가 있다. 이런 '반시장적' 개입이 오히려 노동시장 전체의 이익과 효율성을 높인다.

한편 장시간 노동이 줄어들면서 새로운 과제에 직면했다. 단시간(또는 파트타임) 일자리다. 유연하게 시간을 운영하면서 일할 필요가 있는 사람들에게는 긍정적이지만, 원하지 않는데도 별 대안이 없어 택한 사람들도 많다. '자발적'이라고 하더라도 불균등한 가사노동 부담 때문에 어쩔 수 없이 단시간 일을 택한 경우도 많다. 자발성과 비자발성의 경계에 있는 경우다. 게다가 단시간 일자리의 시간적 유연성에는 큰 비용이 따른다. 벌칙 조항이 많다. 임금격차도 크고, 고용계약도 불안정적이다. 잠시 머물러 가는 일자리라고 생각했다가 영영 머무르는 '덫'이 될 위험도 있다. 시간의 차이가 곧 차별의 이유가 되지 않도록 해야 한다.

이와 관련해서 보다 근본적인 과제가 있다. 보이지 않는 시간, 가사노동이다. 가사노동은 여성의 일자리 형태를 결정하는 데 중요한 제약 요인이다. 가사노동의 공평한 분배와 돌봄의 사회적 책임이 강화되어야만 진정한 의미에서의 자유로운 노동시간 선택이 가능하다. 보이지 않는 일을 잘 나누어야 보이는 곳의 일도 잘 나눌 수 있다.

역사는 일하는 시간을 줄이고, 일하고 싶은 만큼 일하는 쪽으로 흘러간다. 이렇게 노동시간이 줄어드는 만큼 일자리가 늘어날 것이라는 기대도 있다. 그러나 시간을 나누면 일자리가 늘어날 것이라는 산술적 기대는 늘 실현되지는 않는다. 기업과 노동자들의 반응이 복잡하게 엉키어서 결과가 불확실해지기도 한다. 한마디로 '조건부 가능성'의 문제다. 그리고 설령 일자리가 늘어나지 않는다 하더라도 일하는 시간이 줄어서 더 많은 사람

들이 '여유로운 저녁'을 누릴 수 있다면, 그것만으로도 충분히
의미 있는 일이 아닌가.

7장

기술 변화:
풍요와 그늘,
분화하는 일자리와
분열하는 일터

노동시간의 역사가 가다가 멈추기를 반복하는 신호등의 역사였다면, 기술 변화의 역사는 중단 없이 달려가는 고속도로의 역사였다. 새로운 기술이 도래하면 새로운 경제가 왔고, 일터 또한 같이 변했다. 그 과정은 늘 시끌벅적했으며, 대체로 풍요를 가져다주는 동시에 일자리를 파괴하면서도 창조하는 양면성을 지녔다. 일하는 사람들에게 경탄과 두려움의 대상이었다. 기술 변화의 경제적 효과에 대한 예측은 틀리기 일쑤였고, 대응 정책은 엇박자가 났다. 이 혼돈스러운 세계로 들어가보자.

새로운 기술은 전체 일자리를 줄인다는, 어쩔 수 없는 편견

엄청난 제작비를 투자하여 만든 영화를 '블록버스터'라고 한다. 제2차 세계대전 당시 거리 하나를 통째로 초토화했던 폭탄의 이름에서 따왔다고 한다. 돈 폭탄으로 영화를 만들어 온 거리 사람들을 싹쓸이하려는 것이, 그리 틀린 말은 아니다. 1980년대 중반에는 어느 평범한 사업가가 비디오 대여점을 열었는데 그 이름을 야심 차게 '블록버스터'라고 붙였다. 그야말로 '대박'이 났다. 순식간에 미국 전역으로 퍼져 나갔고, 불과 20년 만에 8만 명 이상을 고용하는 대기업으로 성장했다. 잠깐 돈 벌기에 좋은 직장으로 소문이 났다. 슈퍼마켓이나 식당보다는 깔끔하고 '핫한' 비디오 가게가 당연히 더 매력적이었기 때문이다.

영화를 사랑해 마지않는 한국에도 비디오 '폭탄'이 떨어졌다. 길거리에 빈 자리만 보이면 비디오 대여점이 들어섰다. 1994년 당시 등록된 가게가 2만 7,000여 곳이었다.[11] 가게당 평균 두어

명의 직원이나 아르바이트생을 고용했다고 가정하면 5만 명 이상의 일자리가 생겨났을 것이다. 이렇게 많은 일자리가 생겨도 경쟁은 치열했다. 2010년 알바몬 조사에 따르면, 비디오 대여점(도서 대여 포함) 일자리를 찾는 경쟁이 그야말로 블록버스터급이었다. 취업 경쟁률이 무려 112.9 대 1로, 압도적인 1위였다. 배달, 단순 노무, 텔레마케팅, 공사 등 다른 분야는 모두 미달 사태였다.[12]

그런데 열광의 시대는 오래가지 못했다. 넷플릭스Netflix를 시작으로 스트리밍 서비스가 본격화되면서 블록버스터 매장들은 성공의 속도보다 더 빠르게 몰락했다. 2010년대 들어서는 사실상 파산 단계에 들어섰다. 비디오라는 '혁명적' 기술이 인터넷이라는 또 다른 '혁명적' 기술로 대체되면서, 블록버스터급 일자리 파괴도 일어난 것이다. 한편 넷플릭스는 직원 수를 빠르게 늘려갔고, 젊은이들에게 새로운 선망의 기업이 되었다. 2023년 현재, 약 1만 3,000명이 정규직으로 일하고 있는데, 비정규직이나 하청업체 직원까지 포함하면 실제 숫자는 훨씬 더 클 것으로 알려져 있다.

기술이란 묘한 것이다. 경제발전은 기본적으로 기술발전을 전제로 한다. 기술혁신 없이는 오늘날의 물질적 부가 없었을 것이라는 점은 굳이 설명할 필요도 없는 상식이다. 그래서 정치적·사회적·문화적 위해를 가하지 않는 한, 새로운 기술은 일단 환영받는다. 그런데 기술은 대부분 노동의 투입을 줄이거나 일의 효율성을 높인다. 사람이 할 일을 기계가 하기도 하고, 사람이 온전히 통제하면서 했던 일을 기계가 떠맡으면서 사람은 보조역으로 밀려나기도 한다. 3장에서 논의했듯이 일이란 돈벌이 이상의 사회적 가치를 가진다는 점을 고려하면, 새로운 기술은 삶의 효율성을 추구하는 도구이면서도 동시에 삶을 위태롭게 하기도 한다.

이렇게 보면, 기술과 일자리에 대한 논의가 주로 '일자리를 위협하는 기술'에 몰두하는 것은 인지상정이다. 미국에서 블록버스터가 몰락하고 넷플릭스가 몰려올 때, 사람들은 밤새 사라지는 일자리를 걱정했다. 자극적인 나쁜 소식을 좋아하는 언론은 이런 걱정을 증폭시켰다. 일자리 '걱정'이 순식간에 일자리 '공포'로 바뀐다. 넷플릭스와 그 주변에서 새롭게 늘어나는 일자리는 눈에 들어오지 않는다. 인간의 시야란 일상 속 좁은 곳을 향하기 마련이라서 거시적인 균형을 기대해서는 안 되기도 하겠지만, 보다 엄밀히 따지자면 이러한 상대적 무관심은 사실 매우 합리적이다. 숫자상으로는 수만 개의 일자리가 없어지고 다시 수만 개의 일자리가 만들어지는 것이지만, 일자리가 없어지는 곳은 여기 '우리 동네'이고, 일자리가 새로 생기는 곳은 저기 '실리콘밸리'이기 때문이다. 따라서 대부분의 노동자들은 신기술에 대해 본능적으로 '경계 태세'를 취한다.

긴 역사가 이를 증명한다.[13] 산업혁명 초기의 기계파괴운동 Luddite movement 은 원초적이면서 상징적 사건이다. 당시 섬유공장에 새로운 직조기계를 대규모로 들여오자, 노동자들이 일자리를 잃을 것을 걱정하여 기계를 파괴했던 사건이다. 경영계와 정치권은 '무식한 것들이' 시장의 법칙을 모르고 '무식하게' 기계를 파괴한다고 비난하며, 이런 조직적 움직임을 폭력적으로 진압했다.

20세기에 들어서는 자동화 설비가 논란의 중심에 섰다. 특히 세계 대공황으로 사상 초유의 대규모 실업을 겪으면서 일자리 문제가 가장 큰 사회적·정치적 걱정거리가 되었다. 공교롭게도 이 시기 세계 경제는 '자동화automation'의 물결을 맞이했다. 자동화라는 말도 1940년대부터 본격적으로 사용되기 시작했는데, 주로 공장의 조립 과정을 자동화하는 데 초점이 맞춰져 있었다. 그야말로 세계적 논쟁이 뒤따랐다. 일자리를 말살하리라는 공포의 시나리오가 지배적이었고, 그중에서도 주목받은 주장은 "자동화는 대공황보다 더 많은 일자리를 파괴할 것"이라는 예측이었다. 논쟁은 암울했지만, 역설적이게도 당시 세계 경제는 황금기를 맞아 '일자리의 봄날'을 경험하던 시기였다.

결과적으로는 틀렸지만, 이런 우울한 예측은 노동자들이 대부분 느끼는 감정이기도 했다. 예를 들어 스웨덴의 청소 노동자 마이아 에켈뢰브가 자신의 삶을 기록한《수없이 많은 바닥을 닦으며》에는 1960년대 대사건들이 고단하고 평범한 삶의 렌즈에 포착되어 있다. 꽤 낙천적이던 그녀의 담담한 글쓰기가 어두워지는 지점이 있다. 낯선 기술이 몰려온다는 소문 때문이다. "오늘 밤에는 미래가 두렵다. 공장이 하나둘씩 차례로 문을 닫는다. (…) 자동화와 컴퓨터가 없는 곳이 없다."(마이아 에켈뢰브, 1970/2022, p. 63)

그 이후에도 논쟁의 풍경은 비슷했다. 차이가 있다면, 학계와 언론계의 '호들갑'이 더 커졌다는 점이다. 10년 전으로 돌아가보자. 학습로봇과 인공지능을 앞세운 4차 산업혁명의 깃발이 세워지자마자, 갑자기 시끌벅적해졌다. '신세계'의 도래를 구가하는 용어들이 쏟아졌다. 예전과는 질적으로 구별되는 "제2의 기계시대"가 와서, 이제 인간은 기계와의 가망 없는 전쟁에 돌입했다고 했다. 너나없이 일자리 파괴를 걱정했다. 인간들의 참혹한 일자리 경쟁을 예언하는 묵시록도 뒤따랐다.

컴퓨터 기술 덕분에 예전과 달리 구체적인 예측치가 쏟아졌다. 옥스포드대학의 연구팀이 신호탄을 먼저 쏘아 올렸다(Frey & Osborne, 2017). 그들은 미국에서 향후 10년 내에 45% 정도의 일자리가 소멸할 위기에 처했다고 발표했다. 영국과 독일도 각각 35%의 일자리가 위험하다고 덧붙였다. 언론에서는 이 한 줄기 신호탄을 '세기의 불꽃놀이'로 증폭시켰다. 1980년대에 떠들썩했던 "노동의 종언"도 되살려냈다(Rifkin, 1995). 기술혁명의 아이콘인 실리콘밸리에서는 이런 '숙명'을 받아들이고 생존의 방책으로 기본소득을 도입해야 한다는 주장도 나왔다. 세계경제포럼World Economic Forum은 이 열광적인 반응을 모아서 다보스의 차가운 눈더미도 녹일 기세로 뜨겁게 논쟁을 이어갔다. 개발도상국도 논쟁을 피할 수 없었다. 개발도상국의 빈곤 퇴치를 목표로 하는 세계은행이 나섰다. 자동화는 비숙련 노동자에게 보다 큰 타격을 줄 수 있다는 점에 주목한 연구의 결론은 파국적이었다. 개발도상국에서는 일자리의 약 3분의 2가 자동화의 희생양이 될 위험이 있다는 것이었다(World Bank, 2019).

한마디로 '선정적인' 수치라는 이야기인데, 바로 그 선정성 때문에 학계는 조심스러워졌지만 언론의 반응은 식을 줄 몰랐다. 몇 년 후 OECD가 좀 더 엄밀한 분석을 해본 결과 14%의 일자리만이 자동화의 위험에 처해 있다고 발표했을 때, 학계와 언론의 반응은 미지근했다. 요컨대 일자리 총량만 두고 보면, '쓰나미'는 없었다. 없어지기도 했지만 새로 생겨나기도 해서, 전체적으로 큰 변화가 없다. OECD의 '미지근한' 수치마저도 사실상 과대 추정이었다. 결국 '이번에는 다르다'가 아니라, 다시 한번 '이번에도 마찬가지'였던 셈이다(Georgieff & Milanez, 2021).

왜 예측은 실패하는가: 비관과 낙관 사이

그렇다면 왜 틀리는가? 더 정확히 묻자면, 일자리 '대란'의 예측은 왜 계속 틀리고, 그럼에도 불구하고 기술에 대한 일반적인 두려움은 왜 사라지지 않는가? 대답의 단초를 이미 일부 언급했지만, 체계적으로 그 이유를 살펴보자.

새로운 기술이나 혁신으로 전체적인 일자리가 줄어든다는 일반적인 주장이나 '로봇이 일자리를 빼앗는다'는 드라마틱한 논평은 부분적인 관찰에서 나올 때가 많다. 그러나 기술과 일자리의 관계는 그렇게 단순하지 않다.

무엇보다도 비디오 대여점 블록버스터의 경우에서 보듯, 새로운 기술이 등장하면 기존 일자리는 없어지고 새로운 일자리가 오기 마련이다. 당연한 말이지만, 굉장히 중요하다. '자동화'라는 말이 유행하기 시작한 1940년대의 일자리 사정을 상상해보자. 당시 처음으로 '자동용접기계 조작원'이라는 직업이 생겨났고 '갬블링 딜러gambling dealer'라는 문제적 직업도 나타났다. 이번에는 21세기의 일자리를 떠올려보자. 와인 산업의 세계화와 함께 소믈리에가 주요 직업군에 이름을 올렸고, 환경 친화적 산업이 확대되면서 '풍력터빈 기술자wind turbine technician'도 등장했다. 변화가 적지 않았음을 짐작할 수 있다.

보다 구체적으로 따져보자. 지금 우리가 알고 있는 직업 occupations 중 어느 정도가 1940년대에 존재했을까? 또는 1940년대에 존재했던 직업 중에 어떤 것이 여전히 남아 있을까? MIT의 데이비드 오토David Autor가 이끄는 연구팀이 미국 사례를 분석한 결과, 2018년을 기준으로 약 63%에 달하는 직업군이 1940년대에는 존재하지 않았다(Autor et al., 2024). 농업과 같은 '전통적'인 산업에서는 직업적 연속성이 강한 곳조차 50%의 직업이 바뀌었고, 전문 직업군에서는 그 변화폭이 76%에 달했다. 다시 말해 지난 80년 동안 노동시장은 '물갈이'를 했다는 뜻이다. 그동안 한국에서도 엘리베이터 안내원과 타자수는 사라졌고, 휴대폰 판매원과 성형 컨설턴트가 생겨났다.

이런 물갈이의 이면에는 기술 변화가 빚어낸 복합적인 작용이 있다. 새로운 기술은 기존 일자리를 파괴하기도 하지만, 여러 가지 방식으로 새로운 일자리를 만들어내기도 한다. 넷플릭스의 사례에서 본 것처럼, 새로운 기술이 직접적으로 일자리를 창출하기도 하고, 동시에 기존 자원의 생산성을 높이는 데 기여하기도 한다. 예컨대 한층 업데이트된 컴퓨터가 단순 직무를 떠맡아 하면, 이 업무를 맡고 있던 기존 인력이 다른 중요한 업무에 추가적으로 투입될 수 있고 이에 따라 기업의 전체 매출이 늘어날 수 있다. 신기술은 해당 일자리job를 통째로 없애기보다는 일부 직무task를 대체하는 경우가 많기 때문에, 이런 보완적 생산성 효과는 상당히 크다. 로봇이 사람을 대체하는 것이 아니라(특히 로봇 보급율이 높은 한국에서 그렇다), 사람과 로봇이 함께 일하는 사례가 대표적이다. 이 경우 노동자의 생산성은 크게 향상될 수 있다.

눈에 잘 보이지 않는 또 다른 경로도 있다. 경로가 길어서 잘 보이지 않는 경우다. 새로운 기술이 생산성을 높이면서 생산 단가를 낮추면 소비자 가격도 같이 떨어진다. 최근 컴퓨터 관련 기술혁신에서 흔히 볼 수 있는 현상이다. 이와 동시에 생산성 향상으로 노동소득이 늘어나는 효과도 있을 수 있다. 이 두 가지가 동시에 작용하면 소비자의 수요도 당연히 올라가고 이에 따라 생산도 늘어나면서 일자리도 추가적으로 창출된다.

기술 변화가 전체 일자리에 미치는 영향은 이런 상반된 요소들이 어떻게 결합하느냐에 따라 결정된다. 일자리의 파괴에만 집중하는 일자리 '대란'론은 그래서 틀릴 수밖에 없다. 결국 앞서 노동시간 단축의 고용효과에서 본 것(6장)과 비슷하게 기술 변화의 고용 영향 역시 이론적 문제가 아니라 경험적 문제인 셈이다. 그렇기에 실증연구가 많다. 지난 40년 동안 발표된 논문들 중 엄밀성과 적절성을 갖춘 130편 정도를 엄선해서 살펴본 결과, 신기술의 고용 감축효과는 매우 적었다. 대부분 긍정적이거나 적어도 부정적인 효과는 없었다고 결론 내렸다(Hotte et al., 2023). 기술 변화로 생산성은 오르고 일자리 쪽에 악영향이 없었으니, 소득 상승효과는 자연스럽게 커진 것으로 나타났다.

사실 이런 총계적인 차원에서의 긍정적인 평가는 경제학 교과서에서 일반적으로 가르치는 내용이다. 기술 변화는 전반적인 생산성 향상, 전반적인 소득 증가, 전반적인 일자리 증대를 가져온다는 것이다. 하지만 이런 낙관적인 가르침에는 중요한 함정이 숨어 있다. 지금까지 우리가 다룬 것은 일자리의 총계, 또는 전반적인 고용 영향이었다. 더 정확히 말하면, 소멸된 일자리를 빼고 새로 창출된 일자리를 더해서 얻어진 순net 일자리의 숫자를 따져왔다. 마찬가지로 소득과 생산성에 대해서는 '전반적인'이라는 전제를 달고 말했다. 평균적인 상황에 관한 이야기라고 생각해도 좋다.

다시 한번 강조하면, 이런 총계적 평균은 개별적인 상황이 확연하게 갈리는(따라서 표준편차가 큰) 상황에서는 큰 의미가 없고 심지어 상황을 호도할 수 있다. 기술에 대한 두려움은 바로 여기서 기인한다. 기술 변화로 인한 승자와 패자가 극명하게 갈리고 패자는 패배의 그림자에서 오랫동안 벗어나지 못하는 상황에서, '평균적' 개선이나 진보는 패자에게 의미가 없다. 평균으로 패자의 두려움을 불식시키지는 못한다.

이 문제를 세 가지 차원에서 살펴보자. 첫째, 대부분 일자리 파괴와 창출은 같은 장소에서, 같은 시간에 일어나지 않는다. 따라서 없어진 일자리와 새로 생긴 일자리의 수가 같다는 총계적 현상은 해당 노동자에게 무의미하다. 결정적인 쟁점은 새로운 기술을 둘러싼 소멸의 공간에서 기회의 공간으로 사람이 옮겨갈 수 있느냐는 것이고, 또 그렇게 옮겨간 새로운 일자리가 최소한 예전만큼 좋은 일자리인가 하는 점이다. 즉 일자리의 질과 일자리의 위치에 관한 문제다. 비디오 대여점 블록버스터의 예를 들면, 대여점에서 일자리를 잃은 직원이 넷플릭스 관련 업종으로 옮겨가느냐, 아니면 자신의 동네에는 그런 기회가 없어 월마트에서 파트타임으로 일을 하느냐의 문제다.

둘째는 일자리의 이동을 위해 사람들이 신속하고 효과적으로 준비할 수 있는가 하는 점인데, 종국적으로 훈련과 투자의 문제다. 새로운 기술은 새로운 숙련을 요구하기 마련이다. 하지만 새로운 숙련을 얻기 위해서는 돈과 시간 그리고 전략이 필요하다. 비디오 대여점 직원이 혼자 감당하기는 힘들다.

셋째는 사회적 지원의 문제다. 이미 여러 차례 강조했지만, 일자리를 잃고 새로 찾는 과정은 경제적·정신적 고통을 동반한다. 이를 제대로 다루지 않으면, 불안정한 저임금 일자리의 늪에 빠질 위험이 높다. 아슬한 살얼음판을 걷는 것과 다르지 않다. 따라서 사회적 지원이 절대적으로 필요하다.

세 가지 차원에서 사회가 어떤 선택과 반응을 하느냐에 따라 신기술에 대한 두려움의 강도는 달라진다. 하나씩 살펴보자.

일자리의 소멸과 탄생 그리고 양극화의 위험

제법 근사한 사무실에서 세 사람이 일하고 있다고 해보자. 두 사람은 컴퓨터로 온라인 마케팅 업무를 하고, 다른 한 사람은 경비 업무도 겸하며 사무실 관리를 맡고 있다. 어느 날 그야말로 획기적인 신세대 마케팅 소프트웨어가 등장하면서 너나없이 경쟁적으로 이를 도입하기 시작했다. 그 덕분에 기존에 두 명이 하던 일을 한 명이 충분히 할 수 있게 되었는데, 해당 소프트웨어의 독점적 지위 때문에 이용 가격이 상당히 비쌌다. 결국 회사는 한 명의 마케팅 직원을 내보내기로 한다. 직원 숫자가 줄어들면서 사무실 규모도 작아져 결국 사무실 관리자도 같이 내보내기로 한다.

그렇다면 세 사람에게는 각각 어떤 일이 생길 것인가. 사무실에서 살아남은 기술 변화의 생존자는 새로운 소프트웨어 덕분에 생산성이 올라갔을 가능성이 높다. 이에 따라 월급도 적게나마 올랐을 수 있다.

살아남지 못한 자들의 운명은 가혹하다. 실업급여를 받으면서 새로운 일자리를 찾아야 하지만, 만만치 않다. 먼저 마케팅 직원을 보자. 본인의 특기 분야인 온라인 마케팅 쪽은 이미 신세대 소프트웨어 도입으로 많은 사람들이 밀려나면서, 수요는 줄어드는데 경쟁은 치열하다. 상황이 여의치 않으니 중요한 결정을 내려야 한다. 마케팅 분야에서 좀 더 고차원의 기술을 익혀 더 좋은 일자리로 옮겨가든지, 아니면 아예 포기하고 다른 업종으로 전환해야 한다. 어느 쪽도 쉽지 않지만, 상대적으로 위험이 적어 보이고 경제적 부담도 덜한 업종 전환을 택했다. 유사한 분야라고 하더라도 예전처럼 중상위 숙련도를 단박에 이룰 수는 없다. 결국 작은 유통업체에서 엑셀로 매출 자료를 정리하는 일을 한다.

사무실 관리 업무를 맡았던 사람의 상황은 어떠할까? 마케팅 직원과 함께 해고의 수모를 겪었지만, 그나마 사정이 괜찮았다. 바로 옆 건물의 제법 큰 사무실에서 관리 업무를 맡을 사람을 찾고 있어서 그쪽으로 옮겨갔다. 하지만 예전에 받던 것보다 낮은 호봉을 받아들여야 했다.

이렇듯 같은 사무실에서 일했던 세 사람은 신세대 기술로 인해 엇갈린 운명을 맞았다. 여기서 운명의 갈림은 개인의 능력이나 노력과는 무관하다. 마케팅 업무를 맡았던 두 사람은 능력에서 별반 차이가 없었고, 둘 다 성실하게 일했다. 회사는 이제 막 돌을 지난 아이를 두었다는 직원의 개인적 사정을 고려해 결정했을 뿐이다. 사무실 관리 업무를 맡은 사람도 마찬가지다. 유능하다고 여기저기 소문이 난 사람이었다. 그는 단지 잘못된 시간에, 잘못된 곳에 있었을 뿐이다. 한마디로 '운'이 나빴다. 하지만 그 결과는 가혹하다.

가상적인 상황이라고 했으나, 불행히도 현실의 일터에서 일상적으로 일어나는 일이다. 다시 미국의 사례를 들어보자(Taska & Braxton, 2023). 2007~2017년 사이, 온라인 채용과 구직 정보를 활용한 대규모 연구는 '엇갈린 운명'의 금전적 결과를 분석했다. 소프트웨어 기술에서 살아남은 생존자의 소득은 약 2%

올랐다. 3장에서 보았듯이, 일자리를 잃은 사람들의 소득은 당연히 줄었다. 하지만 소득 감소폭은 확연히 달랐다. 기술 변화와 무관하게 일자리를 옮긴 사람들의 소득은 5% 줄었다. 그러나 기술 변화 때문에 일자리를 옮겨야 했던 사람들의 소득은 무려 20% 줄었다. 기술 변화에도 불구하고 세 사람은 여전히 일을 하고 있고 일자리의 총량도 변화가 없지만, '운 좋은' 생존자와 '운 없는' 낙오자의 상황은 확연하게 갈린다. 해당 연구의 추정에 따르면, '운 없는' 낙오자가 겪어야 했던 소득 손실 중 약 45%는 온전히 신기술 때문이었다. 기술혁명의 종잡을 수 없는 '주사위 던지기'가 누구의 삶을 어떻게 바꿀지 모르는 상황에서 노동자들은 새로운 기술을 '본능적으로' 두려워할 수밖에 없다.

경제 전체로 확대해서 봐도 풍경은 바뀌지 않는다(그림 7-1). 오히려 선명해진다. 지난 40년은 기술혁명의 시대였다. 특히 1980년대 초반에는 가정용 컴퓨터가 보급되기 시작해 컴퓨터 붐을 일으켰다. 이 혁명의 시대는 분화와 분할의 시대이기도 했다. 기술 변화는 중간 일자리에 상당한 타격을 주었다. 중산층의 소득 수준을 지탱하던 생산직과 사무직 비율이 대거 사라졌다. 물론 이 자체가 나쁜 일은 아니다. 신기술의 파도를 잘 타고 더 좋은 일자리로 이동한 경우도 많다. 특히 기술 변화의 중핵인 ICT 분야로 이동한 사람들은 전에는 상상할 수 없던 액수의 월급을 받게 되었다. 기술과 경영의 기수로 승승장구하던 CEO들의 연봉은 천정부지로 올랐다.

하지만 앞서 본 '운이 나쁜' 마케팅 직원도 굉장히 많다. 신기

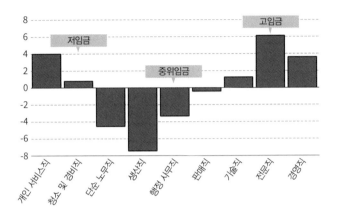

그림 7-1 중간 일자리의 몰락과 일자리 양극화:
업종별 일자리의 변화(미국, 1980~2015, %)

출처:MIT Work of the Future Task Force, 2020

술의 파도에 오르지 못하고 바로 밀려난 사람들이다. 이들은 대부분 저임금 서비스 직종으로 옮겨갔다. 큰 소득을 올린 최상층 업종 종사자들이 편리하고 윤택한 삶을 위해 개인적 서비스에 대한 구매를 늘렸기 때문이다.

물론 미국만의 상황은 아니다. 전 세계적으로 흔한 현상이고, 한국도 예외는 아니다(그림 7-2). 앞서 본 그림과 똑같은 방식으로 계산을 해보면 결과는 놀랄 만큼 비슷하다. 최상위 임금 직종인 전문가와 관리자들의 일자리는 늘어났다. 상당 부분은 디지털 기술의 확산 덕분이었다. 사무직 종사자도 같이 늘었다. 하지만 허리 역할을 담당하던 제조업 관련 직종의 비율은 약 1~2%포인트 줄었다. 가장 눈에 띄게 줄어든 직종은 판매직

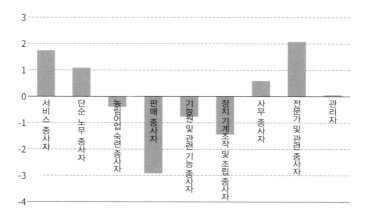

그림 7-2 일자리의 양극화: 업종별 일자리 변화(한국, 2013~2023, %)

주: 2013년과 2023년 사이의 일자리 분포와 두 시기 사이의 변화를 분석하고,
이를 평균임금 수준에 따라 재배치했다. 관리자의 평균임금이 가장 높고, 서
비스 종사자의 평균임금이 가장 낮다. 저임금과 고임금 직종의 비중은 늘어
나고, 중간임금 직종의 비율은 크게 줄었다.
출처: 통계청 자료(경제활동인구조사와 고용형태별근로조사)에서 다시 계산.

이다. 온라인 판매가 급속도로 늘어난 것을 고려하면 예상 가능
한 변화이지만, 변화의 규모가 크다. 3%포인트에 달한다. 이렇
게 줄어든 일자리는 고임금 직종의 증가로 이어지기도 했지만,
대부분은 저임금 직종의 확대로 연결되었다. 특히 서비스업 종
사자의 비율이 2% 가까이 늘었다. 온라인 판매직에서 일자리
를 잃은 사람이 배달 관련 직종으로 옮겨간 경우가 많았다는 점
을 생각하면, 이 또한 놀라운 일은 아니다. 플랫폼 경제가 디지
털 기술의 상징적인 사례로 간주되고 있고 플랫폼을 개발하고
관리하는 고임금 직종도 늘어났지만, 이런 최첨단 기술이 창출

한 일자리의 대부분은 역설적이게도 배달이나 창고 관리와 같은 '전통적' 일자리였다.●

기술 변화에 따라 일자리가 분화 또는 양극화되고 있다면, 일자리의 위치place를 간단히 여겨서는 안 된다. 세계화의 파고가 높았을 때, 경제학자들과 정책 입안자들은 '일자리가 어디에서 없어지고 어디에서 만들어지는가' 하는 문제를 부수적으로 생각했다. 예컨대 미국 미시간에서 일자리가 없어지고 실리콘밸리에서 새로 생기거나, 혹은 중국으로 옮겨가더라도 이를 대체할 만한 일자리가 다른 어디에선가 만들어지면 된다고 믿었다. 세계화 과정에는 어차피 승자와 패자가 있기 마련인데, 승자의 이익과 패자의 손해를 합친 결과가 전체적으로 이익이 되면 괜찮다고 봤다. 평균에 대한 이러한 과도한 믿음 때문에 세계화의 역풍이 거셌다.

일자리 문제는 보다 심각하다. 여러 차례 강조했듯이, 일자리는 단순한 숫자가 아니라 사람이다. 즉 일자리란 사람이 가족, 친구, 공동체, 사회 등으로 형성된 물리적 공간을 기반으로 특정한 생산적 행위를 하고 이에 대한 보상을 받는 것이다. 이러한 일자리의 '물리성' 때문에, 사람들은 자신이 살고 있는 동네나 도시에서 일자리가 없어지고 멀리 떨어진 도시에 생겨도 좀

● 여기서 살펴본 것은 업종 변화에 따른 양극화 현상이다. 좀 더 엄밀하게 일자리와 소득을 분류하여 분석해보면(예컨대 임금수준에 따른 일자리 분포가 변화하는 양상), 일자리의 분화는 심화와 완화가 반복되는 추세다. 이 책에서는 지면 제한상 이런 엄밀하고 중요한 분석을 다루지는 못했다.

체 이동하려 하지 않는 경향이 있다(Goldstein, 2017). 특히 지역 간 사회적·문화적 격차가 클수록 이런 경향은 더 강하다. 그렇기 때문에 기술 변화 등으로 어느 도시의 일자리가 집중적으로 타격을 받으면, 이 도시가 실업, 긴장, 폭력이 넘치는 폐허가 되는 경우가 빈번하다. 즉 일자리의 양극화가 곧 지역의 양극화를 초래하는 것이다. 3장에서 살펴본 것처럼, 일자리의 사회적 가치가 그만큼 크다는 뜻이다. 따라서 기술적 충격으로 일자리 파괴가 일어나면 이를 완전히 복원할 수는 없겠지만, 해당 도시나 공동체에서 적극적으로 새로운 일자리를 창출하려는 노력이 필요하다. 사람이 있는 곳에 일자리를 만들어야 한다.

요컨대 사람들이 새로운 일자리를 찾아가도록 하는 것도 중요하지만, 새로운 일자리가 사람들에게 다가갈 수 있게 하는 것도 매우 중요하다. 영국의 복지국가를 설계한 베버리지의 표현을 빌리자면, "사람이 아니라 일자리가 기다려야 한다Jobs, rather than men, should wait"(Beveridge, 1944).

교육훈련의 이율배반:
너무 중요하지만 정작 투자는 하지 않는다?

이제 숙련과 훈련의 문제를 살펴보자. 기술 변화로 생긴 새로운 일자리 기회를 잡으려면, 그에 맞는 숙련을 갖추어야 한다. 그렇지 않으면 노동자는 좋은 기회를 놓치게 되고, 기업은 원하는 인력을 확보하지 못하게 된다. 종국에는 원하는 투자도 하지 못하게 된다. 그래서 기술혁신의 시대가 오면 기업과 정부는 한목소리로 "교육, 훈련, 숙련"을 외친다. 실업 대책을 내놓으라고 하면 너 나 할 것 없이 재훈련reskilling을 제일 먼저 내세우고 각종 교육훈련 프로그램을 경쟁적으로 도입한다. 온갖 문제로 충돌하는 국제회의에서도 훈련과 숙련에 관해서는 아무런 이견이 없다. 전 세계가 똘똘 뭉친다.

여기에서 바로 역설이 시작된다. 훈련 투자의 절대적 중요성에 대한 전례 없는 한목소리를 듣자면 금방이라도 숙련 양성의 불꽃이 튈 것 같은데, 현실은 늘 숙련 부족이다. 이유는 간단하다. 말과 행동이 다른 이율배반적 상황 때문이다.

먼저 비용 문제부터 따져보자. 신규 훈련이든 재훈련이든 모두 비용과 시간이 필요하다. 예를 들어 마케팅 직원이 새로운 소프트웨어 프로그램에 밀려 일자리를 잃었을 때, 그는 이참에 아예 프로그램 개발자로 상향 이동하는 방법을 고려할 수 있다. 이런 의욕적이고 야심 찬 계획을 실현하려면, 우선 그에 필요한 교육과 훈련을 받아야 한다. 비용이 만만치 않은, 어찌 보면 위험한 투자다. 일자리를 잘 지키고 있는 사람도 피할 수 없는 문제다. 지금 맡은 업무를 좀 더 잘하기 위해 새로 배우고 익혀야 하고, 또 일자리가 없어질 경우를 대비해 미리 다른 것도 알아두려 할 것이다. 학원을 다니고 온라인 수업을 듣고 회사에서 제공하는 프로그램에도 빠지지 않고 참석한다. 역시 시간과 비용을 들여야 하는 일이다.

그렇다면 이 비용은 온전히 개인이 부담해야 하는가? 그렇지 않다. 노동자가 새로운 숙련을 획득하면 당사자가 더 좋은 일자리에서 더 높은 소득을 올리지만, 기업도 이를 통해 생산성 향상과 이윤 확대라는 혜택을 얻는다. 이런 과정에서 좋은 일자리가 더 많이 만들어지면 사회적 이익도 그만큼 커진다. 따라서 훈련과 숙련에 대한 투자는 노동자, 기업, 정부 모두가 공동으로 책임져야 한다. 개별 노동자에게 온전히 부담을 지울 수는 없다. 특히 기술이 급속도로 변하는 시기에는 기업과 정부의 투자가 중요하다.

그런데 최근 추세는 정반대로 가고 있다. 세계경제포럼은 매년 숙련 부족을 경고하는 메시지를 내고 있는데, 2024년 초에는 향후 3년간 AI와 자동화에 대비해 40%의 노동자가 재훈련을 받아야 할 것이라고 주장했다.[14] 하지만 기업이 직원의 훈련에 지출하는 투자는 늘어나지 않고 있다. 오히려 줄어드는 경우가 태반이다. 2022~2023년에 영국산업연합Confederation of British Industry, CBI이 회원 기업들을 대상으로 진행한 훈련과 숙련에 관한 설문조사가 적절한 예다. 당시 기업들 사이에서는 숙련 인력의 부족으로 생산과 영업에서 애를 먹고 있다는 불만이 고조되고 있었는데, 정작 자신의 직원들에 대한 투자를 늘리겠다고 하는 기업의 비율은 크게 줄어들었다(CBI, 2023). 훈련 투자를 늘리는 것이 아니라, 외부에서 숙련 인력을 채용해 인력난을 해결하겠다는 전략이 팽배해 있는 것이다. 고생스럽게 훈련시키지 않고, 훈련된 사람을 데려온다는 전략이다. 그러나 모든 개별 기업이 이런 '무임승차free rider' 전략을 취하게 되면, 전체적인 숙련 부족은 더 악화될 뿐이다.

정부의 역할도 시원찮다. 선거 때마다 '디지털 시대의 교육과 훈련'에 대한 새로운 장을 열겠다는 정치인의 약속은 대개 공수표로 끝나는 경우가 많다. 디지털 '혁명'이 진행된 지난 20년 동안 OECD 국가의 훈련 투자는 늘기는커녕 오히려 줄어들었다(그림 7-3). 2004년 훈련 투자 지출이 GDP의 0.14%였던 것이 지금은 0.10% 이하로 떨어졌다.

물론 투자의 규모만이 문제는 아니다. 투자가 이루어질 때도 그 효과성이 높지 않은 편이었다. 취업 초년생이나 실업자에게 교육훈련을 제공했지만, 막상 일자리 기회가 없어서 결국 돈만 낭비하게 된 사례가 빈번했다. 다소 극단적인 사례는 2장에서 언급한 아랍의 봄(2011~2012)이다. 아랍 국가를 휩쓸고 갔던 민주주의 운동의 이면에는 청년들이 졸업 후 제대로 된 일자리를 찾기 어려운 사정이 있었다. 그래서 사회적·정치적 안정을 회복하는 주요 전략으로 청년직업훈련 프로그램이 도입되었다. 당시 디지털 열풍이 세계적으로 거세었던 때라 훈련 프로그램은 모두 디지털 관련 숙련에 집중되었고, 막대한 자금이 동원되었다. 청년들의 기대와 희망도 컸다. 하지만 이들은 훈련을 마치고 자격증을 획득한 후에도 여전히 일자리를 찾지 못했다. 이집트를 비롯한 대부분의 아랍 국가에 아직 디지털 기술의 인프라도 갖춰져 있지 않았으니, 디지털 자격증을 가진 청년들에 대한 수요가 거의 없었기 때문이다. 그들은 어쩔 수 없이 거리의 상점으로 돌아가 예전처럼 불안정한 일자리를 이어갈 수밖에 없었다.

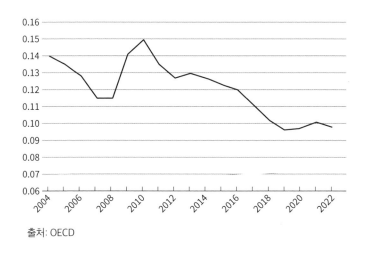

그림 7-3 줄어드는 훈련 투자(OECD, 국민총생산 대비 %)

출처: OECD

따라서 이른바 공급 위주의 훈련은 절대적으로 피해야 한다. 신규 일자리 창출의 내용과 규모를 면밀히 파악해서 이에 맞추어 프로그램을 만들고 끊임없이 조정해 나가야 하는데, 이런 당연한 원칙이 무시되는 경우가 적지 않다. 가령, 유행을 타고 너나없이 특정 훈련프로그램을 추진하면 수료생들을 또 다른 실업 상태에 처하게 할 뿐이다. 소중한 자원이 낭비되는 것도 문제지만, 거듭되는 훈련 실패로 인해 사람들이 반복되는 실업을 거쳐 종국에는 경제활동을 포기하는 상태에 이를 수도 있다. 일자리를 찾는 사람을 돕겠다는 교육훈련이 오히려 정반대의 결과를 낳게 되는 것이다.

훈련 투자 규모의 절대적 부족과 기존 투자의 비효율성 때문에 전 세계적으로 숙련 불일치skill mismatch가 광범위하게 존재한다. 2024년 현재, 기업이 필요로 하는 숙련과 노동자들이 보유한 숙련 간 격차를 측정한 숙련 불일치는 OECD 내에서 36%의 기업이 직면한 애로 사항이다(OECD, 2024). 이러한 불일치는 쌍방향이다. 기업이 원하는 숙련 인력을 찾지 못해 생기는 불일치도 있지만, 동시에 노동자가 해당 일자리에서 요구되는 것보다 훨씬 높은 수준의 숙련을 보유하면서 생기는 불일치도 있다. 대학을 비롯한 고등교육의 확산과 함께 '과잉 숙련'의 현상도 점점 커지고 있다.

사정이 이렇다 보니, 보다 근본적인 문제로 돌아가지 않을 수 없다. 좋은 일자리를 지속적으로 만들어내지 못하면, 직업 훈련을 통한 일자리 해법은 제한적일 수밖에 없다. 존재하지도 않는 일자리를 두고 사람들을 준비시키는 것과 다름없기 때문이다. 기술 변화에 따른 일자리 분화 또는 양극화 현상은 이런 점에서 굉장히 중요하다. 중산층 생활을 영위할 수 있도록 하는 일자리가 사라지면, 그 자체로 노동자들의 훈련 동기가 약화되고 훈련 프로그램의 효율성이 떨어지게 된다. 저임금 직종이 늘어나고, 그 직종의 임금 및 고용 조건이 좋아질 가능성이 없는 상황에서 노동자들이 더 배우고 익히며 미래를 준비할 이유 또한 없기 때문이다.

이 때문에, 앞서 소개한 MIT 경제학자들은 기술 변화에 대응하는 전략으로 최저임금 인상과 노동법 강화를 우선적으로 꼽는다(MIT Work of the Future Task Force, 2020). 최저임금은 경제적 손실 없이 저임금 노동자의 소득을 개선하면서, 노동자들이 기술 변화에 적응할 수 있도록 돕는다. 노동법 강화(고용보험, 직업 훈련, 고용 서비스 등)는 노동자의 교섭력을 높이고 고용 안정성을 강화함으로써 기술전환 과정에서 효과적인 안전 장치가 된다고 주장한다. 결국 중요한 것은 좋은 일자리를 창출하는 정책의 문제라는 것이다. 이는 마지막 장에서 본격적으로 다루기로 하고, 앞서 언급한 기술 변화의 세 가지 차원 중 마지막에 해당하는 사회적 지원을 살펴보자.

사회적 지원의 경제적 합리성:
고용보험이라는 방파제

영국의 기계파괴운동을 다시 떠올려보자. 섬유기계가 일자리를 파괴한다고 믿고 그 보복으로 기계를 파괴했다고 알려져 있지만, 이건 지나친 단순화다. 당시의 사정은 샬롯 브론테의 《셜리》에 슬프게 기록되어 있다(이상헌, 2023). 소설 속 노동자들은 이렇게 말한다. 발명이나 혁신은 좋다. 그것을 막자는 것은 아니다. 하지만 사람들을 굶게 내버려두는 것은 옳지 않다. 정치를 하는 자들이 방도를 찾아야 한다. 맨날 어렵다고 신소리 내는 자들이지만, 그런 어려운 일을 하라고 뽑아준 것이다. 공장주는 말한다. 그러니까 의원들을 찾아가 마음껏 항의하라. 발끈한 노동자는 당신도 기계 도입 속도를 늦추라고 요구한다. 공장주는 절대 그럴 수 없다고 한다. 설령 내가 그렇게 하더라도 다른 회사들이 경쟁적으로 기계를 사들일 테고, 나는 결국 파산

할 뿐이다. 그래서 그는 더욱 당당하게 내일 당장 기계 한 대를 더 도입하겠노라고 선언한다. 평행선에 선 양쪽은 결국 서로 총구를 겨누고 쫓고 쫓긴다.

사건의 전말은 명확하다. 노동자들이 따지고자 하는 것은 기술혁신이나 새로운 기계 자체가 아니라, 그것이 가져오는 변화 과정에 사람들이 적응하도록 돕는 사회적 지원의 결여였다. 기계가 아니라 빈곤과 싸우는 것이었고, 사회적·정치적 세력의 무관심과 싸우는 것이었다. 그러나 아무런 지원도 따르지 않자, 노동자들은 눈앞에 보이는 기계를 공격할 수밖에 없었다. 엉뚱한 곳에 화풀이한다고 할 수 있으나, 별 방도가 없었던 것이다. 결말은 처참했다.

기술 변화는 필연적으로 계속되고 일자리 또한 끊임없이 변한다면, 노동자의 일자리 이동이 원활하고 효과적으로 진행되도록 하는 것이 최고의 정책이다. 그 이동에는 시간과 돈이 필요하다. 새로운 일터에서 일할 수 있도록 기술을 배우거나 향상시키는 방법에 대해서는 앞서 살펴보았다. 이와 함께 중요한 것은, 이렇듯 교육훈련을 받거나 일자리를 찾아 수소문하러 다니는 동안 먹고살 돈이 필요하다는 점이다. 모든 미래가 통하는 AI 기술을 배우겠다고 해서 오늘 굶어 죽을 수는 없다. 그래서 소득 지원이 필요하다.

방법은 많다. 저소득층의 소득을 지원하는 프로그램들이 유용하지만, 일자리와 관련해서 가장 직접적이고 대표적인 것은 실업보험이다. 엄격히 따지면, 사회적 '지원'은 아니다. 노동자가 일하는 동안 당사자와 기업이 보험료를 따박따박 내다가 기업의 부득이한 경영상 이유로 일자리를 잃게 되면 노동자에게 지급되는 보험이다. 자동차보험 가입자가 사고로 폐차하면 받는 보험보상금과 기본적으로 다르지 않다. 물론 큰 경제위기를 맞아 고용대란이 생기면서 실업보험기금이 어려워지면 정부가 공적 자금을 동원하기도 한다. 보험료로 감당하지 못하는 상황이면 사회가 나서서 돕는다.

이렇게 기본적일 보험인데도 실업보험에 대한 편견과 부당한 공격이 많다. 예컨대 실업급여를 받아 "명품 선글라스와 옷을 사는 식으로 즐긴다"거나 실업급여를 신청하러 온 '주제'에 싱글벙글 웃는다면서 실업자의 '품성'까지 문제 삼기도 한다. 자동차보험 가입자가 사고로 폐차하면 받는 보험보상금으로 무슨 차를 어떤 식으로 사는지에 대해 타인이 뭐라고 할 수 없듯이, 고용보험 가입자가 실업급여를 춤추면서 받으러 가든 선글라스를 사든 상관할 바 아니다.

또 다른 흔한 비판이 있다. 실업급여를 받으면, 일하지 않고도 먹고살게 되니 사람들이 일자리를 찾으려 하지 않는다는 비판이다. 짧은 한 줄로 표현하면, 실업급여가 사람을 게으르게 한다는 것이다. 이런 논리를 확장하여, 실업에 대응하기 위해 만든 실업보험이 오히려 실업을 장기화하거나 새로운 실업을 조장한다고 주장하기도 한다. 물론 온갖 다양한 사람이 모여 있는 일의 세계에서 실업급여 때문에 '게으름'을 선택한 사람도 있을 수 있다. 문제는 이런 사람들이 얼마나 '일반적'인가 하는

데 있다. 국회의원 몇 명이 어처구니없는 부패에 연루되었다고 해서 국회의 존재 근거를 의심하는 사람은 없을 것이다.

그런 면에서 코로나19 시절의 정책 경험은 굉장히 시사적이다. 경제 위기와 함께 디지털 혁명도 가속화되면서 일자리 시장에 일대 혼란이 생겼던 시기다. 실업보험에 가입하지 못한 사람들의 상황도 화급했고, 보험 수혜자의 경우도 수급액이 많지 않아 생계의 어려움이 가중되었다. 손에 잡히는 일이라면 무엇이든 해야 했지만, 꽁꽁 얼어붙은 채용 시장에서는 이 또한 여의치 않았다. 미국이 특히 어려웠다. 실업은 연일 치솟는데, 실업보험 적용 대상은 제한적이고 수급액도 낮았다. 이에 미국 정부는 공적 자금을 들여 일인당 매주 300~600달러를 추가로 지원했다. 반대의 목소리도 높았다. 사람들이 일자리 찾는 노력을 게을리할 것이라는 걱정이 특히 많았다. 하지만 연구 결과는 이런 걱정이 쓸데없는 노파심에 불과함을 보여줬다(Farooq et al., 2022). 소득 지원이 늘자 사람들은 오히려 일자리를 더 적극적으로 찾았다.

실업보험의 다양한 순기능을 이해한다면 이런 결과는 놀랍지 않다. 우선, 실업급여는 경제적 완충 작용을 해서 일자리 상황이 더 악화되는 것을 막는다. 실업은 급작스러운 소득 손실인데, 일반적으로 이러한 소득 손실로 인해 소비가 10~20% 정도 줄어드는 것으로 알려져 있다(Barbanchon et al., 2024). 실업급여는 소비의 급속한 감소를 방지하며, 그로 인해 투자와 일자리의 급속한 감소를 막는 역할을 한다. 앞서 본 미국의 실업급여 확장은 이와 같은 소비 유지 효과가 컸던 것으로 알려져 있다(Ganong et al., 2024).

또 다른 순기능은 실업보험 반대론자의 주장을 뒤집는 데 있다. 예상치 못한 기술 도입으로 정든 일자리에서 밀려난 노동자들은 마음이 조급해지기 마련이다. 은행에 넣어둔 돈은 얼마 되지 않는 데다가 부양해야 할 가족이 있으며, 게다가 실업에 대한 주위 시선이 따가운 상황이라면 조급함은 이내 절박함으로 바뀐다. 그렇게 되면, 차분하게 앉아 자신의 경험이나 숙련을 고려해서 적당한 일자리를 알아보고 추가로 필요한 자격증을 따려는 고민을 해볼 시간을 갖지 못한다. 당장이라도 손에 잡히는 기회가 있으면, 뭐든지 해보려고 한다. 운 좋게 일이 잘 풀리는 경우도 있겠지만, 종종 이런 조급함이 덫이 된다. 본인의 경력과 기술에 훨씬 못 미치는 일자리를 급하게 잡게 되면, 그곳에서 빠져나오기 힘들어지기 때문이다. 숙련 불일치가 발생하는 것이다. 3장에서 살펴본 바와 같이, 실업이 장기적인 소득 손실을 초래하는 이유 중 하나는 이런 상황이 사실상 아주 일반적이기 때문이다.

바로 이런 상황에 처한 노동자가 실업급여를 받게 되었다고 가정해보자. 일정 기간 소득이 보장되기 때문에 이 사람은 여유를 갖고 다양한 선택지를 살피며 공공지원 프로그램도 꼼꼼히 알아보는 등 자신에게 맞는 일자리를 공들여 찾게 된다. 이러한 과정을 거치면 더 좋은 일자리를 얻을 확률이 높아진다. 매칭의 질이 향상된다는 뜻이다. 이는 수많은 실증연구로 입증되었으며, 앞서 소개한 미국의 사례에서도 확인된 바 있다(Farooq et al., 2022).

이런 요인들을 종합해보면, 고용보험은 실업의 파고가 높을 때 노동자들이 의지할 수 있는 방파제일 뿐만 아니라 경제적 완충제로서도 의미 있는 역할을 한다. 기술의 격변기에 특히 중요하다. 기술 변화로 인한 경제적 혜택과 일자리 창출의 잠재력을 백분 실현하려면 실업보험과 같은 소득 안정성을 보장하는 제도가 필수불가결하다.

그런 관점에서 오늘날의 현실은 부조리하다. 고용보험의 순기능은 일자리와 소득의 안정성이 낮은 계층에서 더 크게 빛을 발할 것임을 쉽게 짐작할 수 있지만, 이들 계층이 실제로 고용보험의 혜택을 볼 가능성은 오히려 낮다. 가장 필요한 사람에게 가장 멀리 있는 제도다. 대부분의 국가에서 발견되는 현상이지만, 한국은 특히 도드라진다(그림 7-4). 2023년 통계에 따르면, 70% 이상의 노동자가 실업보험에 가입해 있다. 정규직과 상용직은 80%가 넘는다. 하지만 비정규직 노동자의 경우 절반 정도만 실업보험의 따뜻한 품에 들어 있다. 일용직의 경우는 가입이 어려운 점을 감안하더라도 너무 낮다. 14%에 불과하다. 디지털 혁명을 온전히 이루려면, 바로 여기에서 '혁명적' 조치가 필요하다.

물론 위험이 없지는 않다. 실업급여 수준이 지나치게 높으면 당연히 일자리를 찾을 유인이 낮아질 위험을 배제할 수 없다. 이미 논의했듯이, 일자리가 월급 이상의 가치를 가지는 것은 분

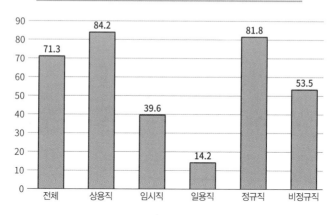

그림 7-4 변화를 견딜 힘의 불평등: 고용보험 가입률(2023, %)

출처: 한국노동연구원, 2024

명하지만, 실업급여가 일반적인 월급보다 높다면 이 또한 문제가 된다. 반대로 실업급여가 지나치게 낮으면 그 자체로 의미를 잃는다. 따라서 현실에서의 실업보험은 일의 세계가 변화함에 따라 사회적 최적치에 맞는 실업급여 수준을 계속해서 조정해 나가야 한다. 이는 사실 실업보험의 '운영' 문제라 할 수 있다. 이 점 역시 마지막 장에서 깊이 따져볼 것이다.

간추리는 말

일하는 사람을 위한 기술의 이용과 선택

이제 기술 변화라는 거대한 숲에서 나가려고 한다. 숲의 풍경을 정리해보자. 변화를 피할 수 없다. 기술은 변하고 일자리도 변한다. 비디오 대여점 블록버스터는 소위 '대박'이었다가 얼마 지나지 않아 넷플릭스에 '융단 폭격'을 맞았다. 미국의 경우, 지금 우리가 알고 있는 직업의 60% 이상은 1940년에 그 이름조차 존재하지 않았다.

변화가 생기면, 없어지는 것에 먼저 눈이 가는 것이 인지상정이다. 새로 생기는 것은 더디고 은밀하게 온다. 이 때문에 새로운 기술이 나올 때마다 일자리 '대란'에 대한 이런저런 분석과 뉴스가 크게 주목받는다. 하지만 20세기 이후로 기술 변화가 일자리의 총량을 줄이지는 않았다. 총량이라는 수면은 잔잔했던 셈이다.

수면이 잔잔하다고 해서 물밑에 아무 일이 없는 것은 아니다. 심지어 넓고 깊은 변화가 있었다. 중간 일자리는 없어지고, 일자리는 '나쁜 일자리'와 '좋은 일자리'로 양극화되었다. 미국, 유럽 그리고 한국에서도 일어난 일이다. 기술 변화의 조류를 탄 사람은 크게 얻고, 그렇지 못한 사람은 크게 잃었다. 똑같은 능력과 기술을 가진 사람들 사이에서도 운에 따라 운명이 갈렸다. 일하는 사람이 신기술을 본능적으로 두려워할 수밖에 없는 이유다.

일자리 '대란'을 외치며 호들갑을 떨었지만, 정작 거기에 걸맞은 정책과 지원은 적었다. 새로운 기술은 오는데 노동자는 준비되어 있지 않다는 한탄의 목소리가 높았지만, 훈련 투자에 대한 정부와 기업의 관심은 오히려 내리막길이다. 교육훈련을 받고서 정작 일자리가 없는 일도 잦다. 투자 규모도 절대적으로 부족하고, 투자의 효율성도 낮다.

속도를 두려워하는 사람을 새로운 차에 앉게 하려면 안전 장치가 필요하다. 19세기에 영국의 섬유 노동자들이 기계를 파괴한 것은 일자리 때문이 아니다. 기술혁신도 좋지만, 내버려진 자들의 삶을 지키는 것도 중요하다는 것이었다. 그러나 기업과 정부는 아무런 지원의 손길을 내밀지 않았고, 그들은 기계를 공격했다. 그래서 일하는 사람이 예상치 못한 변화를 뚫고 가야 할 때 소득의 안정성을 보장하는 것은 매우 중요하다. 안전 장치가 있으면, 변화에 더 적극적으로 된다. 실업보험을 비롯한 소득지원정책이 필수불가결하다. 소득 안정성 때문에 일자리를 찾는 일을 게을리할 것이라는 걱정이 있다. 대부분 쓸데없는 노파심이다.

요컨대 기술 변화의 사회경제적 효과를 극대화하려면, 단순히 기술에만 투자해서는 안 된다. 일하는 사람에 대한 투자와 지원도 똑같이 중요하다. 그래야만 기술 변화가 일자리의 분열이 아닌 '모든 일자리의 업그레이드'를 가져온다. 새로운 기술이 저임금 노동자의 일자리를 파괴하는 것이 아니라 그들의 숙련을 끌어올릴 기회를 제공하고, 로봇이 일자리를 없애버리는 것이 아니라 노동자의 일하는 능력을 보완하여 고양시키는 것이 가능하다.

결국 선택의 문제다. 그래서 아래 이어지는 말에 동의할 수밖에 없다. "지난 1,000년의 역사가 보여주는 사례와 현대의 실증근거 모두 한 가지 사실을 더없이 명백하게 보여준다. 새로운 테크놀로지가 광범위한 번영으로 이어지는 것은 전혀 자동적인 과정이 아니라는 점이다. 그렇게 되느냐 아니냐는 사회가 내리는 경제적·사회적·정치적 '선택'의 결과다."(Acemoglu & Johnson, 2023)

8장

국경을 넘는 노동: 이주노동, 오해, 편견

기술에는 국경이 없다. 물론 핵심 디지털 기술을 둘러싸고 국가들 간 전략적 분쟁이 있지만, 자본과 수요가 있으면 기술은 대부분 이동 가능하다. 자본의 이동도 세계화 덕분에 훨씬 수월해졌다. 하지만 사람이 국경을 넘어가는 것은 여전히 힘들고, 특히 일자리를 찾아 다른 곳으로 이동하는 것은 더 힘들다. 여론의 반응도 비대칭적이다. 자본이 나가고 들어오는 것에는 이해와 양해의 목소리가 크지만, 사람이 오가는 것에는 유독 민감하다. 오해와 편견도 많다.

정현종 시인의 유명한 시구절처럼, "사람이 온다는 건 실은 어마어마한 일"이기 때문이겠으나, 때로는 과도한 민감함 때문에 금세 정치적 문제가 된다. 국내에서는 도저히 해결할 수 없는 인력 부족 때문에 '바깥'의 사람들을 불러들여야 했던 경제적 불가피함은 편리하게 잊히고, 그들의 존재를 불편해한다. 이주노동이 이미 엉킬 대로 엉켜버린 경제, 정치, 사회, 문화의 문제가 된 나라가 적지 않다. 그럴 가능성이 높아지는 나라도 늘어가고 있다. 한국도 예외는 아니다.

냉정하게 한번 따져보도록 하자.

일자리를 찾아 국경을 넘는 사람들

숫자부터 확인하자. 얼마나 많은 사람들이 일자리를 찾아 국경을 넘을까? 짐작하겠지만, 이를 추산하기란 쉽지 않다. 나라마다 통계가 제각각이기도 하겠고, 무엇보다도 공식 통계에 잡히지 않는 이주노동의 규모가 만만치 않기 때문이다. 불법인 사

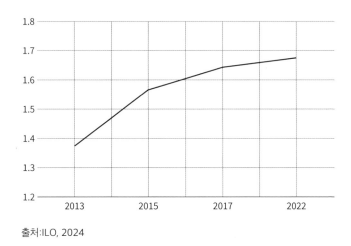

그림 8-1 세계의 이주노동력(1억 명)

출처:ILO, 2024

례도 있고, 복잡한 사정 때문에 '미등록' 상태에 묶여 있는 사람들도 많다. 가용한 통계와 정보를 활용하여 최대한 정확하게 '짐작'해보는 수밖에 없다.

ILO의 추산에 따르면, 2022년 현재 이주노동자는 1억 6,700만 명이다(그림 8-1). 이는 전 세계 노동력의 4.7%에 해당한다. 코로나19로 국가 간 이동이 어려워지면서 최근 이주노동의 증가폭이 작아지기는 했으나, 증가 추세는 계속되고 있다. 10여 년 전에 비해 3,000만 명 정도가 늘었다. 여성의 비율이 늘어나고 있긴 하나, 여전히 남성이 60% 이상을 차지하고 있다. 또한 이주노동은 여전히 선진국 중심의 현상이다. 유럽에서는 이주노동자의 비율이 16% 정도 되고, 미국은 이보다 높은 것으

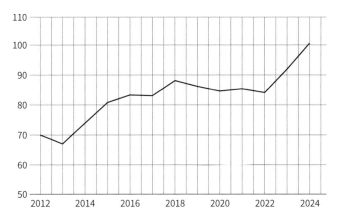

그림 8-2 한국의 이주노동력(1만 명)

출처: 통계청(이민자체류실태및고용조사)

로 알려져 있다. 현재 이주노동자의 압도적 다수인 70%는 선진
국에 머무르고 있다. 놀라운 통계는 아니겠으나, 이 장을 읽으
면서 꼭 기억해야 할 숫자다. 주요 선진국은 이주노동자 없이는
사실상 현재의 경제와 생활 수준을 유지할 수 없다.

한국은 어떠한가? 이주노동의 역사가 상대적으로 짧지만 상
승세는 강하고 꾸준하다(그림 8-2). 역시 코로나19 기간 이주노
동자 수가 일시적으로 줄었으나 그 이후 급속히 늘어나고 있다.
2024년 현재, 공식 통계로는 100만 명을 넘어섰으며, 여기에 미
등록 노동자(약 42만 명 추산)도 보태야 한다. 이는 한국 전체 노
동력 인구의 4~5%에 달하는 수준이다. 즉 단일민족국가의 전
통을 자랑하는 한국에서도 이주노동자의 비율은 이미 세계 평

균에 근접해 있다. 출산율의 급속한 하락과 고령화의 급격한 진행이 계속된다면, 이주노동의 증가 추세를 막을 방법이 없다. 10% 수준에 빠르게 도달할 가능성이 높다.

이 수치를 보고, 예상보다 비율이 낮다고 생각할 수 있다. 이주노동을 대하는 흔한 대중적 착각이다. 전 세계적으로 이주노동이 선거의 '뜨거운 감자'로 떠올랐던 2010년대 후반, 이민에 대한 광범위한 설문조사를 실시한 적이 있다(Alesina et al., 2021). 설문조사에서는 이주노동자뿐 아니라, 경제활동 여부와 관계없이 해당 국가에서 태어나지 않은 모든 사람을 이주민으로 정의했다. 그 규모가 어느 정도 될 것 같느냐고 물었는데, 결과는 충격적일 정도로 현실과 괴리되어 있었다. 미국의 실제 이주민 비율은 13.4%인데, 응답자가 짐작한 평균 비율은 36%였다. 세 배 가까이 차이가 났다.

미국처럼 큰 나라에서 살다 보면 그럴 수 있다고 생각할 수도 있겠으나, 유럽 국가들의 상황도 크게 다르지 않았다. 영국, 프랑스, 독일의 실제 이주민 비율은 10% 초중반 수준인데, 응답자들은 한결같이 30%는 될 것이라고 믿었다. 상대적으로 작은 나라이고 이주민의 통합 수준이 높은 스웨덴에서도 그 격차가 10%포인트에 달했다. 전문가들은 이처럼 현실과 인식 사이에 큰 괴리가 생기는 원인으로 '과도한 정치화'를 지목한다 (Goldin, 2024).

필요해서 부른 노동,

보이지 않는 또 다른 노동

바로 따져볼 문제가 있다. 이주노동은 왜 늘어나는가? 경제학의 통상적인 접근 방식은 '수요요인인가, 공급요인인가'를 따지는 것이다. '또 이런 뻔한 이야기'라고 빈축을 살 수 있겠지만, 이번에는 이 차이가 중요하다. 거칠게 표현하면 이주노동자는 '떠밀려 온 사람인가, 아니면 불러서 온 사람인가'라는 질문인데, 이 간단한 물음이 가진 정치적 파장은 매우 크다. '떠밀려 온 사람'이면 국경 통제와 이민 관리의 문제가 되는 것이고, '불러서 온 사람'이면 수용과 환대의 문제가 되기 때문이다.

한쪽에서는 이렇게 말한다. 못사는 나라의 사람들이 자국에서 쓸 만한 일자리를 찾지 못해 벌이가 훨씬 좋은 우리 나라로 몰려와서 이주노동자가 늘어났다. 이를 제대로 통제하지 못한 정책과 정치의 책임이 크다. 전형적인 공급주도론이다. 다른 한편에서는 이렇게 말한다. 지금 만성적인 인력 부족으로 기업과 가계가 모두 어렵다. 나라 바깥의 인력을 들여오지 않으면 경제와 살림이 한층 더 어려워질 것이다. 적극적으로 외국 인력을 활용해야 한다. 전형적인 수요주도론이다.

딱 부러지게 결론 내기는 어려운 주제다. 현실적으로는 양쪽 요인이 어느 정도씩 섞여 있기 마련이고 무 자르듯이 몇 대 몇으로 판결을 내리는 것도 불가능하다. 다만 주도적인 요인이 무엇인지는 판단할 수 있는데, 지난 40~50년 동안의 이주노동 흐름은 대부분 수요요인에 기인한다는 것이 일반적인 평가다(de Haas, 2023).

먼저 확인할 것이 있다. 이주노동자라고 하면 들판이나 공장에서 일하는 외국인들을 떠올리기 쉽지만, 사실 대부분이 서비스업에 종사한다.• 2022년 현재 남성 이주노동자의 60.8%, 여성 이주노동자의 80.7%, 전체 노동자의 68.4%가 그렇다. 이렇듯 서비스업이 차지하는 압도적 비율은 지난 수십 년간 큰 변화 없이 유지되어 왔으니, 새로운 현상도 아니다. 그중에서도 유독 도드라지는 분야가 있다. 바로 '돌봄'이다. 여성 이주노동자의 28.8%, 남성 이주노동자의 12.4%가 돌봄노동자인 것으로 추정된다(ILO, 2024). 이는 선진국의 사회적·경제적 사정과 맞물려 있다.

앞서 살펴보았듯이, 이주노동자의 70%가 선진국에서 일한다. 지난 수십 년 동안 선진국에서는 세 가지 구조적 변화가 있었다. 첫째는 교육 수준의 향상이다. 배움이 길고 깊어지면 일자리에 대한 기대도 높아진다. 이에 따라 고임금·고숙련 일자리가 증가한다고 해도, 여전히 인간의 손과 마음으로 해야 될 일은 남는다. 최첨단 컴퓨터로 무장한 사무실에도 청소하는 사람이 필요하고, 그 사무실에서 손꼽히는 천재 엔지니어도 병든 부모를 돌볼 사람이 필요하다. 하지만 이런 일은 여전히 사회적으로 중요한데도, 임금과 고용 여건 때문에 젊은 세대에게는 기

• 한국의 경우는 다르다. 2024년 현재, 이주노동자의 45% 이상이 광·제조업에 종사한다(2024년 이민자체류실태및고용조사 결과). 하지만 고령화 등으로 서비스 수요가 높아지면서 이 비율은 점차 줄어들고 서비스 업종의 비율이 늘어갈 것으로 예상된다.

피 대상이 된다.

둘째는 여성의 경제활동 참여 증가다. 20세기 후반부터 대부분의 국가에서 여성의 교육 수준도 높아지고 양성평등에 대한 정당한 요구가 점차 실현되면서 여성들이 노동시장에 적극적으로 진출하기 시작했다. 이론적으로는 이와 함께 가사노동이 평등하게 배분되고 육아 서비스를 비롯한 각종 사회적 지원이 보편화되어야 하지만, 현실은 그렇지 않았다. 변화는 더뎠다. 여성들이 직장에서 일하는 동안 가사를 돌볼 사람이 절실해졌지만, 더 많은 여성이 경제활동에 참여할수록 돌봄노동을 제공할 인력은 줄어들었다. 물론 임금을 충분히 지급하면 일하겠다고 나설 사람들이 있겠으나, 문제는 여성들이 바깥에서 버는 돈도 변변치 않다는 사실이다. 같은 일을 하고도 여성은 여전히 남성보다 낮은 임금을 받는 차별적 관행 때문에, 그야말로 이중고를 겪고 있다.

셋째는 출산율 저하와 고령화다. 선진국의 출산율은 거의 예외 없이 2.0 밑으로 내려갔다. 적절한 표현은 아니겠으나, 인구의 '재생산'이 불가능해졌다. 이는 다시 말해 노동인구의 재생산도 불가능해졌다는 뜻이다. 동시에 고령화가 진행된다는 것은 돌봄 서비스가 필요한 인구층이 늘어난다는 뜻이다. 일할 인력은 줄어드는데, 일할 사람에 대한 수요는 더 증가하면서 인력 수급의 격차는 이중적으로 커질 수밖에 없다.

따라서 선진국들은 지속적인 경제 성장, 시민적 권리의 확장, 인구 구조의 변화 등의 요인으로 일자리 구조가 전환되었고 일자리에 대한 기대도 달라졌다. 그 결과 중간숙련이나 비숙련 일 자리에 대한 수요는 늘어났지만, 정작 이를 채울 국내 인력은 줄어들었다. 흔히 3D 업종(dirty, dangerous, difficult: 더럽고 위험하고 어렵다고 여겨지는 일)에서 도드라진 현상이다.

이를 해결한 내부적 해법이 없지는 않다. 수요는 늘었지만 공급은 부족한 일자리에 대해서는 투자를 확대하고 임금과 고용 조건을 개선해 자국 노동자들의 관심과 유인을 높이는 방법이 있다. 즉 일자리의 질을 높이는 것이다. 그러나 많은 국가들은 이러한 '어려운' 길보다는, '값싼' 이주노동이라는 '손쉬운' 길을 택했다. 게다가 이는 단순히 기계나 컴퓨터를 수입해서 해결될 수가 없고 사람이 직접 움직여 제공해야만 하는 경우도 많다. 서비스 관련 업종을 생각해보면 된다.

가장 대표적인 현상이 세계돌봄사슬global care chain이다. 미국의 저명한 사회학자 앨리 러셀 혹실드Arlie Russell Hochschild가 세계공급사슬global supply/value chain에 빗대어 만든 개념인데, 말 자체로 모든 것이 설명된다(Hochschild, 2000). 예컨대 필리핀의 어느 섬 마을에 가더라도 다른 나라로 일하러 떠난 엄마들의 이야기를 쉽게 들을 수 있다. 먹고사는 것이 변변치 않은 마을에서 아이를 키우는 것도 버거운데, 마침 아시아나 중동의 잘사는 나라에서 아이를 돌볼 여성을 찾는다. 그 나라에서는 겨우 생계를 유지할 수준의 월급일지 몰라도 필리핀에서는 아이를 키우고 집도 건사할 수 있는 수준이다. 그래서 본인의 아이들은 부모와 마을 사람들에게 남겨두고, 자신은 저 멀리 남의 아이를 돌보러간다. 이렇듯 돌봄이 전 세계적으로 얽혀 있으니, 세계돌봄사슬이다.

기술 변화가 일자리 양극화 현상을 가져온 사례들을 기억할 것이다. 저임금 일자리의 확대를 주도한 것이 바로 개인 서비스를 포함한 서비스 종사자와 단순 노무자다. 즉 3D 업종이다. 그런 점에서 기술 변화가 일자리에 미친 부정적 영향을 해소하는 완충적 역할을 한 것이 바로 이주노동이라고 할 수 있다. 삶에 필수적인 일을 위해 불러온 노동이지만, 대부분 보이지 않는 노동이다.

물론 어쩔 수 없이 '떠밀려 온 사람'도 많다. 지정학적 불안정과 불확실성이 커지며 난민은 세계 곳곳에서 생겨나고 있다. 하지만 그 숫자는 전체 이주민에 비해 크지는 않고, 상대적 규모가 늘어나는 추세도 아니다. 다만, 가장 최근의 일을 과대평가하는 우리의 인식적 편향으로 급격히 늘어난 것처럼 보일 뿐이다. 현재 이주민의 전체 규모는 실상 1960년대와 크게 다르지 않다고 한다(de Haas, 2023).

궁극적으로 서비스업의 인력 부족은 결국 국경을 넘어 사람이 이동해야 해결된다. 노동자가 국경을 넘도록 한 것은 바로 '우리'인 셈이다.

이주노동이 내 일자리를 빼앗고 내 임금을 낮춘다?

필요에 의해 오든 떠밀려 오든 외국인 노동자들이 국내 일터에 진출하면 이런저런 영향이 있을 수밖에 없다. 예상치 못한 효과들도 나타날 수 있다. 기계가 아니라 사람이 이동하는 일이 므로, 말도 탈도 많을 수밖에 없다. 그중에서도 특히 도드라지는 비판이 있다. 첫째는 이주노동자가 국내 노동자의 일자리를 빼앗는다는 주장이고, 둘째는 '값싼' 이주노동자가 대거 유입되어 해당 업종의 임금이 떨어진다는 주장이다. 한마디로, 이주노동은 자국 노동자들에게 민폐라는 것이다.

아주 강력한 데다 직관적 설득력이 있어 대중적으로 널리 알려진 주장인데, 이를 실제로 평가하기는 쉽지 않다. 여러 가지 요인들이 복합적으로 얽혀 있기 때문이다. 예컨대 이제까지 살펴본 대로 이주노동이 국내의 구조적 인력 부족을 해소하기 위해 도입되었다면, 어차피 비어 있는 일자리를 메운 것이니 '일자리를 빼앗았다'는 말은 애당초 어불성설이다. 거제의 조선소들이 용접공을 구할 수가 없어 동남아시아에서 숙련 노동자를 데려온 걸 두고서 한국인들의 일자리를 빼앗았다고 우길 수는 없는 법이다. 하지만 인력 부족의 규모를 한 치의 오류도 없이 파악하기는 어렵다 보니 외국인 노동자가 필요 이상으로 들어올 수도 있고, 여기에 '떠밀려 오는' 인력까지 가세하면서 이주노동의 현실이 복잡해지곤 한다.

임금 문제도 마찬가지다. 특정 일자리가 제시하는 임금 수준이 국내 노동자들에게는 받아들여지지 않았을 때 그 일자리가 이주노동자에게 돌아가는 것이니, 이주노동의 임금이 국내 노동자의 임금을 직접적으로 낮출 위험은 없다. 하지만 노동'시장'이라는 것이 기묘해서 이런 방식으로 새로운 임금 최저선

floor이 형성되면 자국 노동자의 임금도 그 수준으로 낮춰보려는 압력이 생길 수 있다. 특히 국내 노동자들의 임금 교섭력이 약할수록 임금의 하방 압력이 더 커질 것이라는 점은 쉽사리 짐작할 수 있다.

이와 같은 복합적인 어려움에도 불구하고, 실증연구는 꾸준히 쏟아져 나왔다. 예상대로, 결과는 다소 갈린다. 이주노동이 국내 노동시장에 부정적 영향을 미치지 않는다는 연구도 있지만, 아주 크지는 않아도 통계적으로 유의미한 부정적 영향이 있다는 연구도 적지 않다. 반대로 긍정적인 영향이 있다고 결론 내린 연구도 있다. 종합적으로 보면, '경우에 따라서'라는 것이 잠정적인 결론일 것이다.

몇 가지 예를 보자. 이주노동을 두고 격렬한 논쟁이 계속되고 있는 유럽 국가들을 대상으로 한 프랑스 연구팀의 분석에 따르면, 이주노동이 1% 증가하면 내국인 노동자의 고용률이 0.8%포인트 감소한다고 한다(Edo & Ozguzel, 2023). 상당히 큰 감소효과인데, 흥미롭게도 이 효과는 단기적이고 즉각적으로 나타나며 시간이 지나면서 점차 약해진다. 그렇게 약 10년 정도 지나면 부정적인 고용효과는 사라진다고 한다. 마치 연못에 돌을 던져 생기는 파문과 같다는 것이다.

한편 미국에서는 이주노동이 오히려 긍정적인 영향을 미친다는 연구 결과가 나오고 있다(Caiumi & Peri, 2024). 의아한 결과라고 생각할 수 있으나, 그 해명 논리는 설득력이 있다. 인력이 부족한 상황에서 이주노동으로 생산과 서비스가 정상화되면서 기업이 전체적으로 활기를 띨 뿐만 아니라 이주노동자들의 소비활동 덕분에 경제활력이 더해지면서 추가적으로 일자리가 늘어난다는 것이다.

임금에 대한 분석도 마찬가지다. 지난 50년간 발표된 수천 개의 추정치를 정리해본 결과, 이주노동의 '민폐'(임금효과)는 대체적으로 부정적이지만 그 크기가 거의 0에 가까운 수준이다 (Aubry et al., 2022). 부정적인 영향이 존재할 수 있지만, 아주 미미하다는 뜻이다. 앞서 언급한 미국의 사례에서는 임금효과도 긍정적인 것으로 추정했다.

한마디로 요약하면, 나라마다 사정이 달라 일괄적으로 말할 수는 없지만 이주노동이 국내 노동자의 일자리를 빼앗거나 임금을 낮춘다는 주장은 큰 설득력이 없다. 설령 그러한 상황이 발생하더라도 그 효과는 미미하다. 하지만 그렇다고 해서 전혀 걱정할 필요가 없다고 지레 결론 내려서는 안 된다. 어디까지나 평균적으로 그렇다는 이야기다. 이제 평균의 이면을 따져보도록 하자.

노동시장의 약자가
또 다른 약자인 이주노동자를 두려워하는 이유

이주노동의 영향은 "당신이 어디에 서 있는가"에 따라 달라진다. 당연하지만, 아주 중요하게 다루어야 할 사실이다. 앞서 이주노동의 평균적 영향은 부정적이든 긍정적이든 그렇게 크지 않고 오래가지도 않는다고 평가했는데, 그 영향은 교육이나 숙련 수준에 따라 달라진다. 앞서 인용한 프랑스 연구팀의 분석도 이 점을 분명히 한다(Edo & Ozguzel, 2023). 고학력 그룹의 경우는 이주노동의 영향이 단기적으로는 거의 없고 장기적으로 긍정적인 데 비하여, 저학력 그룹에서는 대체로 부정적이다. 이주노동자와 국내 저학력·저숙련 노동자의 일자리가 겹치는 부분이 있을 수밖에 없고, 이에 따라 두 그룹 간 경쟁이 불가피하기 때문이다.

고학력·고숙련 그룹의 경우를 살펴보면 이주노동으로 인한 경제적·사회적 편익을 온전히 누리며, 이로 인해 일자리도 증가하는 경향이 있다. 예를 들어 이주노동 덕분에 돌봄, 음식, 가사관리 등 각종 서비스가 저렴한 가격에 원활히 제공되기에 성별에 관계없이 노동시장에 더 적극적으로 참여할 수 있게 된다. 그에 따라 고학력·고숙련 그룹과 저학력·저숙련 그룹 간의 고용기회 격차는 더 커진다. 기술 변화와 마찬가지로 이주노동도 일자리의 분화 또는 양극화를 가져올 수 있다는 뜻이다.

이런 사정은 이주노동에 대한 강한 반감과 관련되어 있다. 평균적으로 중립적인 효과에도 불구하고 선진국들은 모두 크고 작은 '이주노동 반대'라는 대중적 불만에 직면했다. 얼핏 보면 모순적인 것 같으나, 이주노동이 일하는 사람들의 처지에 따라 상반된 영향을 줄 수 있다는 점을 고려하면 전혀 놀라운 일이 아니다.

최근 독일의 경험은 이 점을 극명하게 보여준다. 2015~2016년에 시리아를 비롯한 아랍 국가에서 유럽으로 난민이 몰려왔다. 마뜩잖게 여기는 국가들이 대부분이었으나, 독일은 인류애적 관점에서 우호적 입장을 취했다. 100만 명이 넘는 난민을 수용했다. 당시 저임금 직종에서 인력 부족이 심각한 상태였던 터라 경제적인 이해도 추가로 고려되었다. 난민들은 점차 일자리를 찾아 나갔는데, 몇 년 내에 약 40%가 독일에서 일하며 생활하게 되었다. 그와 동시에, 초기에는 열광적으로 난민을 환영했던 독일 시민 사이에 이들에 대한 의문과 걱정이 생겨나면서 그간 잠재해 있던 반이민 정서가 확산되었다.

이 연유를 독일 연구자들이 분석했다(Hayo & Roth, 2024). 어떤 이들이 반이민적 태도를 취하게 되는지 따졌는데, 난민뿐만 아니라 유럽연합을 포함한 여타 국가에서 온 이주민들까지 모두 포함하여 포괄적으로 평가했다. 물론 사회적·문화적 요인들도 있겠지만, 연구자들이 가장 주목한 것은 일자리 문제였다. 단적으로 말해, 반이민적 태도는 일자리 상실에 대한 두려움과 깊이 관련되어 있다는 것이다. 예컨대 이주노동자가 자신의 일을 대체할 수 있다고 생각하는 사람들은 그렇지 않은 사람에 비해 15~20%포인트 더 높게 일자리 상실을 걱정하는 것으로 추정했다. 이러한 걱정은 이주노동에 대한 반감으로 이어졌다. 이와 같은 연결고리는 특히 저숙련·저교육층과 단시간 노동자들 사이에서 강하게 나타났다. 다소 비약하자면, 반이민 정서의 깊은 뿌리에는 일자리를 둘러싼 '을과 을의 전쟁'이 있다고 할 수 있다.

이주노동자가 자신의 일자리를 대체할 수 있다는 걱정을 불식시키는 것은 쉽지 않다. 그러나 앞서 언급한 것처럼, 방법이 아주 없는 것은 아니다. 교육훈련을 통해 자국 노동자들의 생산성을 높이고 이들의 일자리 질을 향상시키는 방법이 있다. 생산성과 임금을 동시에 올려야 성공하는 방식이다. 이런 추론이 맞다면, 강력하고 효과적인 제도와 정책을 갖춘 나라가 이주노동의 긍정적 효과를 높이고 부정적 반응은 줄일 것으로 예상해볼 수 있다.

이것이 바로 앞서 여러 차례 언급한 프랑스 연구팀의 결론이다. 노동시장 제도를 탄탄하게 운영하는 나라에서 이주노동의 효과가 보다 긍정적인데, 특히 중요한 세 가지가 있다(Edo & Ozguzel, 2023). 첫째로 고용 보호가 체계적으로 잘 되어 있는 나라, 둘째로 노동조합 가입률이 높은 나라, 셋째로 임금협상이 개별 기업이 아니라 산업이나 국가 단위에서 조율되어 이루어지는 나라들이 대체적으로 이주노동의 혜택을 골고루 나눌 수 있다. 이와 같은 제도가 있으면 자국 노동자의 생산성과 고용조건을 끊임없이 상향 조정할 수 있어 이주노동자와의 '부당한' 일자리 경쟁에 처하지 않게 된다. 임금이 산업이나 국가 단위에서 조율되기 때문에 비효율적이고 불필요한 임금격차를 줄여나갈 수 있다. 물론 이주노동자에게도 이득이 되는 상황이기에, 상생의 해법이라고 할 수 있다.

안타깝게도 이러한 상생의 해법은 아직까지 일반적이지 않다. 정반대의 방식이 더 흔한 편이다.

이주노동자에 대한 차별은 부메랑이 되어 돌아온다: 세 가지 가능성

이주노동은 두려움의 대상이자 차별의 대상이다. 사회경제적 필요에 의해 데리고 온 사람들인데, 막상 데려와서는 '좀 더 싸게, 좀 더 많이' 일을 시키려는 유혹이 크다. 그 유혹이 커질수록 이주노동에 대한 사회적 시선 또한 싸늘해진다. 경제적 이익을 얻자고 시작된 차별은 정치, 사회, 문화로 번지기 마련이고, 차별의 관행은 그렇게 고착된다. 하지만 세상 만사의 흔한 이치가 그렇듯이, 차별은 부메랑이 되어 종내는 차별하는 자의 심장을 찌르게 된다. 이를 세 가지 '부메랑'의 가능성을 들어 설명하려 한다.

차별의 현장에 대해 말하는 것이 먼저다. 멀리 가지 말고 한국의 사례를 보자. 한국은 아직 이주노동의 초기 단계에 있다. 앞서 세계적으로는 서비스 노동이 이주노동의 핵심이라 했지만, 한국의 경우에는 광·제조업이 이주노동의 40% 이상을 차지한다. 이유는 간단하다. 중소 제조업체가 국내 인력을 끌어들일 수준의 임금과 고용 조건을 제공할 수 없기 때문이다. 출생률이 낮아져서 젊은 노동 인력이 줄어드는 현실도 고려해야 한다. "요즘 젊은이들은 배가 불러서 험한 일을 안 하려고 한다"고 한탄해야 소용없다. 이윤을 목적으로 하는 기업이라면, 냉정한 경제적 현실에 기반해서 상황을 판단하고 결정을 내려야 한다. 일자리의 생산성과 질을 높이는 방식 대신 선택한 것이 이주노동이다.

여기까지는 경제적인 선택이다. 문제는 그다음부터다. 이주 노동자가 한국 땅을 밟는 순간, 임금은 가능한 한 아끼고 노동 시간은 최대한 늘리는 전략을 택할 유인이 커진다. 국경을 넘어 온 사람은 쉽사리 돌아가지 못한다. 한국에 오기 위해 빚을 내서 쓴 돈도 갚아야 하고, 두고 온 가족의 생계도 차곡차곡 챙겨야 한다. 즉 상황의 '노예'가 되는데, 기업은 이 사실을 누구보다 잘 안다. 여기서 기업은 이주노동자에게 우호적이고 동정적인 태도를 취할 수도 있고, 반대로 그들의 고약한 처지를 적극 '활용'하려 할 수도 있다.

결과는 썩 좋지 않다. 이주노동자의 평균적인 상황은 한국의 평균적인 저임금 노동자보다 열악하다. 장시간 노동이 일반적이어서, 일주일에 50시간 이상 일하는 비율이 27%에 달한다. 또한 300만 원 이하의 월급을 받는 비율은 60%가 넘는다(통계청, 2024). 여기까지는 나쁘지만, 드문 현상은 아니다. 다른 선진국에서도 종종 사회적 논란이 된다. 심각한 문제는 따로 있다. 바로 산업재해의 위험이 높은 일자리가 이주노동자에게 집중되는 현상이다. 또 다른 형태의 '위험의 외주화'다. 이미 다루었듯이, 장시간 노동 자체가 건강과 안전의 위험을 높이는 데다가, 그 일 자체가 위험하다. 광공업 직종에서 내국인이 맡지 않으려고 하는 위험한 일자리를 이주노동자에게 떠넘긴다. 그 결과, 이주노동자의 산업재해 사망 비율은 국내 취업자보다 무려 4배나 높다.[15]

여기서 첫 번째 부메랑이 나온다. 산업안전의 위험을 이주노동자에게 떠넘기는 순간, 기업 입장에서는 일터의 안전 조치를 적극적으로 취할 유인이 적어진다. 그동안 '위험의 외주화'의 주요 대상이었던 내국인 비정규직 하청 노동자들에 비해, 이주노동자들은 한층 '보이지 않고 들리지 않는' 처지에 있기 때문에 기업으로서는 일터의 안전에 대한 투자를 더욱 꺼릴 수 있다. 이런 경향은 이주노동자를 고용하지 않은 기업으로도 퍼져 나갈 위험이 있다. 악화가 양화를 구축하게 된다. 이렇게 산업 안전에 대한 유인과 압력이 약화되면, 한국 일터의 전체적인 안전이 더는 개선되지 않거나 오히려 악화될 수 있다. 모든 일터가 위험해진다.

둘째는 임금에 관한 것이다. 동남아시아에서 말도 통하지 않는 이 낯선 곳으로 일하러 오는 이유는 유사한 일을 해도 한국에서의 벌이가 더 좋기 때문이다. 이들을 위한 일자리가 한국에 남아 있는 것은 내국인 노동자들이 받아들일 수 없는 임금이나 고용 조건 때문이다. 경제학에서는 흔히 '의중임금reservation wage'(또는 준거임금)이라는 어려운 말로 부르는데, 내용은 간단하다. 노동자가 자신의 교육, 숙련, 경험 등을 고려해서 받아들일 수 있는 임금의 최하한선이다. 더는 물러설 수 없는 수준의 임금이라고 생각하면 된다. 어떤 일자리가 제시하는 임금이 내국인 노동자의 의중임금에는 미치지 못하지만 외국인 노동자들의 의중임금보다 높으면, 이주노동이 발생할 여건이 마련되는 것이다. 이 구조는 깔끔하고 평화롭다.

그런데 한국에서 제시하는 일자리가 이주노동자의 의중임금보다 높을 수 있다는 바로 그 사실 때문에, 임금을 가능한 한 더 낮추고 싶은 유혹이 있을 수밖에 없다. 그렇기에 실제로 주기로 한 월급에서 숙식비를 크게 공제하거나 연장 근무에 대해 추가 지불을 하지 않는 일이 비일비재하다. 정부에서 짐짓 호된 소리를 내도 좀체 개선되지 않는다. 금전적 유혹이 그만큼 크기 때문이다.

한발 더 나가기도 한다. 한국의 일자리는 기본적으로 최저임금의 적용을 받는다. 이주노동자들이 일하는 곳은 대부분 최저임금을 지급하는 저임금 일터다. 물론 내국인들이 일하는 저임금 업종도 있지만, 이주노동자들이 주로 일하는 업종은 앞서 말한 대로 노동환경이 더 거칠고 노동 강도가 더 높으며, 때로는 일정 수준 이상의 숙련을 요구한다. 내국인들이 저임금을 받고 일하려 하지 않는 분야들이다. 가령, 용접공이 최저임금만 받고 일하려 하지 않을 것이다. 그래서 최저임금 업종이라고 하더라도 이주노동자가 집중된 업종이나 지역이 생겨난다. 즉 일자리 시장이 이주노동과 내국인 노동으로 분리된다. 예컨대 깻잎을 따는 일은 이주노동자가 맡고, 마트에서 물건을 정리하는 일은 내국인 노동자가 맡는다. 이렇게 분리되기 시작하면, 외국인 노동자에게는 최저임금을 낮춰서 별도로 적용하자는 주장이 나온다. 이른바 '차별적 최저임금'이다. 대표적인 사례가 2024년 필리핀 가사도우미의 최저임금을 둘러싼 논란이다. 중산층 가정이 외국인 가사도우미에게 현행 최저임금에 준해 월급을 주면 경제적 부담이 크기에, 이를 고려해서 월급을 좀 내려도 여전히 그들의 의중임금보다 높아서 이를 받아들일 것이라는 논리였다.

하지만 이는 부메랑이 되어 돌아올 가능성이 크다. 물론 차별적 최저임금은 말 그대로 차별적이고 해당 이주노동자들이 수용하기도 힘들다. 노동법 체계상 용인되지 않을 수도 있다. 더 나아가, 한국 노동자들에게도 좋은 일이 아니다.

예를 들어 기업의 경제적 부담을 줄이려고 어떤 업종의 이주노동자들에게 차별적 최저임금이 적용되었다고 하자. 이주노동자들도 마음에 들지 않지만, 일단 버텨보기로 했다고 하자. 하지만 상황은 여기서 끝나지 않는다. 이주민을 고용한 유사 업종의 기업들이 가만히 있을 리 없다. 자신들의 업종도 어렵기는 마찬가지이니, 최저임금을 낮추라고 요구할 것이다. 이주민이 일하는 모든 업종으로 '최저임금 인하' 요구가 퍼져 나갈 것이다. 이내 내국인만 고용하는 기업들도 덩달아 들썩일 것이다. 이주노동자들을 고용하는 기업은 차별적 최저임금 덕분에 내국인만 고용하는 기업에 비해 비용적 우위를 누리게 된다면서, 이는 곧 불공정한 경쟁이라고 주장할 것이다. 따라서 자신의 기업에 적용되는 최저임금도 낮추든지, 아니면 이주노동자를 고용할 수 있도록 새로운 정책적 조치를 요구할 것이다. 이러한 상황의 귀결은 결국 최저임금의 전반적인 하향 조정, 또는 이주노동자의 과도한 유입이다. 둘 중 어느 것도 일의 세계에 바람직하지 않다. 모두 저생산, 저임금, 불안정성으로 연결되기 때문이다.

세 번째 부메랑의 가능성은 앞서 살핀 두 가지 사례에서 자연스럽게 도출된다. 바로 국내 인력 부족과 실업의 공존이다. 국내 인력 부족으로 이주노동이 생겨난다고 하면, 얼핏 내국인을 위한 일자리는 부족하지 않고 국내 실업 또한 미미한 수준일 것으로 짐작할 수 있다. 하지만 전혀 그렇지 않다. 이주노동을 대규모를 끌어들인 유럽과 북미 대륙은 청년실업 문제로 수십 년째 골머리를 앓고 있다. 이미 언급한 것처럼 정치적·사회적 불안의 주요 요인이다. 청년들은 종종 일자리 부족의 이유로 이주노동이 과도하다는 점을 꼽기도 한다. 하지만 앞서 살펴본 대로, 이주노동의 일자리와 내국 청년의 일자리는 크게 겹치지 않는다.●

청년실업률이 높은 것은 이주노동의 유입 때문이 아니라 청년의 기대와 '눈높이'에 맞는 일자리가 부족하기 때문이다. 그렇다고 해서 이주노동과 전혀 관계가 없는 것은 아니다. 만일 이주노동자에 대한 차별적 관행으로 그들의 임금이 낮아지고 고용환경이 악화되면, 전체 일자리의 질이 낮아지면서(예컨대 최저임금이나 산업안전 기준) 결국 청년 일자리에 있어서도 기대와 현실 간 간극이 더 커진다. 실업이 늘어난다는 것이다. 이 또한 어느 누구도 바라지 않은 사회적 손실이다.

● 물론 겹치는 현상이 전혀 없는 것은 아니다. 과도기적인 겹침 현상은 특히 강하게 나타나기도 한다. 한국의 경우에는 최근 건설업과 조선업을 중심으로 이런 겹침 현상이 나타나고 있고, 내국인 노동자와 이주노동자들 간 갈등이 표면으로 드러나기도 했다.

간추리는 말
편견과 오해를 넘어 이주노동자와 같이 일하며 살아가기

민감한 주제였다. 국경을 넘는 것이 기술과 자본이 아니라 사람이다 보니, 편견과 오해가 많다. 동시에 한국을 포함한 고소득 국가에서 이주노동은 노동사회의 중요한 축이다. 이제까지 이러한 '사실'을 다루었다.

국경을 넘어 일하러 가는 사람은 늘고 있다. 출산율이 줄고 고령화가 진행되고 있는 잘사는 나라는 다른 나라의 '인력 원조'에 기댈 수밖에 없다. 별다른 뾰족한 방법이 없다. 그러나 동시에 사람들은 이주노동자의 실제 규모를 과대평가하는 경향이 있다. 이주노동에 대한 과도한 정치화 때문이다.

이주노동은 대부분 '불러서 온 사람'이다. 일할 사람이 필요하니 다른 나라에서 데려온 것이다. 돌봄을 비롯한 서비스업에서는 이주노동에 대한 수요가 매우 크다. 경제활동의 양성평등이라는 정당한 요구를 실현하기 위해 돌봄노동의 부담을 이주노동을 통해 해결한 경험도 있다. 물론 '떠밀려 온 사람'도 있지만 그 비율은 적다. '불러서 온 사람'을 '떠밀려 온 사람'으로 취급하면서 차별은 시작된다.

따라서 이주노동자가 내국인 일자리를 빼앗는다거나 내국인의 임금을 낮춘다는 주장은 대부분 근거가 없다. 지난 50년간의 실증연구를 종합적으로 검토한 결론이다.

물론 걱정할 점도 있는데, 이는 당신이 어디에 서 있느냐에 따라 달라진다. 고숙련·고임금 일자리라면 걱정할 것이 거의 없다. 저숙련·저임금 일자리는 사정이 다르다. 기술의 변화에 따라 양극화가 생겼듯이, 사람의 이동에 따라서도 양극화가 생길 수 있다. 기술 변화의 혜택이 저임금 일자리에도 가게 하려면 투자와 지원이 필요하듯이, 이주노동의 혜택이 골고루 나누어지기 위해서는 임금과 고용 조건을 체계적으로 보호하는 노동시장 제도가 필요하다. 이 역시 최근 실증연구를 통해 얻은 결론이다.

두려움은 차별을 낳는다. 그러나 그 차별은 부메랑이 되어 우리에게 돌아온다. 산업재해의 위험을 이주노동자에게 전가하면, 결국 전체적인 산업재해는 줄지 않는다. 정책적·사회적 노력도 약해진다. 이주노동자의 임금을 차별하면, 이는 내국인의 저임금 일자리에도 하방 압력으로 작용한다. 특정 그룹의 이주노동자에게 차별적인 최저임금이 적용되면, 다른 이주노동자에게도 적용하려 할 것이고 궁극적으로는 내국인 최저임금에도 치명상을 입히게 된다. 저쪽을 낮추면 이쪽도 낮아진다. 이런 일들이 생기면, 인력 부족으로 외국에서 일하는 사람을 불러들이면서도 국내에서는 일자리를 찾지 못해 고군분투하는 사람들이 생길 수 있다. 인력 부족과 실업의 공존이다. 청년들이 이런 기괴한 공존의 가장 큰 희생자가 된다.

이런저런 오해와 편견을 뛰어넘어야, 이주노동자와 같이 일하고 사는 법을 찾을 수 있는 첫걸음을 뗄 수 있다. 이때 정치의 역할이 중요한데, 지금의 정치는 오해와 편견을 정치적 자산으로 삼는 경우가 많다. 기술과 자본은 국적을 가리지 않고 찬양

하면서 사람에 대해서만 유독 따지려 들고 까칠한 우리 시대의
'비대칭성'이 가장 큰 문제다.

9장

일하는 삶에
투자하는 사회

지금까지 많은 복잡한 주제를 다루었지만, 궁극적으로는 아주 단순한 주장으로 귀결된다. 일의 사회적 가치는 노동시장이 지불하는 것 이상의 가치를 지닌다. 좋은 일자리는 과소평가되고 나쁜 일자리는 과대평가된다. 그래서 노동'시장'은 좋은 일자리를 충분히 제공하지 못한다. 좋은 일자리를 결정하는 요소인 임금과 노동시간은 '시장'에 의해서만 결정되지 않는다. 힘, 대화, 협상과 같은 사람의 몸과 말도 못지않게 중요하다. 태초에 사람이 있었지, 시장이 있지는 않았다. 기술의 발전이나 이주노동과 같은 거대한 흐름도 인간의 선택과 행동에 따라 변한다. 제도와 정책이 그만큼 중요하다.

그렇다면 우리는 무엇을 해야 하는가. 우리가 기대고 있는 시장경제 안에서 일의 사회적 가치를 온전히 반영하거나 실현하기 위해 필요한 것은 무엇일까. 쉽지 않은 질문인 만큼 정답을 내기도 어렵다. 그러나 실마리를 찾아보려 한다.

어느 마을 이야기부터 해야겠다.

일자리 하나를 키우려면 온 동네가 필요하다: 마리엔탈의 실험

오스트리아 비엔나를 벗어나 남쪽으로 달리면, 들판이 한없이 열리다가 난데없이 높이 솟은 빌딩이 나타난다. 그 아래로 자그마한 마을이 자리하고 있다. 그라마트노이시들Gramatneusiedl 이라는 이름을 가진 마을이다. 이름은 길고 복잡하지만, 그 뜻을 이해하기는 어렵지 않다. 아무것도 없을 법한 곳에 있는 조그만 마을이라는 뜻이란다. 여기에 약 3,000명이 살고 있다. 역시 도시보다는 마을이라는 말이 더 어울리는 곳이다.

아름다움에 대한 오스트리아 사람들의 까다로운 눈높이를 잣대 삼아 보자면, 이 마을은 그다지 매력적이지 않다. 마을에 들어서면 아기자기한 꽃밭과 재잘거리는 웃음소리보다는 뿌연 공장 연기가 거칠게 반길 것 같다. 그도 그럴 것이, 이 마을은 한때 공장 마을이었다.

19세기에 대규모 섬유공장이 들어서면서 이 마을은 성장했다. 마을 안쪽에 자리한 마리엔탈Marienthal이라는 지역에 거대한 공장이 들어섰고, 주민들은 너 나 할 것 없이 이 공장에서 일하거나 여기에서 일하는 사람들을 고객 삼아 장사를 했다. 같이 일하고, 같이 놀고, 같이 기대며 살아갔다. 하지만 공장이 무너지자, 모든 것이 같이 무너졌다. 1930년대 대공황이 닥치면서 섬유공장은 파산했고 마을 사람들은 대부분 실업자 신세가 되었다. 공장 연기가 사라진 후 마을에는 사람들이 만들어낸 검은 구름이 모여들었다. 깜깜했다. 먹고사는 것도 문제였지만, 곧 터져버릴 듯한 팽팽한 긴장감이 사람들을 더 안절부절못하게 했다.

이때 사회학자들이 마을을 찾아 이 긴장감의 정체를 분석했다. 이른바 '마리엔탈 실업자 연구'다. 취지는 간명하면서도 심오했다. 실업이란 단순히 숫자를 세는 문제가 아니다. 돈 문제만도 아니다. 개인과 가족의 생활 전체를 흔들어대는 집단적·사회적 고통을 의미한다. 숫자가 아니라 사람을 보아야 한다는 뜻이다. 그래서 연구자들은 마을의 실업자를 직접 만나서 끊임없이 묻고, 그들의 상황을 기록하며 이해하려 했다.

시작부터 어려웠다. 고통의 그림자는 어둡고 길었다. "고양이나 개 한 마리가 사라져도, 그 주인은 차마 신고하지 못했다. 누군가가 그 동물을 먹어버렸을 것임을 알지만, 그게 누구인지는 알고 싶지 않았기 때문이다."(Sulek, 2007) 일자리가 사라진 마을에서는 인간의 영혼도 증발했다. 만사에 힘을 잃게 하는 무기력함은 역설적으로 힘을 짜내는 폭력으로 이어졌다. 집 안팎으로 주먹질이 늘었다. 아이들의 건강도 급격히 나빠졌다. 모래탑을 굳건히 받들고 있던 돌덩이 하나를 빼낸 것처럼, 모든 것이 무너졌다. 남은 것은, 일자리란 단순히 돈만이 아니라 삶이고 자존감이며 사람들 간 연결고리라는 뒤늦은 깨달음이었다.

또 다른 깨달음은 섣부른 '혁명적' 낙관론의 어리숙함이었다. 당시 대량 실업이 생기자, 대규모 정치적 행동으로 이어질 것이라는 전망이 많았다. 거대한 정치적 물결이 생겨나서 체계적 또는 제도적 급변이 있을 것이라는 예고도 뒤따랐다. 즉 실업은 '전복적 행위'의 동력이라는 것이다. 하지만 현실은 달랐다. 마리엔탈에서는 실업의 고통이 커질수록 비관과 우울이 깊어졌다. 잃을 것은 사슬뿐이니 두 손 불끈 들고 일어서는 것이 아니라, 저 멀어져가는 밥줄의 사슬 끝을 바라보면서 더 암울해했다. 사회학자 제임스 데이비스의 표현에 따르면 "사슬을 잃을 것인가, 삶을 잃을 것인가 하는 질문 앞에서 사람들은 대부분 사슬을 지키는 것을 선택했다"(Sulek, 2007). 마르크스가 애달파할 일이지만, 삶의 현실은 그러했다.

오랜 시간이 지났지만, 이 마을은 여전히 그때를 기억한다. 추억은 기억하되, 고통을 반복해서는 안 된다는 교훈도 잊지 않는다. 그래서 최근 실업자가 늘어나는 기미가 보이자, 마을은 모든 사람에게 일자리를 보장하는 사업을 한시적으로 도입했다. 장기실업 상태에 놓인 사람들이 8주 정도의 훈련 과정을 거친 뒤 민간 기업에 취직하거나 마을 공동체가 필요로 하는 서비스를 제공하는 사회적 기업에서 일하도록 돕는 사업이다. 민간 기업에 취직하면 고용 보조금을 지급하는데, 어떤 경우든 월급은 최저임금 이상이 되도록 했다. 대부분 사회적 기업에서 일자리를 얻었다. 강제성은 전혀 없다. 본인이 원하는 경우에만 프로그램의 혜택을 받을 수 있고, 원하지 않는 경우는 실업급여를 계속 받으면 된다. 일종의 일자리 보장 사업인데, 공식 명칭은 '마리엔탈 일자리 보장 시범사업'이다. 과거의 역사와 현재의 의지가 모두 잘 담긴 이름이다. 마을의 온갖 정책도 조율되어 이 사업을 지원한다. 일자리 만들자고 온 마을이 소매 걷고 나선 것이다.

적지 않은 돈이 든다. 일인당 연평균 3,000만 원 이상의 재원이 소요된다. 하지만 마을은 이 돈을 아까워하지 않는다. 역사적 경험이 있는 데다가, 결과도 좋기 때문이다. 1930년대 마리엔탈 실업자의 조사연구를 바탕으로 일자리 보장 프로그램의 사회경제적 영향을 포괄적으로 분석한 연구에 따르면, 전체 실업률은 1%포인트 이상 줄고, 노동자의 수입은 크게 늘었다(Kasy & Lehner, 2023). 사회심리적 지표도 현저히 좋아졌다. 이것저것 따져보면, 꽤 괜찮은 투자였던 셈이다. 실업급여 지출과 비교해도 별 차이가 없었다. 〈뉴요커〉와의 인터뷰에서 이 사업의 책임자는 "이건 거의 '슬램덩크' 수준"이라면서 너스레까지 떨었다.

일자리 보장 사업을 총괄하는 사무실은 옛 섬유공장의 터에 자리 잡았다. 역사와 경험이 그렇게 이어진다. 그리고 이 사업을 벌인 장본인인 마을 시장은 마리엔탈의 역사적 경험에 관해 석사 논문을 쓴 사람이다. 그의 말은 거침없다. "당신도 애덤 스미스는 알겠지. 그 양반은 언제나 시장market이 옳다고 했단 말이야. 일자리가 없으면 돈을 덜 받고 일하면 된다고 하겠지만, 완전히 틀린 소리야. (…) 일자리 자체가 없는데 무슨 소리인지." 스미스로서는 이런 오해에 다소 억울할 수 있겠으나, 마을 시장의 의지는 그만큼 굳건하다. 이 마을의 야심 찬 사업은 당분간 계속될 예정이다.

"아이 하나를 키우려면 온 동네가 필요하다"는 말이 있다. 아프리카 속담으로 추정된다. 그리고 오스트리아의 어느 작은 마을 마리엔탈에서는 아이 키우듯 일자리를 키우고 있다.

좋은 일자리를 키우는 사회를 향한 첫걸음: 기여적 정의를 위한 투자

좋은 일자리 하나를 키우려면 온 동네가 필요하다. 작은 마을의 이야기지만, 그 의미는 크고 근본적이다. 시작은 방향과 관점이다. 거창하게 말하자면, 철학이다.

무엇보다도 일자리의 다층적이고 포괄적인 사회적 가치를

모든 사람이 인식하고, 사회가 가용한 자원을 최대한 활용하여 일자리를 키워야 한다. 일자리는 곧 인간의 생존이고 자존감이며 사회의 구성원으로서 굳건하게 자리 잡게 하는 매개체이기 때문이다. 따라서 교육훈련, 일자리 소개, 일자리 지원금 그리고 필요하다면 직접적인 일자리 창출까지 다양한 방식으로 접근해야 한다. 나아가, 그 일자리가 삶을 옭아매지 않도록 하기 위해 무엇을 하든 '좋은 일자리'가 되도록 해야 한다. 즉 고용을 넘어 '일work'과 '일하는 삶working life'에 투자하는 것이다.

여기서 투자란 물질적이고 금전적인 것만을 의미하지 않는다. 모든 일자리에 대한 존중, 모든 일하는 사람에 대한 존중이라는 비물질적 투자를 포함한다. '존중'받는 노동이 더 생산적이라는 점은 4장에서 설명했다. 존중을 통해 더 많은 생산과 수익이 창출되므로, 투자라는 용어는 단순한 메타포가 아니라 현실의 적확한 표현이다.

이를 위해 '일의 세계'를 기여적 정의에 기반하여 재구성할 필요가 있다. 구체적으로는 다음과 같은 것을 생각할 수 있겠다.

일할 권리, 헌법적 권리

일의 세계를 재구성하는 과정은 근본적이고 상징적인 조치를 포함한다. 예를 들면, 헌법이다. 한 국가의 법적 근간이자 가치 체계를 구성하는 것이 헌법이라고 한다면, 현재 헌법은 '일하는 삶에 투자하는 사회'라는 목적과는 멀리 떨어져 있다.

대한민국 헌법 제32조 1항은 "모든 국민은 근로의 권리를 가진다. 국가는 사회적·경제적 방법으로 근로자의 고용의 증진과 적정임금의 보장에 노력하여야 하며, 법률이 정하는 바에 의하여 최저임금제를 시행하여야 한다"이고, 2항은 "모든 국민은 근로의 의무를 진다. 국가는 근로의 의무의 내용과 조건을 민주주의원칙에 따라 법률로 정한다"라고 되어 있다.

언어학자 벤자민 리 워프Benjamin Lee Whorf는 "언어는 우리의 행동과 사고의 양식을 결정하고 주조한다"고 했다. '근로'라는 표현은 온당치 않다. 근로는 '부지런히 일한다'는 뜻이다. 물론 관행적으로 사용되어 왔으니 큰 문제가 없다고 할 수도 있겠으나, 관행은 일터의 현실을 좌지우지한다. 그저 우직하게 '부지런히 일하는' 사람은 테일러 공장의 노동자(4장)와 다를 바 없고, 이러한 시각에서의 노동은 투자와 존중의 대상이 애당초 아니다.

따라서 보다 능동적인 주체로서 '노동'을 인정할 뿐만 아니라 인간의 생산적 활동의 포괄성도 명시되어야 한다. "근로의 권리"가 아니라 "일할 권리"여야 한다. 같은 논리를 적용하면 "근로의 의무"도 적절하지 않다. 인간은 어떤 형태로든 자신의 생존을 위해, 그리고 사회 구성원으로서 다양한 '생산적' 일을 수행한다. 그것이 노동'시장'을 통한 것이 아니더라도 일의 사회적 기여는 적정하게 인정되고 장려되어야 한다. 의무를 강제할 것은 아니다. 국가와 사회가 할 일은 이런 생산적·사회적 기여를 지원하는 것이다. 기여적 정의란, 모든 사람의 '일할 권리'를

인정하고 지원하고 실현하는 것을 의미한다.●

통화정책의 목표로서의 일자리

일할 권리의 실현은 말로 되는 것이 아니다. 한 사회의 경제적 자원이 동원되고 쓸모 있게 사용되어야 된다. 따라서 경제정책의 조정도 필수적이다. 시장경제는 기본적으로 화폐를 통해 경제행위가 조정되는 곳이고, 이 화폐의 독점적 발행권은 중앙은행에 있다. 물론 통화 안정, 물가 안정, 금융 안정이 당면 과제가 될 수밖에 없으나, 이런 안정적 조치들은 궁극적으로는 사회적 최우선 목표를 달성하기 위한 수단이다. 그 목표의 가장 앞에 서 있는 것은 좋은 일자리를 통해 각각의 삶을 윤택하게 하는 것이다.

그러나 역사적으로 중앙은행은 물가 안정을 배타적 목표로 추구하면서 일자리를 희생시킨 경우가 많았다. 1장과 4장에서 보았듯, 물가 안정을 위해 일자리를 줄인다는 발언도 서슴없이 한 역사적 에피소드도 존재한다. 최근에는 이런 '논리'를 뒷받침했던 경제이론(예컨대 물가와 고용 간 강한 상관관계가 있다는 주장)의 실증적 근거가 약해지고 있다는 점도 보았다.

한국의 중앙은행은 현재 물가 안정과 금융 안정을 양대 책무로 삼고 있다. 따라서 일자리를 통화정책의 주요 목표로 격상

● 이런 점에서 헌법 제32조 3항의 의미는 특히 크다. "근로조건의 기준은 인간의 존엄성을 보장하도록 법률로 정한다."

할 필요가 있다. 고용 안정을 중앙은행의 핵심 과제로 포함시키는 것이다. 이미 미국과 호주의 중앙은행은 '최대 고용maximum employment'을 정책 목표에 포함하고 있다. 물론 현실적 어려움이 있지만, 정책 목표가 명시적으로 포함되지 않으면 어떤 노력도 원천적으로 봉쇄된다.

영국의 중앙은행은 인플레이션 목표에서 1%포인트 이상 벗어나면 재무장관에게 공개 서한을 발송해야 한다. 목표에서 벗어난 이유와 언제 목표치로 돌아올지, 이를 위해 어떤 조치를 취하는지 등을 상세히 설명한다. 재무장관은 이에 대해 입장을 밝히고 추가 조치를 검토한다. 인플레이션 목표의 중요성을 환기시키고 정부가 어떤 추가적 조치를 도입할지 공개적으로 밝힌다. 이와 같은 공개적인 의견 교환을 통해 물가 안정의 중요성을 시민들에게 전달한다. 물가와 함께 경제의 중요한 축을 담당하는 일자리에 대해서도 같은 접근 방식을 고려하지 않을 이유가 없다.

일자리 관련 목표가 실효성을 가지려면 몇 가지 전제가 필요하다. 미국과 호주처럼 고용량level of employment에만 집중해서는 안 된다. 불평등 연구의 대가 앤서니 앳킨슨Anthony Atkinson이 지적했듯이, 일하고 싶은 사람들의 권리가 부정당하는 것을 줄이는 데 초점을 두어야 한다. 예컨대 비자발적 실업과 불완전고용을 최소화해야 한다(Atkinson, 2015). 이를 위해서는, 정책 지표로서의 '고용'이나 '실업'은 더 포괄적으로 바뀌어야 한다. 실업과 고용의 경계에 있는 사람들(예컨대 불완전고용), 활동과 비활동의 경계에 있는 사람들(예컨대 니트족, 2장 참조)까지 고려한 지표가 필요하다. 즉 일자리의 상황과 질도 고려해야 하며, 임금 또한 필수적인 고려 사항이다.

너무 복잡해서 실효성이 없다는 불만이 있을 수 있다. 하지만 물가나 금융과 관련해서는 복잡하고 정교한 통계가 어마어마한 규모로 존재한다. 그러고도 통계의 부족을 아쉬워한다. 이에 비하면 일자리에 관한 통계와 지표화 작업은 걸음마 수준이다. 정책이 일자리를 향하도록 설정되지 않으면, 그 정책을 뒷받침할 통계와 분석도 발전할 수 없다.

일자리를 위한 재정정책

일자리의 사회적 가치는 노동시장에서 지불하는 것보다 크기 때문에, 좋은 일자리는 부족하기 쉽다. 노동시장에서는 일자리에 대한 투자가 사회적 최적 수준에 늘 밑돈다는 것이다. 이 부족분을 메우는 것이 정책이 해야 할 일이다. 앞서 여러 차례 강조했듯이, 여기서 '투자'는 자원을 들인 만큼 이득이 돌아온다는 의미다. 좋은 일자리에 투자하면 소득 상승과 함께 소비가 늘어나고 이는 다시 생산을 위한 투자로 이어질 것이다. 결국 추가적으로 일자리를 만들어낼 수 있다. 요컨대 다양한 경제적 효과를 가져오고, 이로 인한 사회정치적 안정성은 다시 경제 안정성의 기반이 된다. '윈윈'이라는 표현이 이제 다소 상투적으로 느껴질 수 있지만, 바로 여기서 실질적 의미를 찾게 된다.

투자에 필요한 재원을 모으는 방식인 조세 문제부터 살펴보자. 세금과 일자리 간 거리는 멀어 보이지만, 원칙적으로 따져볼 사안이 있다. 많은 국가에서 최신 기계나 기술을 도입하면 각종 세제 혜택이 뒤따른다. 세금을 깎거나 면제하기도 하고 이후에 정산해서 되돌려주기도 한다. 이에 비해 사람을 고용하면 각종 세금이 겹으로 부가된다. 물론 그중에는 사회보험과 같이 노동자를 보호하는 항목도 있지만, 기업 입장에서는 사람을 쓸 때보다 기계를 사는 것이 세금 부담이 적은 경우가 많다 (Acemoglu & Johnson, 2023). 이런 상황에서는 기업의 투자 결정에서 사람보다는 기계나 자본 투자로 쏠리기 마련이다. 즉 조세의 구조가 일종의 '기술 편향적' 유인을 만들어내 결과적으로 기술 과잉을 초래할 수 있다. 사람과 자본 간 조세 균형을 고쳐 잡으면 일자리에 대한 투자가 늘어날 수 있다.

정부가 모은 돈을 어떻게 지출하느냐는 더욱 중요한 문제다. 1장에서 살펴본 케인즈는 시장경제의 고질적 유효수요 부족 때문에 비자발적 실업이 양상된다고 보고, 그 해법으로 적극적인 재정정책을 옹호했다. 일자리 사정이 악화되면, 정부가 빚을 내서라도 부양대책을 세워야 한다는 것이다. 물론 불가피하게 적자가 생기겠지만, 정부의 신속한 개입으로 일자리가 회복되면 소득도 늘고 세금 수입도 증가해서 종국에는 적자를 메꿀 수 있다. 반면 정부가 개입하지 않고 내버려두면, 일자리 파괴가 가속화되면서 경제가 악순환의 늪에 빠지고 결국 정부의 세수도 줄어들면서 사면초가의 상황이 발생할 수 있다는 것이다.

이와 같이 정부가 적극적으로 지출을 늘리는 정책은 필수불가결하다. 하지만 지출 규모만큼 지출 형태도 중요하다. 이런 상황을 가정해보자. 정부가 경기 부양과 일자리 창출을 위해 1,000억 원의 재정을 긴급 편성해서 건설 사업에 투자하기로 결정했다. 건설 투자 방식에는 여러 가지가 있다. 정부는 최첨단 기술이 집약된 공법을 이용해 섬과 섬을 잇는 다리를 건설하는 프로젝트와 외진 산간 지역에 포장도로를 만드는 프로젝트를 검토하고 있다. 대기업들은 기술 선진국의 면모를 보이면서 관광업을 활성화하는 첫 번째 프로젝트에 대한 로비에 한창이고, 정부도 그쪽으로 기울었다. 하지만 정부 연구기관에서 첫 번째 프로젝트는 연간 1,000개의 일자리를 창출하고 두 번째 프로젝트는 연간 5,000개의 일자리를 창출하는 것으로 예상된다고 발표했다(흔히 '고용영향평가'라고 한다).

이때 정부는 어떤 선택을 해야 할 것인가. 두 프로젝트에서 고용하는 인력이 유사한 수준의 숙련도와 임금을 가지고 있다고 하면, 정부는 두 번째 프로젝트를 좀 더 적극적으로 고려할 필요가 있다. 요컨대 주요 정부 지출을 결정할 때는 그 일자리 효과를 분석하고 이를 최종 의사결정에 반영하는 방식(고용반영예산employment budgeting)을 적용해, 재정 지출의 일자리 효과를 높일 수 있다.

일자리 친화적인 산업정책

산업정책을 빼놓을 수 없다. 산업정책은 한때 전 세계적으로 터부taboo였다. 시장경제에서는 기업이 이윤의 기회를 찾아 자본을 마련하여 투자하며, 그 성공과 실패는 오로지 개별 기업의 몫이 된다. 하지만 산업정책은 정부가 특정 산업을 육성하기위해 시장에 개입해서 자본을 조달하고 특정 기업에게 그 자본을 몰아주며 각종 지원 조치도 보태는 정책을 말한다. 한마디로 '반시장적'이라고 해서, 국제 금융기구들의 회의에서는 배척되기도 했다. 그러나 역설적이게도 지난 반세기 동안 산업화에 성공한 나라들은 한결같이 산업정책을 적극 활용했다. 일본과 한국에 이어 중국도 그랬다. 지금은 미국이 앞장서고 유럽이 뒤따르면서 산업정책의 르네상스를 맞이하고 있다.

논쟁의 역사적 곡절이 어떻든 간에, 산업정책은 좋은 일자리를 창출할 수 있는 중요한 기회를 제공한다. 오늘날 중산층 노동계층을 키워낸 한국의 주요 산업들도 대부분 산업정책의 수혜를 받았다. 요즘은 디지털 산업과 녹색산업이 주요 대상으로 떠올랐다(녹색산업은 뒤에서 별도로 다룬다). 하지만 산업정책의 부활을 통해 중산층 일자리를 양성할 기회는 크지만, 이것은 어디까지나 기회일 뿐이다. 별도의 정책적 노력이 없다면, '잃어버린기회'가 될 공산이 크다.

산업정책의 세계적 권위자인 대니 로드릭Dani Rodrik은 '산업정책-일자리'의 연계고리 강화를 오랫동안 주장해왔다. 특히모든 산업정책이 서류상으로는 일자리 창출을 주요 목표로 하고 있으면서도, 정작 기업들은 일자리 창출에 적극적이지 않거나 체계적이지 않다는 점에 주목했다. 기업의 투자유인 체계를일자리 창출에 보다 긴밀히 결합시키기 위해 그는 좀 더 치밀한

계획이 필요하다고 강조한다(Rodrik & Stantcheva, 2021). 예컨대 같은 산업 내에서도 일자리 창출의 잠재력이 큰 기업에게 자금공급에서 우선권을 준다든지, 산업정책의 대상이 된 산업 내 모든 기업에게 직업교육훈련의 의무를 공동으로 부여해서 숙련 부족을 이유로 고용을 지체하는 것을 방지한다든지, 원청기업이 하청기업의 경영 및 기술 능력을 향상시킬 의무를 부과함으로써 하청기업에도 좋은 일자리를 창출하는 환경을 조성할 수 있다. 이렇듯 산업정책에 대한 새로운 접근을 통해 기업들이 좋은 일자리에 투자하도록 유도할 수 있다는 것이다.

일자리 친화적인 기술정책

기술 변화의 주요한 매개체는 기업이지만, 기술 변화는 사회 전체의 총체적 노력의 산물이다. 오늘날의 디지털 혁명도 정부를 비롯한 공공부문의 선도적인 투자와 정책 지원 덕분에 가능했다. 특히 기술혁신의 초기 단계에 필수적으로 따르는 위험 부담을 민간기업이 감당하기 힘들기에 공공부문이 이를 떠맡는 경우가 허다하다. 이러한 국가 주도의 총체적 노력을 강조하고자 런던정경대학의 마리아나 마추카토는 '기업가적 국가 entrepreneurial state'라고 부르기도 한다(Mazzucato, 2013). 하지만 혁신적 기술의 경제적 활용을 주로 기업이 주도하면서 이로 인한 신기술의 혜택은 기업에 집중되는 경향이 있다. 위험은 사회화하면서 혜택은 사회화하지 않는 것이다. 이 때문에 기술혁신은 경제발전에 기여하면서도 불평등을 확대하는 추세다. 일자리의 양극화가 이런 추세를 대표적으로 보여준다(7장 참조).

앞서 살펴본 것처럼, 노벨경제학상 수상자인 아세모글루가 존슨과 함께 쓴《권력과 진보》에서 지난 1,000년간의 기술 역사를 분석하고 결론 내렸듯이 신기술의 사용 방향은 '운명적으로' 정해진 것이 아니다(Acemoglu & Johnson, 2023). 기술의 사용과 적용은 대부분 사회적·정치적 선택의 결과다. 기술 변화의 방향이 일방통행이고 그 혜택이 소수에 집중되는 까닭은 사회적 대항 세력이 약하기 때문이다. 따라서 그동안은 노동자가 기술 변화에 적응하도록 요구받았지만, 이제는 기술이 노동자의 상황에 맞추어 변화하도록 하는 쌍방통행의 노력이 필요하다.

우선 기술력에 기반한 시장 독과점 구조를 해소해야 한다. 특히 플랫폼 기업은 독과점적 지배를 통해 서비스 분야에 저임금 일자리를 양산하고 있다. 이들 기업은 일자리 시장에서 수요 독점적 지위를 차지하고 있어 임금이나 고용 조건의 개선도 어려운 데다가, 그간 키워온 정치적 로비력을 통해 주요 규제정책을 막고 있다. 이런 독과점 구조를 해결하지 않으면 대항 세력의 힘과 좋은 일자리의 성장은 기대하기 힘들다.

구조적 과제뿐만 아니라 실용적인 방법도 고려할 필요가 있다. 정부가 기술개발R&D 관련 지원 사업을 선정할 때, 좋은 일자리를 창출할 잠재력이 있는 사업에 우선순위를 두는 방식도 생각할 수 있다. 또한 일자리를 대체하기보다는 현재 일자리를 보완하고 개선하는 기술개발에 더 큰 비중을 둘 수 있다. 신기술에 맞춰 새로운 숙련 체계를 만들고자 교육훈련에 투자하는 것과 동시에, 기존 숙련을 더 효과적으로 활용할 수 있는 기술개발도 중요하다. 궁극적으로는 기술 도입과 운영이 기업의 일방적 결정으로만 이루어져서는 안 된다. 일터에서 기술 변화를 온몸으로 구현하고 있는 노동자들의 목소리도 적극적으로 반영되어야 한다. 그래야만 기술 변화가 상생의 길을 열 수 있다.

사회 서비스 일자리에 대한 공공투자

마리엔탈이라는 조그만 마을에는 더는 튼실한 산업적 기반이 없다. 그럼에도 불구하고, 마을 사람들에게 끊임없이 일자리를 제공해왔다. 한 사회가 유지되는 데 필요한 일은 다양하고도 무한하다. 사람이 사람을 돕는 일이 특히 그렇다. 인구 구조가 고령화되고 모든 연령층이 일자리 시장에 나오게 되면, 이들을 돕는 일의 수요도 늘어난다. 돌봄, 교육 지원, 문화 활동 등과 같은 서비스에 대한 요구가 그렇다. 물론 시장을 통해 이 요구를 어느 정도 해결할 수 있지만, 시장에만 의존할 수 없는 것도 분명하다. 경제적 여유가 없는 계층에게 사적 서비스는 범접할 수 없는 낯선 영역이다. 따라서 공공투자가 필수불가결하다.

이는 한국을 비롯한 대부분의 고소득 국가에서 공통으로 겪는 현상이다. 덕분에 일자리 창출이 가장 두드러진 곳도 사회적 서비스다. 앞으로도 사회적 서비스에 대한 공공투자는 늘어날 것이기 때문에, 이 분야의 일자리는 지속적으로 확대될 것이다. 투자와 일자리의 관계도 아주 간명하다. 사회적 서비스에 대한 투자는 기본적으로 사람의 일이고 노동집약적이기 때문에, 투자 액수에 따라 일자리 숫자가 직접적으로 정해진다.

문제는 따로 있다. 사회적 서비스야말로 사회적 수요가 가장 크지만, 해당 일자리의 가치는 가장 과소평가되고 있다. 일자리 대부분이 저임금 업종이다. 대체로 숙련도도 낮고, 임시직인 경우가 많다. 노년층의 '용돈벌이'나 빈곤층의 '동아줄'이라는 편견도 있다. 미래가 없는 일자리라는 평가가 지배적이다. 이렇게 된 이유는, 공적 자금으로 일자리 숫자를 늘리기는 하지만 '좋은' 일자리에는 투자하지 않기 때문이다.

동일한 규모의 공공투자로 1,000개의 저임금 비숙련 일자리를 만드는 것보다는, 교육훈련과 고용 안정성을 제공하는 700개의 좋은 일자리를 만드는 것이 바람직하다. 일시적인 일자리 숫자는 적지만, 지속성과 생산성 면에서 우월한 방식이다. 중장기적으로 더 효과적이라는 뜻이다. 이런 일은 사회적 목표를 이윤보다 앞세우는 사회적 기업이 보다 성공적으로 해낼 수 있다. 요컨대 사회 서비스 일자리를 '전문가' 직종으로 키워 나가자는 것이다. 소비자도 크게 반길 것이다.

기후변화에 대응하는 정의로운 전환과 좋은 일자리

기후변화는 엄연한 현실이다. 기후전환을 위한 엄중하고 신속한 대책은 더는 선택 사항이 아니다. 지금은 말이 아니라 행동의 시간이다. 하지만 국제적 합의는 여전히 어렵고 앞길도 밝지만은 않다. 일부 정치인과 정책 결정자들은 선뜻 내키지 않는 모습을 보이기도 한다. 기후전환이 누구도 뒤처지지 않도록 하는 '정의로운 전환just transition'이어야 한다는 원칙에 대한 원론적인 공감대는 넓지만, 그 구체적 행동은 약하고 더디다.

이 위급한 과제에 대한 사회적 행동의 속도를 높이기 위해, 기후변화 대응이 좋은 일자리를 만들어낼 수 있다는 점을 더 강하게 부각시킬 필요가 있다. 어려운 과제이지만, 사회적 이득이 크고 포괄적이라는 인식이 확산되어야 한다. 물론 이를 위해서는 기후변화 대응 정책도 일자리 문제와 더 긴밀하게 연결되어야 한다.

이른바 녹색경제green economy는 기술혁신과 마찬가지로 일자리의 파괴와 창출이라는 두 가지 상충되는 과정을 동반한다. 이산화탄소 방출이 큰 산업의 일자리는 줄고, 새로운 환경산업은 일자리를 만들어낸다. 파괴된 곳에서 탄생하는 방향으로 이동해야 한다는 것인데, 이건 결국 사람과 기업이 이동해야 한다는 뜻이다. 앞서 다양한 방식으로 살펴보았지만, 이런 이동은 '시장'에서 자동으로 일어나지 않는다. 정교하고 치밀한 정책적 지원이 필요하다. 그렇지 않으면, 좋은 일자리 창출은 잠재적 가능성으로 끝나고 만다. 또는 오히려 좋은 일자리가 없어지고 나쁜 일자리는 늘어나서 일자리의 하향 평준화나 양극화가 발생할 수 있다.

한 발짝 더 나아가, 일자리 정책이 최근 환경정책에서 배울 것도 많다. 정부는 적극적인 유인정책이나 대안적 에너지 투자 등을 통해 기업이나 소비자로 하여금 이산화탄소 배출량을 줄이도록 유도해왔다. 나라마다 성공 여부가 다르긴 하지만, 성공적인 사례가 적지 않다. 특히 '더 깨끗한' 기술을 선택하는 방향으로 유도한 사례도 많다. 즉 한 사회가 특정한 사회적 목적을 달성하는 방향으로 기술을 선택하는 것이 가능하다는 점을 보여준다. 같은 방식으로, 좋은 일자리를 극대화하는 기술의 사회적 선택도 가능할 것이라는 기대도 있다(Acemoglu, 2019).

좋은 일자리를 만들거나 유지하는 기업의 지원

많은 일자리가 존재하는 기업을 지원하는 것도 매우 중요하다. 좋은 일자리를 최대화하도록 기업의 유인체계를 변화시키는 방식에 대해서는 이미 몇 가지 살펴본 바 있다. 그러나 보다 근본적인 문제는 3장에서 논의한 대로 좋은 일자리의 긍정적 외부성을 기업의 결정에 어떻게 반영할 것인가, 또는 내부화할 것인가 하는 점이다. 어느 방법도 완벽할 수 없으나, 두 가지 접근 방법을 생각해볼 수 있다.

첫째는 '지원' 방식이다. 정부가 임금의 일부를 보조함으로써 기업의 비용 부담을 완화하여 더 많은 일자리를 만들게 하는 방법이다. 특히 일자리를 찾는 데 지속적인 난관에 직면한 취약계층을 주요 대상으로 해서 고용보조금(또는 임금보조금)을 활용하는 방식은 OECD 국가에서 광범위하게 활용되고 있다. 청년층, 여성층, 노년층, 장애인을 지원하는 프로그램은 보편적인 편이다. 효과도 있고, 경제적으로도 손해가 큰 투자는 아닌 걸로 알려져 있다(O'Higgins, 2017). 이런 프로그램이 없었다면 이들 대다수는 취업 문턱에서 좌절하거나 실업급여에 의존할 수밖에 없었을 것이고, 이와 관련된 사회경제적 비용도 상당할 수 있다. 일을 하면서 숙련과 경험을 얻게 된다는 점에서 노동자에게도 긍정적인 효과가 있다.

하지만 이렇듯 긍정적 효과가 무조건 보장되는 것은 아니다. 보조금 프로그램을 주의 깊게 설계하지 않으면 큰 효과를 보지 못할 수도 있다. 예를 들어 거의 모든 보조금 프로그램은 한시적이다. 기업은 해당 일자리를 일정 기간(가령 1년) 유지해야 할 의무가 있지만, 그 이후에는 사정에 따라 유지할 수도 있고 없앨 수도 있다. 이 때문에 기업은 해당 일자리를 임시방편으로 생각하고, 중장기적 인력 계획을 세우지 않게 된다. 즉 좋은 일자리가 아닐 위험이 커진다. 어떤 경우에는 기업이 애당초 만들려고 했던 일자리를 보조금 혜택의 대상으로 삼기도 한다. 보조금이 없었더라도 생길 일자리였으니, 귀한 공적 자금이 낭비된 셈이다. 따라서 보조금 정책이 성공하려면 기업의 도덕적 해이 moral hazard를 최소화하는 것이 관건이다.

둘째는 '처벌' 방식이다. 가혹하지만, 해고를 많이 하는 기업에게 고용보험료를 더 많이 부과하는 방식이다. 논리는 자명하다. 일자리의 외부성이 존재할 때 기업은 사회적 최적 수준보다 더 많이 해고하는 경향이 있다(Cahuc & Zylberberg, 2006). 이런 '과잉' 해고로 인한 피해는 해당 기업뿐만 아니라 다른 모든 기업과 사회가 같이 감당하게 된다. '남용'은 저쪽에서 하고 피해는 이쪽에서 입게 되니, 비합리적이고 부당하다. 이를 고치는 방법은 해고가 늘어날 때마다 일종의 '벌금'을 부과하여 고용보험료를 더 내게 하는 것이다(Tirole, 2017). 본인의 잘못으로 자동차 사고가 나면 자동차 보험료가 올라가는 것과 같다. 자동차 보험료 인상을 염려하여 운전자가 안전 운전에 더 신경 쓰듯이, 고용보험료의 징벌적 적용 덕분에 기업은 해고에 더 조심스러워진다.●

물론 이런 방식의 전제는 고용보험의 보편적 적용이다. 특히 비정규직과 자영업자의 가입이 중요하다. 이들이 배제된 상태에서 고용보험을 통해 일자리의 외부성을 내부화하는 것은 불가능하기 때문이다.

나쁜 일자리를 줄이는 정책: 최저임금, 노동시간, 산업안전, 고용 안정

시장경제에서는 그 긍정적 외부성 때문에 좋은 일자리가 늘 부족하듯이, 나쁜 일자리는 그 부정적 외부성 때문에 늘 넘쳐나는 상태다. 생활을 어렵게 할 정도로 낮은 임금, 건강과 가족 생활을 해치는 장시간 노동, 일터에서의 부상과 죽음, 부당한 해고와 차별 등은 일하는 사람, 가족, 사회에 심각하고 광범위한 영향을 미친다. 따라서 사회가 개입하여 이러한 문제를 의도적으로 줄여야 한다.

소득이 늘고 시간이 지나면 나쁜 일자리가 점점 사라질 것이라는 견해도 있다. 먹고살기 어려워서 생긴 일인 만큼 살림살이

● 이런 제도가 잘못 설계되면 '비용을 냈으니까 마음대로 해고해도 된다'는 반응을 촉발하여 제도의 취지와는 달리 해고를 더 손쉽게 할 위험이 있다. 뒤에 다루겠지만, 정책 설계의 디테일이 그만큼 중요하다.

가 좋아지면, 죽고 다치고 잘리는 일은 없어질 것이라는 주장이다. 이런 낙관론은 듣기에는 좋지만, 현실을 부정하고 방관을 조장한다. 나쁜 일자리는 소득만의 문제가 아니고 의지의 문제이기도 하기 때문이다.

한국에서 가장 상징적인 예는 산업재해다. 경제가 성장하고 소득이 늘면서 조금씩 줄어들긴 했지만, 지금도 산업재해율은 압도적으로 높다. 소득 수준을 고려하면 더욱 그렇다(그림 9-1). 세계 각국의 국민소득 수준과 산업재해 사망률을 비교하면, 둘 간에는 강한 상관관계가 있다. 하지만 한국은 이런 세계적 패턴에서 예외적이다. 소득 대비 산업재해 사망률이 너무 높아서 그래프에 집어넣기도 힘들다. 통계학에서는 이를 '극단치outlier'라고 한다. 저임금, 장시간 노동, 고용 불안정에서도 상황이 그렇게 다르지 않다는 것은 이미 살펴보았다(4~7장 참조).

나쁜 일자리를 줄이는 노력의 핵심은 규제와 힘의 균형이다. 노동법을 비롯한 법률체계의 효과적 적용과 더불어, 일하는 사람들이 일터에서 당면한 문제와 어려움에 대해 목소리를 내고 대화와 협상으로 해법을 찾을 수 있도록 해야 한다. 노동법적 규제는 노동시장에서 교섭력이 아주 낮은 취약계층을 돕는 것을 우선으로 해야 한다. 기댈 곳이 없는 사람들이 찾는 것이 바로 노동법이다. 1970년에 그들이 모여 일했던 청계천에서 전태일이 "근로기준법을 준수하라"면서 몸을 불사른 것은 노동법의 지향이 어디인지를 정확히 보여주는 역사적 사건이었다. 가장 낮은 곳에서 일하는 사람을 끌어들이지 못한 노동법은 제 구실

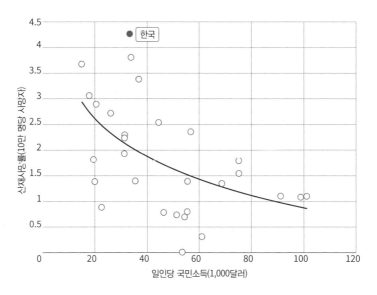

그림 9-1 비정상적으로 높은 산업재해 사망:
산업재해 사망률과 국민소득(2022)

출처: ILO 통계에서 재구성

을 못 한다. 한국을 비롯한 많은 국가들의 고민거리다.

　'규제'라는 말이 나오면 "경제를 망치고 일자리를 파괴한다"
는 신경질적인 반응이 곧잘 나온다. 세상에 존재하는 모든 규제
가 다 효과적일 수는 없다. 과도한 규제도 있고 '종이호랑이' 같
은 규제도 있다. 규제가 필요하다는 것과 규제가 효과적이라는
것은 현실적으로 다른 문제다. 따지고, 분석하고, 이해 당사자들
이 머리를 맞대 규제의 내용과 범위를 정하고, 그 효과를 면밀
히 추적해야 한다. 여러 차례 지적했지만, 기업과 정부 정책 담

당자가 정연한 논리와 사실을 근거로 노동규제에 접근한다는 편견이 있다. 꼭 그렇지 않다. 그들은 종종 더 교조적이고 '교과서적'이다. 그저 제 이익만 챙기고 기업을 편든다는 의심마저 생기게 한다. 기업과 정책 책임자들은 대화와 논쟁에 있어서 더 겸손해질 필요가 있다,

일반적으로 규제는 무엇인가를 못 하게 하는 것이다. 따라서 비효율적이고 비생산적이라는 인상을 주기도 한다. 하지만 규제는 효율적이고 생산적일 수 있다. 우선 규제는 나쁜 일자리를 없애고 이를 통해 일자리의 긍정적 외부성을 높인다. 사회적 혜택이 적지 않다. 둘째, 규제는 기업의 유인체계와 행동을 바꾼다. 앞서 노동시간, 임금협상, 최저임금, 기술 변화 등에서 적지 않은 사례를 살폈다. 기업은 처음에는 규제를 번거로워할 것이다. 자연스러운 반응이다. 하지만 시간이 지남에 따라 나쁜 일자리에 의존하는 '낮은 길' 전략을 버리고, 직원과 기술에 투자하며 기업의 생산성과 채산성을 끌어 올리는 '높은 길'을 택하게 된다. 이런 이유로, 독일 사회학자 볼프강 스트릭은 노동규제와 노동의 경영참여를 "은혜로운 제약beneficial constraints"이라고 부른다(Streeck, 1997). 이미 살펴보았던 고용보험의 생산성 효과도 좋은 예다(Acemoglu & Shimer, 2000).●

좋은 일자리를 일구는 텃밭 작업:

● 고용보험의 긍정적 생산성 효과는 개발도상국에서도 확인된다(Lee & Torm, 2015).

교육훈련 투자

교육훈련 투자는 나쁜 일자리와 좋은 일자리의 갈림길에 서 있는 중요한 이정표다. 기업과 정치인들은 '좋은 일자리 부족'에 대한 대처 방안으로 한결같이 교육훈련을 꼽는다. 맞는 말이지만, 교육훈련이 만병통치약인 것으로 생각해서도 안 된다.

교육훈련이 효력을 가지려면 좋은 일자리가 먼저 있어야 한다. 그렇지 않으면, 교육훈련 투자는 자원과 시간의 낭비일 뿐이고 동시에 훈련 참여자의 자신감과 희망을 약화시키는 심리적 타격을 줄 수 있다. 좋은 일자리가 부족한 상황에서 교육훈련에만 일방적으로 집중하게 되면, 좋은 일자리가 지위재 positional goods가 되어 과도한 경쟁의 대상이 된다. 즉 교육훈련이 일자리에 필요한 숙련과 기술을 육성하는 것이 아니라 일자리를 얻기 위한 경쟁에서 우위를 점하게 하는 수단이 된다. 잠재적 경쟁자를 이기기 위해 해당 일자리와는 무관한 교육훈련 투자를 하거나 지나친 투자를 하게 된다. '묻지 마 식 자격증 따기' 전쟁이 된다. 교육투자는 과잉되고 비효율적으로 흘러가는 동시에 교육훈련은 사회적 공동책임이 아니라 개인의 책임이 된다. 기업이 교육에 투자할 유인도 적어진다. 이런 상황에서는 자원이 많은 사람들이 절대적으로 유리하다. 당사자의 능력보다는 부모의 재력이 더 중요해지고, 상층 일자리는 자연스럽게 '세습'된다.

또한 공급 주도의 훈련프로그램은 피해야 한다(7장 참조). 실제 일자리 수요에 대한 정확한 판단 없이, 유행이나 대중적 짐작에 따라서는 안 된다. 기업과 노동자들과의 대화와 논의를 통해 훈련의 실제 수요를 정밀하게 파악한 뒤 이를 기초로 훈련 프로그램을 운영해야 한다. 특히 기업들 간 조율이 절대적으로 중요하다. 훈련을 시키지는 않고 훈련된 인력만 데려가면 개별 기업 입장에서야 당장 이득이겠지만, 모든 기업이 그렇게 할 경우 기업 전체가 손해를 보게 된다. 아무도 훈련시키려 하지 않으니, 숙련 인력은 고갈될 것이기 때문이다.

일자리 수요와 원천적으로 연결된 훈련으로는 도제훈련 apprenticeship이 탁월하다. 학교는 교육을 제공하고 기업은 현장 실습을 병행하여 제공함으로써 노동자가 미래 일자리를 준비하는 제도다. 유럽과 미국에서는 오래전부터 효율적인 훈련 시스템으로 알려져 다양한 방식으로 운영되고 있다. 성과는 나라마다 차이가 있다. 기업과 노동자가 체계적으로 공동책임을 지고 운영하는 독일과 스위스에서는 대체적으로 성공적인 결과를 내고 있지만, 공동운영과 조율의 제도적 틀이 약한 영미권에서는 엇갈린 평가가 나오고 있다. '노동자가 없는 훈련'의 한계를 잘 보여주는 사례다.

한국에서는 특성화고를 통해 도제훈련의 방식을 도입했지만 평가는 후하지 않다. 기업에서 단순히 값싼 노동으로 허드렛일을 시키는 것이 일반적이어서 제대로 된 훈련의 기회가 크게 부족할 뿐만 아니라, 안전 조치가 미흡하여 학생들이 목숨을 잃는 비극적인 사건도 있었다. 공공훈련 프로그램이 학생들을 나쁜 일자리로 몰아넣는 나쁜 사례로서, 다시는 반복되지 않도록 해야 한다.

좋은 일자리를 골고루 나누는 사회

좋은 일자리는 골고루 나누어져야 한다. 그래야 좋은 일자리의 긍정적 외부성이 더 효과적으로 실현될 수 있다. 출발점이 뒤처져 있는 사회적 약자와 취약계층일수록 좋은 일자리의 사회적 효능은 크다. 월급봉투가 두툼한 정규직 일자리가 중산층 가구보다 저소득 가구에게 더 각별한 의미를 가질 것이라는 점은 쉽게 짐작할 수 있다. 따라서 일자리 정책은 이 그룹을 주요 대상으로 삼아서 정책 효과를 높여야 한다.

청년층과 여성층의 일자리가 특히 중요하다는 점은 앞서 설명했다. 이들이 일자리 시장에 첫발을 어떻게 내딛느냐가 그들의 미래 전체를 좌지우지할 수도 있다. 학교를 마치고 취업 전선에 나서는 과정에서 선제적으로 정책 지원을 해야 한다. 이미 취업에 실패한 이들을 사후적으로 돕는 것도 필요하나, 그 효과는 크게 떨어진다. 여성 일자리 확대는 가사노동의 공평한 분배와 사회적 부담의 강화(예컨대 돌봄 서비스에 대한 사회적 지원으로 3, 7, 8장 참조)와 병행되어야 한다. 그렇지 않으면, 여성들이 불완전 고용과 저임금 업종의 덫에 빠질 위험이 있다.

노년층의 경우 많은 고소득 국가에서는 연금 수령과 함께 일자리 시장에서 벗어나는 것이 일반적이지만, 연금소득을 포함한 가용소득이 여의치 않을 때는 계속해서 일자리를 찾게 된다. 한국은 노년 빈곤의 위험이 매우 크고 노년층의 고용 비율이 아주 높은 편이다. 대부분 저임금 일자리다. 따라서 좋은 일자리를 만드는 것도 중요하지만, 체계적인 소득지원정책이 필요하다.

안쪽만 보지 말고 바깥도 보아야 한다. 이주노동자는 더는 예외적이고 생경한 사람들이 아니다. 일자리 시장의 주축 멤버다. 따라서 일의 세계에서 '시민'으로 동등하게 받아들여져야 한다. 8장에서 살펴보았듯이, 어느 사회에서나 차별의 유혹은 크지만 그 유혹은 부메랑이 되어 내국인들의 일자리에 악영향을 미친다. 따라서 '지혜로운' 사회는 이주노동과 국내 노동 간 과도한 구분법을 버려야 한다.

마지막으로, 사람이 일자리를 찾아갈 것이 아니다. 일자리도 사람을 찾아가게 해야 한다. 즉 좋은 일자리의 위치도 중요하다. 어느 지역에 생기든 좋은 일자리만 많이 만들면 된다는 생각은 안일하다. 가장 좋은 일자리는 사람들이 가족과 이웃과 함께 살아가는 공동체 안에 만든 일자리다. 마리엔탈 마을의 경험에서 얻은 교훈이다.

따라서 지역이나 공동체 단위의 일자리 정책이 긴요하다. 다만, 전시성 사업이나 저임금 비숙련 일자리만 양산하는 사업은 피해야 한다. 국가적 차원의 정책과 조율될 필요도 있다. 별도의 추가적 정책이 필요하다는 뜻이지, '따로 노는' 정책을 추진하자는 것은 아니다. 앞서 잠시 언급했듯이, 공동체 단위의 일자리 사업은 사회적 기업이 잘 다룰 수 있는 분야다. 2장과 7장에서 일자리의 '위치'는 일자리 정치학의 본질이라고 설명했다.

잘못 다루면, 포퓰리즘의 씨앗이 될 수 있다.

누구에게나 일자리를!:
보편적 일자리 보장jobs guarantee의 가능성과 한계

일자리 시장에 적극적으로 개입해 좋은 일자리를 늘리고 이를 골고루 나누자는 '보편적' 원칙에 동의한다면, 좀 더 '급진적'인 접근도 생각해볼 수 있다. 앞서 '일할 권리'를 최상위 법규범에서 명시하는 방식도 고려했고 마리엔탈 마을의 사례도 참조했듯이, 이런 발본적인 논의가 전개될 수도 있다. 즉 국가나 사회는 원하는 모든 사람에게 일자리를 제공할 의무가 있으며, 이를 위해 정부는 필요시 일자리를 창출해 시민들에게 제공해야 한다는 생각이다. 각종 경제와 일자리 정책에도 불구하고 여전히 일자리를 구하는 사람이 있을 경우에 정부가 공공 프로그램을 운용하여 일자리를 제공해야 한다는 것이다. 흔히 일자리 보장이라고 부른다. 중앙은행이 모든 은행에 최종 대부자lender of last resort 역할을 하듯, 정부가 최종 고용주employer of last resort로서의 기능을 맡자는 생각이다.

이는 꽤 오랜 역사를 가지고 있다. 1930년대 대공황 시절에 공공일자리 프로그램이 대규모로 운영될 때부터 나왔고, 그 이후로도 꾸준히 논의되었다. 1978년에는 미국의 '험프리-호킨스법'(완전고용과 균형성장법)이 연방정부로 하여금 "공공고용의 저수지reservoir of public employment"를 만들 수 있도록 허용했으나, 곧이어 집권한 레이건 대통령은 노동'시장'에 대한 확고한 믿음으로 이 규정을 사문화시켰다. 이런 정치적 후퇴에도 불구하고, 곳곳에서 일자리 보장 프로그램에 대한 실험은 계속되고 있다. 미국 상원의원 버니 샌더스와 하원의원 알렉산드리아 오카시오-코르테스는 널리 알려진 일자리 보장의 주창자다. 최근에는 유엔인권위에서도 긍정적인 평가를 내놓으면서 적극적으로 정책을 개발하도록 요청한 바 있다(UN Human Rights Council, 2023).

방식은 상대적으로 간단하다. 일자리를 찾을 수 없는 사람들이 인지되는 순간 정부기관, 지역자치단체, 공동체 등을 통해 일자리 수요가 있는지 체크한다. 인력의 필요성이 확인되면, 당사자와 의논하여 일자리를 확정하고, 임금은 최저임금 수준에서 정부가 지급한다. 소요 예산이 만만치 않을 듯하지만, 실제 추정액은 걱정하는 것만큼 크지는 않다고 한다. 미국의 경우 GDP의 1.0~1.3% 정도 될 것으로 추정했다(Tcherneva, 2020). 13%의 국방예산을 약간만 줄여도 충분히 감당할 수 있다는 주장도 나온다.

일할 권리의 실질적 보장 외에도 장점이 많다. 앞서 청년층, 여성층, 노년층을 위한 전략적 일자리 창출을 고민했는데, 일자리 보장 프로그램에서는 이런 고민이 일시에 해결된다. 일자리의 범위도 넓어진다. 공동체가 필요로 하는 사회적으로 유용한 활동(사회문화 활동 등)도 일자리 창출의 대상이 되기 때문이다. 사회적으로 유용한 모든 활동의 가치를 사회가 인정하는 방식이라는 주장도 나온다.

자동적인 경기부양책도 된다. 경제 상황이 악화되어 일자리가 없어지고 소득이 쪼그라들 때, 일자리 보장이 있는 사회에서는 공공일자리 프로그램이 즉각 도입되어 일자리나 소득의 손실을 최소화할 수 있다. 그렇게 되면 일자리와 소득 감소가 경제 상황을 더 악화시키는 일이 없고, 오히려 위기를 완충하여 경제가 빨리 회복될 수 있다. '번잡한' 확장적 재정 없이도 경제의 완충 역할을 할 수 있다는 것이다.

하지만 일자리 보장에 대한 비판도 만만치 않다. 대체로 일자리 보장 프로그램의 현실성과 의도하지 않은 결과의 발생 가능성을 문제 삼는다. 일자리 보장에 필요한 재원이 앞서 언급한 수준보다 클 것이라는 염려 외에도 정부가 '최종 고용주'로 나서면 공공일자리가 민간일자리를 대체할 위험이 높다는 주장도 있다. 게다가 이 프로그램은 기본적으로 최저임금 일자리를 제공하는 것인데, 참여자들이 이를 발판 삼아 보다 좋은 일자리로 옮겨갈 가능성에 대한 의문도 끊이지 않고 있다. 뜻하지 않게, 지나치게 많은 사람들이 최저임금을 받고 일하는 '최저임금 경제'를 만들어낼 위험이 있다는 것이다. 이런 비판에 대한 해법도 제시되어 왔지만(Atkinson, 2015), 궁극적으로 더 많은 실험과 평가가 필요한 상황이다.

악마는 디테일에 숨어 있다: 노동시장 정책의 효과적 운용

사실, 정책의 이론적 타당성과 실제적 효과는 다를 수 있다. 물론 정책이 이론적으로 적합하지 않다면 효과를 아예 기대할 수 없는 일이지만, 이론적으로 타당하다고 해서 그 효과성이 담보되는 것은 아니다. 최저임금(4장)을 비롯해 몇 가지 사례를 살펴본 바 있다. 즉 정책을 잘 짜고 평가하며 수정해 나가지 않으면, 아무리 좋은 취지와 논리를 가지고 있어도 실패할 수 있다. "악마는 디테일에 숨어 있다"는 말은 일자리 정책에도 그대로 적용된다.

현실의 정책은 무수한 '전제 조건'에 기대어 있다. 가령 유럽의 100% 성공 사례에서 영감을 받아, 일자리를 찾는 젊은 여성에게 적절한 훈련 기회를 제공하는 프로그램을 도입했다고 가정해보자. 재원은 이미 확보했다고 하더라도 이 프로그램이 성공하려면, 관련 훈련인력이나 시설이 있어야 하고 자격을 갖춘 젊은 여성을 프로그램에 끌어들여야 한다. 단순한 홍보 문제가 아니라, 관련 노동시장 제도가 제대로 자리 잡고 있어야 한다. 최소한 고용센터와 직업훈련체계가 존재하고 유기적으로 연계되어야 한다는 것이다. 아무리 좋은 정책이라 하더라도 이러한 제도적 뒷받침 없이는 실패한다. 남의 떡을 무조건 탐하면 배탈만 난다.

또 하나 중요한 것은 사회적 대화의 파트너인 노동자의 정책적 능력이다. 일의 세계가 변화하면 정책도 변할 것이고 이런 정책적 변화에서 이해 당사자인 노동자의 참여가 정책의 적실성과 효율성을 높이는 데 중요하다는 점은 이미 여러 번 강조했다. 이를 위해 노동조합을 비롯한 노동자 단체들의 정책 전문성이 높아져야 한다. 정책의 시시콜콜한 측면까지 따질 수 있는 능력과 범접할 수 없는 현장 접근성이 결합될 때 노동자의 정책 영향력은 더욱 강력해질 것이다. 이를 통해 정부와 기업은 새로운 정보와 시각을 얻게 되므로, 이 또한 손해는 아니다. 악마를 다루려면 때로는 악마와 같은 정교함이 필요하다.

좋은 일자리를 말하고 소통하고 전파하기: 서사narrative의 대결

좋은 일자리에 투자하는 정책은 끊임없는 도전에 직면한다. 일하는 삶에 시장적 접근이 보편화된 이래로 시장의 논리와 사회의 논리는 줄곧 충돌해왔다. 사회적 논리가 압도했다고 해서 잠시 안도하면 시장의 논리가 다시 힘을 모아서 밀고 들어온다. 인류경제학자인 칼 폴라니는 이를 "이중운동double movement"이라고 표현했다(Polayni, 1944). 상품이 아닌 노동이 상품으로 거래되는 세상에서는 피할 수 없는 운명이다.

이는 힘의 문제이면서, 서사의 문제다. 일방적인 시장 논리가 애용하는 서사들이 있다. 이들 대부분은 이미 제법 상세하게 살펴보았다. 특히 널리 알려진 서사 두 가지만 환기해보려 한다. 첫째는 시장이 가장 효율적이며, 시장 바깥의 개입은 비효율적이고 정당하지 않다는 서사다. 하지만 이는 현실적으로 존재하는 시장(예컨대 몇몇 기업이 시장을 장악한 독과점 상황)에도 반드시 적용되는 것이 아니며, 하물며 '시장 아닌 시장'인 노동시장에는 전혀 맞지 않는다. 이런 서사를 근거로 노동자의 목소리와 행동을 반시장적이거나 비효율적이라 비난하는 주장에는 단호한 자세로 맞서야 한다.

둘째는 '게으른 노동자'의 서사다. 인력이 부족하거나 숙련도가 떨어지고 기업 매출이 하락하면, 노동자가 '배가 불러서' '게을러'졌기 때문이라는 비난이 나온다. 국가와 기업이 일자리에 충분한 투자를 하지 않은 이유에 대해서는 침묵한다. 엄연한 보험제도를 통해 실업급여(보험금)를 받는데도 노동자의 '도덕적 해이'를 들고 나오면서 공공재정의 악화를 걱정한다. 그러면서 기업과 정부의 '도덕적 해이'에 대해서는 관대하다.

틀린 서사를 비판하는 것만으로는 부족하다. 우리는 대안의 서사를 만들고 정교하게 가다듬어야 한다. 이 책에서는 '일자리의 사회적 가치'를 중심으로 대안적 서사의 실마리를 제시하고자 했다. '기여적 정의'의 관점에서 '일할 권리'를 정책적으로 정교화하고 실현할 다양한 방식들의 가능성도 같이 살펴보았다. 서사의 대결에 작은 돌멩이 하나라도 올려놓았다면, 큰 보람이겠다.

* * *

이제 마무리하려 한다. 지금까지 좋은 일자리를 만들어가는 과정에서 정책의 중요성과 이를 뒷받침하는 통계와 분석이 중요하다고 강조했다. 아무리 강조해도 지나치지 않다. 하지만 분석적 작업과 정책 대안의 모색이 단 하나의 유일한 해법을 제시해주지는 않는다. 여러 가지 가능성을 살펴보고, 각 가능성의 장

단점을 설명하며, 다수의 선택 가능한 지점을 제시할 뿐이다.

선택은 사회 주체들의 몫이다. 정부, 기업, 노동자, 시민사회가 공론장에서 토론하고 대화하면서 사회적 선택을 해야 한다. 이러한 대화의 과정을 건너뛴 정책은 좋은 일자리를 가꾸어 나가는 데 그다지 효과적이지 않다. 좋은 일자리 하나를 키우려면 온 마을이 필요하다. 시끄럽고 혼란스러운 과정이겠지만, 이러한 사회적 대화야말로 우리가 가진 최고의 '과학'이다.

게다가 일하는 사람들의 상황은 제가각이고, 이를 둘러싼 환경 또한 끊임없이 변화한다. 현실의 '로제타'에게 실질적인 도움을 주려면, 어떠한 정책 논의도 현실의 삶에서 벗어나서는 안 된다. 그게 세상의 모든 로제타를 위한 첫걸음이다.

나가며

꽤 오래전에 이 책을 구상했다. 물론 생각을 묵혀두었다고 해서 그것이 '좋은 생각'이 되는 것은 아니다. 모자라고 엉성한 부분도 벌써 보인다. 펼쳐볼수록 그런 부분은 더 많아질 것이다. 다시 글을 써서 메우는 수밖에 없다.

엉성한 초고를 읽고 의견을 주신 분들께 고마움을 전한다. 우연히도 모두 노동연구원KLI과 연결되어 있는 분들이다. 나는 KLI에서 한 번도 일을 한 적이 없는데, 오랫동안 지적이고 정서적인 영향을 받아왔다. 말하자면 나는 'KLI 키드'다. 이병희 박사, 이정희 박사 그리고 황덕순 박사께 크게 감사드린다. 이 책에서 뭔가 빛나는 것이 있다면, 이들의 꼼꼼하고 통찰력 넘치는 논평 덕분이다.

오랜 친구인 윤정준은 제 책인 것처럼 고민해줬다. 〈슬로우

뉴스)의 민노 편집장은 아예 편집자 '노릇'을 자처하고 나섰다. 여러 차례 읽고 틈틈이 묻고 아낌없이 제안해주었다. 고용부의 권순지 서기관도 오랫동안 쌓은 지식을 바탕으로 논평해주었다. 은수미 박사와 최정규 교수는 귀하고 발본적인 의견을 주셨는데, 이 책에 모두 담지 못해 못내 아쉽다. 내가 이번에 큰 빚을 진 분들이다.

생각의힘과 우연히 만나 네 번째 책을 낸다. 우연이 길어진 것이다. 운명이라고 인정하기는 싫어서 팔자라고 생각하려고 한다. 팔자를 고쳐줘서 고맙다. 김병준 대표는 원고만 주면 내주겠다는 착한 사람이다. 고장 난 라디오, 내게는 소중한 라디오다. 고세규 대표는 이 책이 나오도록 특유의 섬세한 마음으로 나를 잘 꼬드겨주었다. 내가 그런 꼬드김을 좋아한다는 것을 이번에 알았으니, 이 또한 우연 덕분이다. 정혜지 차장은 더 보탤 말이 없는 사람이다. 편집자로서의 능력뿐만 아니라 한 인간으로서 빛나는 사람이다. 이번에는 고생이 특히 많았는데, 늘 웃고 만다. 다들 고맙다.

고마운 사람들은 한없이 많다. 낱낱이 적어두기가 힘들다. 살아 있는 사람은 만나서 인사하면 될 일이지만 저세상에 간 분들은 여기 적어 인사해야겠다. 대학 시절의 은사인 김수행 교수님. 내가 선생님 말투를 따라간다는 것을 얼마 전에 알았다. 김병준 대표는 그런 지 오래되었다고 한다. 기분 좋았다. 김기원 교수님. 늘 그립다. 도무지 길이 보이지 않을 때 무슨 말을 하실지 여전히 궁금하다. 윤진호 교수님. 아직도 교수님 책을 시간

날 때마다 들여다본다. 글과 행동이 다르지 않은 분이었다. 정태인 박사님. 야속한 사람이다. 이 책을 보고 분명 한마디 던질 사람인데, 그의 마음 깊고 찰진 말이 그립다. 윤영모 선배. 또 다른 야속한 사람이다. 술 한잔하면 생각난다.

연로하신 부모님께 감사드린다. 가끔은 아슬아슬하지만, 잘 버티며 우리 곁에 계신다. 기적 같은 일이다. 나의 두 아이, 승은과 재원에게 사랑을 전한다. 많이 커버려서 더 귀엽다.

이 책, 결혼이라는 기울어진 운동장에서 나의 일하는 삶을 같이 걸어와준 아내 혜숙에게 바친다. 울고 웃으며 친구처럼 지낸 지 30년이 지났다. 아내가 없었으면 이 책도 없었을 것이다. 빈말이 아니다.

주

1 박준성, 〈중앙일보〉, 2009년 11월 29일

2 https://www.newstatesman.com/politics/2010/03/thatcher-economic-budd-dispatches

3 https://www.theguardian.com/australia-news/2023/sep/14/tim-gurner-group-insensitive-unemployment-increase-comments-apology-economy

4 https://www.theguardian.com/news/datablog/2012/may/24/robert-kennedy-gdp

5 이 부분은 노동연구원 이정희 박사의 도움으로 작성되었다.

6 이상헌, 2023에서 재구성함.

7 이상헌, 2015에서 재구성함.

8 https://www.korea.kr/briefing/pressReleaseView.do?newsId=156667716&call_from=rsslink

9 https://www.theguardian.com/technology/2018/aug/23/elon-musk-120-hour-working-week-tesla

10 https://ilostat.ilo.org/topics/working-time/

11 https://www.etnews.com/199406020037

12 https://www.mhj21.com/30650

13 이상헌, 2023에서 재구성함.

14 https://www.weforum.org/stories/2024/01/to-truly-harness-ai-we-must-close-the-ai-skills-gap/

15 https://www.hankyung.com/article/2024062510511

참고문헌

Acemoglu, D., 2019. It's good jobs, stupid. *Econfip Research Brief*, June.

Acemoglu, D. & Johnson, S., 2023. *Power and Progress: Our thousand-year struggle over technology and prosperity.* Basic Books.

Acemoglu, D. & Shimer, R., 2000. Productivity gains from unemployment. *European Economic Review,* 44(7).

Akerlof, G., 1982. Labor contracts as a partial gift exchange. *The Quartely Journal of Economics,* 97(4).

Alesina, A., Miano, A. & Stantacheva, S., 2021. Immigration and redistribution. *NBER,* Issue 24733.

Andrew, I. & Kasy, M., 2019. Identification of and correction for publication bias. *American Economic Review,* 109(8).

Askenazy, P., 2004. Shorter work time, hours flexibility, and labor intensification. *Eastern Economic Journal,* 30(4).

Atkinson, A., 2015. *Inequality: What can be done.* Harvard University Press.

Aubry, A., Hericourt, J., Marchal, L. & Nedoncelle, C., 2022. Does immigration affect wages?: A meta-analysis. *CEPREMAP,* Issue 2022.

Autor, D., Chin, C., Salomons, A. & Seegmiller, B., 2024. New frontiers: The origins and content of new work, 1940-2018. *Quarterly Journal of Economics,* 139(3).

Barbanchon, T., Schmieder, J. & Weber, A., 2024. Job search, unemployment insurance, and active labor market policies. *NBER Working Paper 32720.*

Beveridge, W., 1944. *Full Employment in a Free Society*, George Allen & Unwin.

Bewley, T., 1999. *Why Wages Don't Fall during a Recession.* Harvard University Press.

BIS, 2022. *Inequality Hysteresis and the Effectiveness of Marcoeconomic Stabilization Policies*, BIS.

Blanchflower, D. & Bryson, A., 2024. Union effects on hourly and weekly wages: A half-century perspective. *VOX*, 25 June.

Blanchflower, D., Bryson, A. & Green, C., 2022. Trade unions and the well-being of workers. *British Journal of Industrial Relations*, Volume 60.

Britto, D., Melo, C. & Sampaio, B., 2022. The kids aren't alright: Parental job loss and children's outcomes within and beyond schools. *IZA Discussion Papers*, Issue 15591.

Britto, D., Pinotti, P. & Sampaio, B., 2022. The effect of job loss and unemployment insurance in Brazil. *Econometrica*, 90(4).

Cahuc, P. & Zylberberg, A., 2006. *The Natural Survival of Work: Job creation and job destruction in a growing economy.* MIT Press.

Caiumi, A. & Peri, G., 2024. Immigration's effect on US wages and employment redux. *NBER Working Paper*, Volume 32398.

Card, D., 2022. Who set your wage?. *American Economic Review*, 112(4).

Card, D. & Krueger, A., 1995. *Myth and Measurement: The new economics of minimum Wage*, Princeton University Press.

Carney, M., 2021. *Value(s): Building a better world for all.* William Collins.

Case, A. & Deaton, A., 2020. *Deaths of Despair: And the future of capitalism.* Princeton University Press.

CBI, 2023. *Skills: Creating the conditions for investment*, CBI.

Cohn, A., Fehr, E. & Goette, L., 2015. Fair wages and effort: Evidence from a field experiment. *Management Science*, 61(8).

Collewet, M. &. S. J., 2017. Working hours and productivity. *Labour Economics*, Volume 47.

Collier, P., 2024. *Left Behind: A new economics for neglected places.* Public Affairs.

Coveiello, D., Deserranno, E. & Persico, N., 2022. Minimum wage and individual worker productivity: Evidence from a large US retailer. *Journal of Political Economy*, 130(9).

Coyle, D., 2014. *GDP: A brief but affectionate history.* Princeton University Press.

de Haas, H., 2023. *How Migration Really Works.* Penguin/ Viking.

Di Nallo, A., Lipps, O., Oesch, D. & Voorpostel, M., 2021. The effect of unemployment on couples separating in Germany and the UK. *Journal of Marriage of Family*, 84(1).

Drechsel, T., Lee, D. & Doerr, S., 2022. How income inequality affects job creation at small and large firms. *VOX*, 1 Nov.

Dube, A., Naidu, S. & Suri, S., 2020. Monopsony in online labor markets.

American Economic Review: Insights, 2(1).

Economic Policy Institute, 2023. *CEO pay slightly declined in 2022,* EPI.

Edo, A. & Ozguzel, C., 2023. The impact of immigration on the employment dynamics of European regions. *Labour Economics,* Volume 85.

Falk, A., Kuhn, A. & Zweimuller, J., 2011. Unemployment and right-wing extremist crime. *The Scandinavian Journal of Economics,* 113(2).

Fang, T. & Hartley, J., 2022. Evolution of union wages and determinants. *IZA Discussion Paper,* Issue 15333.

Farooq, A., Kugler, A. & Mouratori, U., 2022. Do unemployment insurance benefits improve match quality. *NBER Working Paper No. 27574.*

Ford, H., 1922. *My Life and Work.* CruGuru.

Frey, C. & Osborne, M., 2017. The future of employment: How susceptible are jobs to computerisation. *Technological forecasting and social change,* Volume 114.

Ganong, P. et al., 2024. Spending and job-finding impacts of expanded unemployment benefits. *American Economic Review,* 114(9).

Garnero, A., Tondini, A. & Batut, C., 2022. The employment effects of working time reductions in Europe. *Vox,* 19 December.

Georgieff, A. & Milanez, A., 2021. What happend to jobs at high risk of automation. *OECD Social, Employment and Migration Working Papers,* Issue 255.

Glover, A., Mustre-del-Rio, J. & von Ende-Becker, A., 2023. How much hasve record corporate profits contributed to recent inflation?. *Economic Review,* 108(1).

Goldin, I., 2024. *The Shortest History of Migration.* Old Street Publishing.

Goldstein, A., 2017. *Janesville: An American story.* Simon & Schuster.

Haelbig, M., Mertens, M. & Mueller, S., 2023. Minimum wages, productivity, and reallocation. *IZA Discussion Paper,* Issue 16160.

Hansen, K. & Stutzer, A., 2022. Parental unemployment, social insurance and child well-being across countries. *Journal of Economic Behavior & Organization,* Volume 204.

Hansen, N.-J., Toscani, F. & Zhou, J., 2023. Euro area inflation after the pandemic and energy shocks: Import prices, profits and wages. *IMF Working Paper,* Issue 131.

Hayo, B. & Roth, D., 2024. The perceived impact of immigration on native workers' labour market outcomes. *European Journal of Political Economy,* Volume 85.

Hochschild, A., 2000. Global care chains and emotional surplus value. In: W. Hutton & A. Giddens, eds. *On the Edge: Living with Global Capitalism.* Jonathan Cape.

Hotte, K., Somers, M. & Theodorakopoulos, A., 2023. The fear of technology-driven unemployment and its empirical base. *Technological Forecasting and*

Social Change, 10 June.Volume 194.

Hussam, R., Kelly, E., Lane, G. & Zahra, F., 2022. The psychosocial value of employment: Evidence from a refugee camp. *American Economic Review,* 112(11).

ILO, 2000. *Global Wage Report 2020-21: Wages and minimum wages in the time of Covid-19,* ILO.

ILO, 2010. *Global Wage Report 2010-11: Wage policies in times of crisis,* ILO.

ILO, 2018. *Care Work and Care Jobs for the Future of Decent Work,* ILO.

ILO, 2022. *Social Dialogue Report 2022: Collective bargaining for an inclusive, sustainable and resilient recovery,* ILO.

ILO, 2023. *Resolution to amend the 19th ICLS resolution concerning statistics of work, employment and labour underutilization,* ILO.

ILO, 2024. *Global Employment Trends for Youth 2024,* ILO.

ILO, 2024. *Global Wage Report 2024-25: Is wage inequality decreasing globally?,* ILO.

ILO, 2024. *ILO Global Estimates on International Migrant Workers,* ILO.

ILO, 2024. *ILO World Employment and Social Outlook: Trends 2024,* ILO.

ILO, 2024. *Profits and Poverty: Economics of forced labour,* ILO.

Jarosch, G., 2021. Searching for job security and the consequences of job loss. *NBER Working Paper,* Issue 28481.

Jaumotte, F. & Buitron, C., 2015. Power from the people. *Finance and Development,* 52(1).

Kasy, M. & Lehner, L., 2023. Employing the unemployed of Marienthal: Evaluation of a guranteed job program. *IZA Working Papers,* Issue 16088.

Keynes, J., 1932. Economic possibilities for our grandchildren. In: *Essays on Persuasion.* Harcourt Brace.

Keynes, J., 1936. *The General Theory of Employment Interest and Money.* Macmillan Press.

Lee, S., 2004. Seniority as an Employment Norm: The Case of Layoffs and Promotion in the Us Employment Relationship. *Socio-Economic Review,* Issue 2.

Lee, S., 2007. *Working Time Around the World.* Routledge.

Lee, S. & McCann, D., 2006. Working time capability: Towards realizing individual choice. In: J. e. Boulin, ed. *Decent Working Time: New trends, new issues.* ILO.

Lee, S. & McCann, D., 2011. Negotiated working time in fragmented labour markets. In: *The Role of Collective Bargaining in the Global Economy: Negotiating for Social Justice.* Edward Elgar.

Lee, S. & McCann, D., 2011. Negotiating working time in fragmented labour markets. In: S. Hayer, ed. *The Role of Collective Bargaining in the Global Economy.* Edward Elgar.

Lee, S., McCann, D. & Messenger, J., 2007. *Working Time Around the World: Trends in working hours, laws and policies in a global comparative perspective.* Routledge.

Lee, S., Schmidt-Klau, D., Weiss, J. & Chacaltana, J., 2020. Does economic growth deliver jobs?. *ILO Working Paper,* Issue 17.

Lee, S. & Sobeck, K., 2012. Low-wage work: A global perspective. *International Labour Review,* 151(3).

Lee, S. & Torm, N., 2015. Social security and firm performance: The case of Vietnamese SMEs. *International Labour Review,* 156(2).

Lehner, L., Ramskogler, P. & Riedl, A., 2024. Beggaring thy co-worker: Labor market dualization and the wage growth slowdon in Europe. *ILR Review,* 77(5).

Li, J., 2020. The effect of exposure to long working hours on ischaemic heart disease. *Environmental International,* Volume 142.

Lindbeck, A. & Snower, D., 1989. *The Insider-Outsider Theory of Employment and Unemployment.* MIT Press.

Manning, A., 2003. *Monopsony in Motion: Imperfect competition in labor markets.* Princeton University Press.

Manning, A., 2021. The elusive employment effect of the minimum wag. *Journal of Economic Perspectives,* 35(1).

Marshall, A., 1890. *Principles of Economics.* Macmillan & Co.

Marx, K., 1976. *Capital: A critique of political economy.* Penguin Books.

Matre, D., 2021. Safety accidents associated with extended working hours: A systematic review and meta-analysis. *Scandinavian Journal of Work Environment Health,* 47(6).

Mazzucato, M., 2013. *The Entrepreneurial State: Debunking public vs. private sector myths.* Anthem Press.

Mian, A., Straub, L. & Sufi, A., 2021. The saving glut of the rich. *NBER Working Paper,* Issue 26941.

MIT Work of the Future Task Force, 2020. *The Work of the Future: Building better jobs in an age of intelligent machines,* MIT Press.

Monbiot, G. & Hutchison, P., 2024. *The Invisible Doctrine: The secret history of neoliberalism.* Allen Lane.

More, T., 1965. *Utopia.* Penguin Classics.

Nordt, C., Warnke, I., Seifritz, E. & Kawohl, W., 2015. Modelling suicide and unemployment: A longituidnal analysis covering 63 countries, 2000-11. *Lancet Psychiatry,* 2(3).

OECD, 2018. *Good Jobs for All in a Chaning World of Work: The OECD jobs strategy,* OECD.

OECD, 2018. *OECD Employment Outlook 2018,* OECD.

OECD, 2022. *OECD Employment Outlook 2022,* OECD.

OECD, 2022. Well-being, productivity and employment: Squaring the working time policy circle. *OECD Employment Outlook*.

OECD, 2024. *Understanding Skill Gaps in Firms*, OECD.

O'Higgins, N., 2017. *Rising to the Youth Employment Challenge: New evidence on key policy issues*. ILO.

Owen, R., 1991. *A New View of Society and Other Writings*. Penguin Classics.

Pencavel, J., 2016. The productivity of working hours. *Economic Journal*, Volume 125.

Polayni, K., 1944. *The Great Transformation: The political and economic origins of our time*. Beacon Press.

Rae, J., 1984. *Eight Hours for Work*. Macmillan.

Rifkin, J., 1995. *The End of Work: The decline of the global labor force and the dawn of the post-market era*. Putnam Publishing.

Rodrik, D. & Stantcheva, S., 2021. Fixing capitalism's good jobs problem. *Oxford Review of Economic Policy*, Volume 37.

Sandel, M., 2020. *The Tyranny of Merit: What's become of the common good?*. Allen Lane.

Schmieder, J., von Watcher, T. & Heining, J., 2023. The costs of job displacement over the business cycle and its sources: Evidence from Germany. *American Economic Review*, 113(5).

Simon, H., 1951. A formal theory of the employment relationship. *Econometrica*, 19(3).

Smith, A., 1776. *An Inquiry into the Nature and Causes of Wealth of Nations*. Wordsworth Classics.

Standing, G., 2011. *The Precariat: A new dangerous class*. Bloombury Academic.

Streeck, W., 1997. Beneficial constraints: On the economic limits of rational voluntarism. In: J. Rogers & R. Boyer, eds. *Contemporary Capitalism: The embeddedness of institutions*. Cambridge University Press.

Sulek, A., 2007. The Marienthal 1931/1932 Study and contemporary studies on unemployment in Poland. *Polish Sociological Reviw*, Volume 157.

Sullivan, D. & von Watcher, T., 2009. Job displacement and mortalityL An analysis using administrative data. *The Quarterly Journal of Economics*, 124(3).

Svarstad, E. & Kostol, F., 2022. Unions, collective agreements and productivity: A firm-level analysis using Norwegian matched employer-employee panel data. *British Journal of Industrial Relations*, 60(4).

Taska, B. & Braxton, C., 2023. Technological change and the consequneces of job loss. *American Economic Review*, 113(2).

Taylor, F., 1911. *The Principles of Scientific Management*. Harper & Brothers.

Tcherneva, P., 2020. *The case for Job Guarantee*. Polity.

Tirole, J., 2017. *Economics for the Common Good*. Princeton University Press.

Ton, Z., 2023. *The Case for Good Jobs: How great companies bring dignity, pay &*

meaning to everyone's work. Harvard Business Review Press.

Toynbee, P., 2003. *Hard Work: Life in low-pay Britain.* Blommsbury.

UN Human Rights Council, 2023. *The employment guarantee as a tool in the fight against,* UN General Assembly.

UN Women, 2023. *Forecasting time spent in unpaid care and domestic work,* UN Women.

United Nations, 2023. *Valuing What Counts: Framework to progress beyond Gross Domestic Product,* UN.

White, M., 1987. *Working Hours: Assessing the potential for reduction.* ILO.

Winkelmann, R. & Winkelmann, L., 1995. Unemployment: Where does it hurt?. *CEPR Discussion Paper,* Issue 1093.

World Bank, 2019. *World Development Report 2019: The chaning nature of work,* World Bank.

Yeh, C., Macaluso, C. & Hershbein, B., 2022. Monopsony in the US labor market. *American Economic Review,* 112(7).

김구, 1997. 《백범일지》. (도진순 주해). 돌베개.

대런 아세모글루·사이먼 존슨, 2023. 《권력과 진보》. 생각의힘.

마이아 에켈뢰브, 1970/2022. 《수없이 많은 바닥을 닦으며》. 교유서가.

이상헌, 2015. 《우리는 조금 불편해져야 한다》. 생각의힘.

이상헌, 2023. 《같이 가면 길이 된다》. 생각의힘.

통계청, 2024. 2024년 이민자체류실태및고용조사 결과.

한국노동연구원, 2024. 〈2024 KLI 노동통계〉. 노동연구원.

홍민기, 2022. 〈노동시장 독점력 측정〉. 한국경제발전학회, 28(3).